Monika Kühn-Görg

Sonnenblende
Sonnenwende

Die Geschichte von jemand, der auszog,
auf Teneriffa sein Glück zu suchen.

Bibliografische Information der Deutschen Nationalbibliothek

Die Deutsche Nationalbibliothek verzeichnet diese Publikation
in der Deutschen Nationalbibliografie; detaillierte bibliografische
Daten sind im Internet über http://dnb.d-nb.de abrufbar.

1. Auflage, April 2016

Text: © Monika Kühn-Görg
Kontakt: siemok@arcor.de

Umschlagfotos: © Monika Kühn-Görg
Layout & Satz: autorenservice.net

Herstellung und Verlag:
BoD – Books on Demand, Norderstedt

ISBN: 978-3-7392-0437-6

Sonnenblende

✳

Sonnenwende

Die Geschichte von jemand, der auszog,
auf Teneriffa sein Glück zu suchen

20 Jahre Leben im ewigen Frühling
mit all seinen positiven
und negativen Aspekten

erlebt und aufgeschrieben von

Monika Kühn-Görg

Inhalt

Vorwort

Die ewige Sehnsucht nach Wärme und Sonne, nach Palmen und Meer, die die Menschen in den kühleren Klimazonen befällt, hat auch mich dazu bewogen, Anfang 1984 mit meiner Familie nach Teneriffa auszuwandern.

Die anfängliche Euphorie war schon schnell mit den Problemen des Alltags verflogen, ganz besonders, als wir uns darauf einließen, ein sogenanntes Finca-Grundstück zu kaufen, um dort Tourismus auf dem Land zu betreiben.

Die nachfolgenden Zeilen berichten vom Auf und Ab des täglichen Lebens auf einer Insel mitten im Atlantik, der schönen Natur dieses Archipels, den netten kanarischen Nachbarn und dem schwierigen Umgang mit den Behörden, der an Diskriminierung grenzte. Dies führte dann letztendlich dazu, dass die Illusionen schnell verflogen waren und wir zum Schluss nur noch wegwollten. Doch trotzdem sollte der Aufenthalt 20 Jahre dauern.

Monika Kühn-Görg

1 – Die Sehnsucht

Sie schaute in die Sonne und musste niesen, mindestens achtmal. Das Licht der Sonne war so ungewohnt für das kleine Mädchen von wenigen Monaten. Doch schnell brachte die Mutter sie in den dunklen Tunnel zurück. Es war das Jahr 1942. Die Menschen der kleinen Stadt suchten Schutz vor den Bombenangriffen in diesem ehemaligen Eisenbahntunnel.

Im Juni dieses Kriegsjahres war das Kind an einem Sonntag zur Welt gekommen. Es war also ein Sonntagskind und wurde von seiner Mutter sehr geliebt, obwohl sie es zuerst gar nicht haben wollte. Der dazugehörige Vater hatte sich aus dem Staub gemacht und die Vaterschaft nicht anerkannt. Es war ein österreichischer Soldat, der sich als Verwundeter im örtlichen Lazarett aufgehalten hatte. In seiner Heimat existierten Frau und Kinder, von deren Existenz die Mutter des kleinen Mädchens nichts wusste. Das änderte sich, als die Mutter schwanger wurde und dies dem Vater des Mädchens brieflich mitteilte. Der Antwortbrief stammte nicht von ihm, sondern seiner Frau und wurde noch zu allem Übel von den Großeltern des Mädchens abgefangen. Man kann sich vorstellen, bei der strengen Moral, die damals in einer Kleinstadt herrschte, was der Mutter für eine schlimme Zeit bevorstand. Die Vaterschaft wurde vehement bestritten, und die Mutter stand nun so da, als ob sie es mit mehreren

Männern getrieben hätte. Doch sie ließ sich nicht in die Irre führen und wollte kämpfen. Ein Vaterschaftsprozess wurde angestrengt. Dazu musste sie, als das Kind zwei Jahre alt war, eine Reise nach Wien zum erbbiologischen Institut unternehmen. Zum damaligen Zeitpunkt war ein Vaterschaftstest nicht mit einer Haarprobe abgetan, sondern eine aufwändige Angelegenheit. Obwohl die Blutgruppe die des Vaters war, reichten die anderen Erbmerkmale nicht aus, den leiblichen Vater zu überführen. So fuhr die Mutter denn unverrichteter Dinge wieder nach Hause zurück. Dort waren ihre Eltern, die ihrer Tochter keine Vorwürfe mehr machten und auch ihr Enkelkind inzwischen liebevoll in ihr Herz geschlossen hatten. Der Krieg ging zu Ende und man musste nicht mehr im Tunnel leben. Doch die Monate in der Dunkelheit hatten dem Kind die Liebe zum Licht und der Sonne gegeben. Das sollte sie ihr ganzes Leben begleiten.

Nun begann für die Menschen eine schwierige Zeit, denn der Krieg hatte vieles in der Stadt zerstört. Auch das Haus der Großeltern war stark in Mitleidenschaft gezogen worden. Es wurde notdürftig wieder hergerichtet, sodass man wieder darin wohnen konnte. Doch an Nahrungsmitteln gab es in der Familie keinen Mangel, denn ein kleiner Bauernbetrieb lieferte alles Nötige zum Leben. Das Haus der Familie lag mitten in der Stadt, die Felder zum Bewirtschaften aber außerhalb. Das alte Fachwerkhaus aus dem Mittelalter war umgeben von Stallungen mit einem Innenhof, in dem sich in der Mitte ein Misthaufen befand. In den Stallungen lebte ein Ackergaul zum Arbeiten auf den Feldern, eine Kuh als Milchlieferant, ein Schwein als Fleischlieferant und Hühner als Eierlieferanten. Auf den Feldern baute man Getreide, Raps und Kartoffeln an. Das Getreide wurde zu einer wasserbetriebenen Mühle gebracht und man hatte Mehl zur Verfügung.

Die kleine Stadt an der Ahr hatte für jedes Stadtviertel ein Backhaus, in dem die Einwohner nach Absprache ihr Brot backen konnten. Für das kleine Mädchen war es immer ein Ereignis, am Brotbacktag teilnehmen zu dürfen, denn es wurden auch süße Sachen gebacken. Der selbst geerntete Raps wurde zur Ölmühle gebracht und man hatte genügend Öl für den Eigenbedarf. Die Ernte der Kartoffeln ging weit über den Eigenbedarf hinaus und man konnte diese verkaufen. Das Gemüse wurde im nahegelegenen Garten angebaut. Die Milch von der Kuh wurde auch zu Butter und Käse weiterverarbeitet und so manches Mal musste das Kind das Butterfass drehen. Das Schwein wurde einmal im Jahr geschlachtet. Das Ereignis fand das Mädchen ganz schrecklich. Deshalb wurde es an diesem Tag nicht gesichtet. Doch das Fleisch und die Wurstsuppe am nächsten Tag mochte es genießen. Der Rest wurde in Gläser eingeweckt und der Schinken geräuchert. Die Familie war mit allem versorgt und litt keine Not, wie so viele andere Familien in dieser Nachkriegszeit. Dann gab es da noch die Weinberge, die Haupterwerbsquelle waren. Die geernteten Trauben wurden in der Winzergenossenschaft zu Wein verarbeitet und weiter vermarktet. Dies war eine der wenigen Quellen, aus denen Geld floss. Man hatte zwar alles zum Leben, doch waren auch Anschaffungen wie Kleider, Schuhe oder Möbel zu tätigen. Manchmal durfte das Kind ganz stolz hoch oben auf dem Ackergaul sitzen. Sie verlebte eine ungetrübte und glückliche Kindheit.

Ich war ein verträumtes Kind, das manchmal nichts um sich herum wahrnahm und nur in seinen Träumen gefangen war. Als ich etwa acht Jahre alt war, wurde meine Mutter schwer krank. In den Kriegsjahren, bevor ich geboren war, hatte sie sich infolge einer Rippenfellentzündung eine Lungenerkrankung zugezogen. Diese Krankheit schien ausgeheilt, doch die offenbar noch nicht ganz zugeheilten Löcher in der Lunge brachen infolge der schweren Arbeit in der Landwirtschaft wieder auf. Meine Mutter musste sich einer schwierigen Lungenoperation unterziehen und kam danach in ein Sanatorium. Sie war über ein Jahr von mir getrennt. In dieser Zeit kümmerte sich meine liebevolle Großmutter um mich. Doch die Trennung von meiner Mutter belastete mich sehr, was sich auch in der Schule bemerkbar machte. Wenn wir meine Mutter besuchten, welches eine Reise mit der Eisenbahn mit sich brachte, konnte ich sie nicht direkt an ihrem Krankenbett sehen. Nur unten vom Park konnte ich meiner Mutter oben am Fenster zuwinken. Als ich dann wieder mit meiner Mutter vereint war, wurden auch meine Leistungen in der Schule besser, was nicht zuletzt an meiner neuen Lehrerin lag. Ich war immer noch verträumt und träumte davon, Malerin oder Schriftstellerin zu werden. Lesen war für mich zur Leidenschaft geworden. Manchmal habe ich am Abend so lange im Bett gelesen, dass meine Mutter die Sicherung herausdrehte. Doch das störte mich nicht, da las ich eben mit der Taschenlampe unter der Bettecke weiter. Neben dem Bett lag immer ein Stift mit Schreibblock, da ich einmal gehört hatte, dass einen das nachts die besten Einfälle heimsuchen. Doch der Block blieb leer, da ich doch in der Nacht einen gesunden Schlaf hatte. In der Schule schrieb ich die besten und phantasievollsten Aufsätze. Auch Gedichte für alle Lebenslagen habe ich verfasst. Die zeigte ich meiner Lehrerin, die mich dafür besonders mochte und dabei vergaß, dass ich im Rechnen eine ziemliche Niete war.

Doch ich ging gerne zur Schule und war traurig, dass diese nach acht Jahren zu Ende war. Meiner Mutter wurde empfohlen, mich doch weiter zur Schule zu schicken, um nach dem Abitur Lehramt zu studieren. Doch meine alleinstehende Mutter war finanziell von ihren Eltern abhängig. Eine weiterführende Schule kostete damals Schulgeld. Obwohl mich meine Großeltern sehr liebten, waren sie der Meinung, dies würde sich bei einem Mädchen nicht lohnen, da es ja sowieso heiraten würde. So ging ich denn mit 14 Jahren nach der achten Klasse mit einem guten Zeugnis von der Volksschule ab.

Ich begann eine Lehre als Großhandelskaufmann in einer Weinhandlung. Aus war es mit den Träumen von Malerin oder Schriftstellerin. Mit diesem Schritt war abrupt die Kindheit beendet, obwohl ich mit meinen 14 Jahren noch ein echtes verträumtes Kind gewesen war. Das erste Lehrjahr ist mir sehr schwergefallen und ich bin öfters heulend nach Hause gekommen. Doch irgendwie habe ich die drei Lehrjahre durchgehalten, meine Abschlussprüfung bestanden und konnte dann ans Geldverdienen denken.

Ich trug immer eine Sehnsucht nach fernen sonnigen Ländern in mir drin, die damals für mich unerreichbar waren. Ich wollte unbedingt aus meiner Kleinstadt hinaus und mich in der Welt umschauen. Zum damaligen Zeitpunkt hatte ich eine Freundin, die genauso dachte wie ich. Der Transporter unserer Weinfirma lieferte den Ahrwein in ganz Deutschland aus. So vereinbarte ich, dass meine Freundin Marlene, unsere Fahrräder und ich auf einer Tour nach Heidelberg mitgenommen werden sollten. Die Rückfahrt sollte etappenweise mit unseren Fahrrädern stattfinden. Alles klappte super. Übernachtet wurde in Jugendherbergen, doch wir kamen auf dem Rückweg nur bis Frankfurt. Dort wurde mir aus dem Fahrradschuppen der Jugendherberge mein Fahrrad gestohlen. Das war ein Riesenschock, denn das Fahrrad war noch ziemlich neu. Ob die Versicherung der Jugendherberge einspringen würde, stand noch in den Sternen. Auf jeden Fall saß ich heulend und deprimiert im Aufenthaltsraum der Frankfurter Jugendherberge herum.

Dort befand sich eine Gruppe junger Amerikaner. Ein schwarzer Jugendlicher kam auf mich zu und fragte mich in gebrochenem Deutsch, warum ich denn so traurig sei. Als er den Grund erfuhr, fragte er mich, was denn so ein neues Fahrrad koste. Das war für ihn, als man für eine D-Mark vier Dollar bekam, offensichtlich nicht viel. Er bot mir an, mir ein neues zu kaufen, damit ich nicht mehr so traurig sei. Seine anderen Kameraden sagten mir, er käme aus einem wohlhabenden Elternhaus und dieser Betrag sei kein Problem für ihn. Ich fand das schon eine tolle Geste und habe es auch bis heute nicht vergessen. Doch darauf konnte ich beim besten Willen nicht eingehen, denn ich stellte mir vor, was meine Mutter sagen würde, wenn ich mit einem anderen Fahrrad nach Haus käme, welches mir dann ein schwarzer Amerikaner gekauft habe. Die Schlüsse, die sie daraus ziehen würde, konnte ich mir gut vorstellen.

So sind wir denn mit der Bahn nach Hause gefahren und haben das noch vorhandene Fahrrad aufgegeben. Doch die Sache ist trotzdem gut ausgegangen, da wir noch die Rechnung des Fahrrades hatten und aufgrund dessen hat die Versicherung der Jugendherberge den Schaden übernommen.

Meine Freundin und ich waren nun auf den Geschmack gekommen. Wir wollten nun jedes Jahr eine solche Reise unternehmen. Im nächsten Jahr ging es mit den Fahrrädern nach Westerland und dann weiter nach Dänemark. Im Jahr später nach Österreich und Italien. Diese Reise wurde per Zug und auch per Anhalter realisiert. In Österreich wollte ich unbedingt meinen leiblichen Vater ausfindig machen. Ich wusste von meiner Mutter, wie er hieß und dass er aus Bruck an der Leitha stammte. Dort erkundigten wir uns beim Einwohnermeldeamt nach der Adresse und tauchten dort auf. Doch als dort eine Frau erschien, verlor ich den Mut. Vielleicht wollte ich mir auch die Enttäuschung ersparen, die ich bei der Gegenüberstellung mit meinem Vater gehabt hätte, wenn er von mir nichts wissen wollte. Eigentlich bedaure ich es bis heute, dass ich doch nicht einen Schritt weiter gegangen bin.

So gingen die Jahre dahin und ich lernte meinen Mann kennen. Der träumte genau wie ich von fernen Ländern. Wir schworen uns, dass wir gemeinsam nach Australien auswandern würden. Die überschauliche Welt in der Kleinstadt kam uns allzu eng und spießbürgerlich vor. Mein Mann war aus der damaligen DDR geflüchtet, kurz bevor in Berlin die Mauer gebaut wurde. Er war schon einige Zeit zur See gefahren und kannte schon etwas von der großen weiten Welt. Eine Schwester seiner Mutter wohnte in unserem Ort und so hatte es ihn dorthin verschlagen. Er arbeitete dort auf einer Großbaustelle. Die ganzen Ahrberge wurden unterhöhlt, um dort für den Ernstfall einen riesigen Atombunker anzulegen, in dem sich die Politiker aus Bonn in Sicherheit bringen konnten. Hier wurde auch der Tunnel mit einbezogen, in dem ich als Kleinkind die Dunkelheit ertragen musste und sich fast die ganze Stadt vor dem Bombenhagel schützte.

Doch die weite Welt rückte erst einmal in den Hintergrund, denn wir heirateten 1964 und bekamen ganz schnell unseren Sohn Martin. Mutter sorgte dafür, dass ich trotz Kind weiter berufstätig sein konnte. Ich arbeitete zu dieser Zeit im Büro des Spielcasinos unseres Ortes. Mein Mann bekam dort eine gut bezahlte Anstellung im Spielbetrieb. So waren wir denn finanziell gut abgesichert und konnten uns ein Haus bauen. Jetzt konnte die Sehnsucht nach fernen Ländern gestillt werden.

Wir machten 1972 eine Reise nach Thailand. Wir waren fasziniert von der fremden Kultur, den exotischen Pflanzen, den Menschen. Einfach alles saugten wir gierig in uns auf und waren von dem Moment an vom Fernweh infiziert, welches uns bis heute nicht losgelassen hat. Als wir von Thailand wieder in die Heimat zurückgekehrt waren, kam uns dort alles grau und farblos vor. Doch ich hatte in Thailand alles mit meiner Videokamera festgehalten und zu Hause konnten wir die Reise noch einmal erleben.

Wir hatten uns aus Thailand etwas mitgebracht, welches uns unser ganzes Leben an diese Reise erinnern sollte. Seit langem hatten wir uns schon ein zweites Kind gewünscht und dies hatte dann in Thailand endgültig geklappt. Somit war unser zweites Kind „Made in Bangkok". Wir freuten uns sehr auf dieses Kind, war es doch ein Wunschkind. Im Gegensatz zu unserem Sohn, der doch etwas unplanmäßig zur Welt kam und uns als junge Eltern mit 21 und 22 Jahren auch etwas überforderte, waren wir jetzt für ein Kind bereit. Das soll natürlich nicht heißen, dass wir unseren Sohn nicht liebten. Wie so oft im Leben, wenn sich eine Schwangerschaft überraschenderweise ankündigt, ehe noch die mentale Bereitschaft und die finanziellenVoraussetzungen vorhanden sind, ist man zuerst über diese Schwangerschaft nicht erfreut. Doch in unserem Fall war es doch ganz anders, als damals bei meiner Mutter. Wir hatten uns beide und sind an unserer Aufgabe gewachsen. Der Vervollständigung sei noch erwähnt, dass meine Großeltern zum Zeitpunkt, in dem sie Urgroßeltern werden sollten, schon nicht mehr lebten. Meine Großmutter war schon während meiner Lehrzeit verstorben und mein Großvater starb kurz nach unserer Hochzeit. So hat meine Mutter denn das Erbe angetreten, das alte Fachwerkhaus wurde verkauft und wir haben zusammen ein neues Haus gebaut. Danach war ich mit meiner Familie der Lebensmittelpunkt für meine Mutter. Als sie zum ersten Mal Oma wurde, war sie gerade einmal 43 Jahre alt.

Jetzt war ich also mit Anfang 30 zum zweiten Mal schwanger und die Voraussetzungen für dieses Kind waren in jeder Hinsicht sehr gut. Als es dann eine Tochter wurde, war die Freude grenzenlos. Doch zuerst konnte sich die Familie nicht über diese Tochter freuen, da ich bei der Geburt fast verblutet wäre und von unserem Kreiskrankenhaus mit Blaulicht in die Uni-Klinik nach Bonn gebracht wurde. Die ersten Tage auf der Intensivstation hing mein Leben am seidenen Faden. Mir war in diesen Stunden die Tragik der Situation nicht bewusst. Ich war nur glücklich, jetzt eine Tochter zu haben. Doch ich konnte mein Kind nicht in meinen Armen halten, da das Baby sich noch weiterhin im Kreiskrankenhaus befand. Nur auf einem Foto konnte ich es bewundern. Von dieser Geburt erholte ich mich hinterher aber trotzdem ganz schnell und konnte dann ganz glücklich meine Tochter Bianca in die Arme schließen. Auch hier stand mir meine Mutter tüchtig zur Seite, sodass ich nach der Mutterschutzfrist dann noch halbtags weiter arbeiten konnte.

Unsere Sehnsucht nach exotischen fernen Ländern hielt indes unvermindert an. Dank meiner Mutter mussten wir auf nichts verzichten, denn ich wusste die Kinder bei ihr in guter Obhut. So wurde dann eine zweite Reise geplant, die uns nach Sri Lanka führen sollte. Auch dort nahmen uns die fremde Kultur und die vielen exotischen Eindrücke vollkommen gefangen. Es sollten noch viele Reisen in ferne Länder unternommen werden. Danach reisten wir nach Mexiko, um auch dort die Menschen und deren Kultur kennenzulernen. Besonders die Stätten der Mayas haben uns sehr beeindruckt. Inzwischen hatte ich angefangen, mein Hobby, das Filmen zu vervollkommnen. Bald schon konnte ich meine Reiseberichte in der Volkshochschule einem interessierten Publikum vorführen.

Weitere Reisen führten uns nach Ost- und Westafrika, wo wir Safaris unternahmen und die vielfältige Tierwelt bestaunen konnten. Die Afrikareise war gekoppelt mit einem Aufenthalt auf den Seychellen und die Traumstände, die wir dort genießen konnten, waren die schönsten, die wir je erlebt haben. Auch eine Indonesienreise, wobei wir Penang, Java, Bali und Singapur besuchten, wurde unternommen. Auch dort waren wir wieder berauscht von der geheimnisvollen Exotik der Inseln.

So verlebten wir in unserer Ehe glückliche, erfüllte und ereignisreiche Jahre. Jedes Jahr im Sommer besuchten wir die Eltern meines Mannes in der DDR und konnten uns so immer ein Bild von der Situation dort machen. Als mein Schwiegervater starb, versprachen wir meiner Schwiegermutter, sie mit 60 Jahren zu uns in den Westen umsiedeln zu lassen. Wir kauften eine Eigentumswohnung und richteten diese für sie ein. Mit ihrem restlichen Hausstand konnte sie nun ganz legal den Weg in den Westen antreten. Da sie immer gearbeitet hatte und ihr Mann bei der Wehrmacht Offizier gewesen war, bekam sie eine ansehnliche Rente und konnte nun ein gutes und bequemes Leben genießen. War sie doch bisher vom Schicksal nicht so verwöhnt worden. Als junge Frau musste sie mit 2 kleinen Kindern aus Schlesien flüchten, landete dann in Halle, wo sie auch ihren Mann wiederfand, doch sie war auf der falschen Seite Deutschlands gelandet. Nun war sie also bei uns, und wir konnten ihr ein schönes Leben bereiten.

Wenn wir auch viele Fernreisen unternahmen, so vergaßen wir doch nicht unsere Familie. In den Sommerferien wurden dann zusammen mit den Kindern interessante Reisen unternommen. Dabei waren dann Ziele wie Marokko, Tunesien oder Griechenland angesagt. Doch die Fernreisen wurden trotzdem nicht vergessen. Nun hatte ich auch noch eine Schwiegermutter, die meine Mutter in Bezug auf Kinderbetreuung etwas entlasten konnte.

Dann stand eine Veränderung an, die unser Leben komplett umkrempelte. Mein Mann bekam ein gutes Stellenangebot bei den damals neu eröffneten Hollandcasinos. Er arbeitete zuerst an der Küste und besuchte seine Familie einmal pro Woche. Später wurde in der Nähe von Aachen das nächste Spielcasino eröffnet und wir zogen um nach Holland. Unser Wohnort lag nahe der Grenze zu Aachen, sodass unser Leben sich mehr in Deutschland abspielte und die Kinder in Aachen zur Schule gingen. Meine Schwiegermutter kam mit unserem Wegzug gut zurecht, da sie ja noch eine Schwester vor Ort hatte. Bei meiner Mutter sah es anders aus, denn sie war völlig geschockt, dass wir nicht mehr in ihrer Nähe wohnten. Das Haus war für sie viel zu groß und ein Teil musste weitervermietet werden.

Jetzt stellte ich fest, so ganz auf mich allein gestellt, was meine Mutter an Hilfe für mich all die Jahre geleistet hatte. Ich habe damals überhaupt nicht nachempfinden können, was nun das Alleinsein für meine Mutter bedeutete. Doch wir hatten mit den beiden Müttern ein Problem, sie verstanden sich nicht gut, was wohl auf Eifersucht zurückzuführen war. Das hatte sich schon deutlich herauskristallisiert, als wir noch in unserem Heimatort lebten. Ich mochte meine Schwiegermutter sehr und auch meine Mutter liebte ich. Um niemand zu verletzen, musste ich dauernd einen Seiltanz veranstalten und saß oft zwischen den Stühlen. Der Umzug hatte mich dieses Problems enthoben. Wir luden die Mütter oft zu uns ein, aber immer getrennt.

Darüber hatten wir unsere Fernreisen nicht vergessen, denn wir leisteten uns eine Indien-Rundreise, die uns komplett begeisterte. Dieses Land mit seinen monumentalen Baudenkmälern schlug uns in seinen Bann, besonders das Taj Mahal hat einen unvergesslichen Eindruck hinterlassen. „Eine Träne der Liebe, auf der Wange der Zeit" hat ein indischer Dichter dieses Bauwerk einmal genannt. Treffender kann man dieses Grabmal für die Lieblingsfrau des Großmoguls nicht bezeichnen.

Doch eines Tages wurde meine Mutter sehr krank und starb dann, erst 58 Jahre alt, an Krebs. Das hat mich ganz stark mitgenommen, da ich ihr nicht zur Seite stehen konnte, weil die Familie zu versorgen war. Außerdem war ich wieder berufstätig, zwar nur halbtags, doch ich hatte meine Verpflichtungen. Als ich dann die Situation zu Hause geklärt und Urlaub genommen hatte, um mich einige Zeit ganz meiner Mutter zu widmen, war sie in der Nacht davor ganz allein verstorben. Dieses Schuldgefühl, nicht dagewesen zu sein, wenn man mich brauchte, begleitet mich bis zum heutigen Tage.

Unser Sohn war immer, genauso wie ich, ein verträumtes und sensibles Kind gewesen. Auf dem Gymnasium, welches er in meiner Heimatstadt besuchte, war er ein guter Schüler mit vielen Erfolgserlebnissen, die sein Selbstbewusstsein stärkten. Doch nach dem Umzug nach Holland und dem Wechsel in ein Aachener Gymnasium klappte der Anschluss in der Schule nicht mehr. Die Jahrgänge in Aachen waren viel weiter im Lehrstoff als in seiner bisherigen Schule. So war es unausweichlich, dass er ein Schuljahr wiederholen musste, was sehr an seinem Selbstbewusstsein nagte. Aber auch dann klappte es nicht mehr so richtig, denn er hatte die Lust an der Schule verloren. So wurde denn beschlossen, dass er nach der mittleren Reife die Schule verlassen sollte, um eine Ausbildung zu machen. Unsere Tochter war charakterlich das genaue Gegenteil von ihrem Bruder, aufbrausend, eigensinnig und widerspenstig. In der Grundschule kam sie schlecht zurecht, passte nicht auf, konnte sich nicht konzentrieren und wusste nie, welche Hausaufgaben zu machen waren. Sie war ein echter Teufelsbraten, der mich manchmal zur Verzweiflung brachte.

Doch wir träumten trotz der Alltagsprobleme weiter von schönen Sonnenländern. Wir wussten nur noch nicht, wie wir dies in Einklang mit den Interessen der Familie bringen konnten. Ein paar Jahre später starb dann auch meine Schwiegermutter ganz plötzlich. Sie hatte sich nachts ins Bett gelegt und wachte nicht mehr auf. Aber sie war auch schon schwer erkrankt, denn als Diabetikerin war sie erblindet, und das Leben stellte sich für sie nicht mehr lebenswert dar. Diese traurige Tatsache machte uns aber klar, dass wir, außer unseren Kindern gegenüber, nun keine Verpflichtungen mehr hatten. Der Traum, in einem sonnigen Land zu leben, nahm wieder Gestalt an.

Mein Mann hatte einen Arbeitskollegen, der den gleichen Traum träumte, wie wir. Unser Traumland war zur damaligen Zeit Australien. Er war schon dort gewesen und kannte sich ein wenig aus. So flogen wir denn gemeinsam nach Australien und hatten uns die Gegend um Brisbane als zukünftigen Aufenthaltsort auserkoren. Da wir durch die Erbschaft meiner Mutter, finanzielle Mittel hatten, konnten wir uns vorstellen, diese in ein kleines

Motel im Touristenort Surfers Paradies zu investieren. Dort wurden dann die Vorverhandlungen geführt. Wir waren damals der Meinung, das ist genau das Leben, welches wir uns für die Zukunft vorstellen.

Zurück in Deutschland, wollten wir nun alle Formalitäten in die Wege leiten, die für eine Ausreise nach Australien notwendig waren. Doch die australische Auswanderungsbehörde in Köln machte uns einen Strich durch die Rechnung. Schon damals haben die australischen Behörden sehr genau ausgesiebt, wen sie in ihr Land lassen und wen nicht. Unsere Kenntnisse und beruflichen Fähigkeiten waren nach Meinung der dortigen Behörden in Australien nicht gefragt. Obwohl wir bereit waren, in Australien unser Vermögen zu investieren, indem wir es in den Kauf eines Motels hineingesteckt hätten und auch 1 bis 2 Arbeitsplätze geschaffen hätten, wurde unser Antrag auf Einwanderung nach Australien abgelehnt. Das war nun eine große Enttäuschung für uns, da wir uns fest zu diesem Schritt entschlossen hatten. Doch heute weiß ich, dass wir niemals für den Rest unseres Lebens in Australien geblieben wären. Als wir nun 1982 unsere Träume von einem Leben in einem sonnigen Land platzen sahen, mussten wir uns zuerst wieder in der Realität zurechtfinden. Doch zuerst war uns einmal die Sorge genommen, wie werden unsere beiden Kinder in der fremden Welt zurechtkommen. Unsere Tochter war gerade mal 9 Jahre alt und unser Sohn gerade 18 Jahre alt. Eigentlich ein denkbar schlechtes Alter zum Wechseln in ein fremdsprachiges Land.

Um unser Fernweh weiter zu stillen, entschlossen wir uns Ende 1982 das Weihnachtsfest und den Jahreswechsel zusammen mit unseren Kindern auf den Malediven zu verbringen. Jetzt konnten die Kinder verstehen, warum ihre Eltern stark vom Fernweh geplagt waren. Es war ein wunderschönes Gefühl, mit der Familie dem Winter zu entfliehen und einzutauchen in die tropische und bunte Welt der Malediven. Wir bewohnten auf einer kleinen Insel zwei sogenannte palmengedeckte Rundalows. Von dort aus hatten wir einen direkten Zugang zum Strand. Eine halbe Stunde brauchte man, um einmal die Insel zu Fuß zu umrunden. Um unsere Tochter brauchten wir uns keine Sorgen zu machen, wenn sie einmal verschwand. Auf der kleinen Insel konnte sie nicht verloren gehen, und auch der Strand fiel lange seicht ins Meer ab. Das größte Vergnügen für uns und die Kinder war es, mit dem Schnorchel auf dem Wasser zu liegen und die bunte Unterwasserwelt zu beobachten. So etwas Schönes und Farbenprächtiges hatten wir alle noch nicht gesehen. Für meine Filmkamera hatte ich mir extra ein Unterwassergehäuse gekauft.

Die nächste von Einheimischen bewohnte Insel ließ sich leicht mit einem Boot erreichen. Dort war man schon daran gewöhnt, dass ab und an Touristen zu Besuch kamen, doch offensichtlich keine Kinder. Die dunkelhäutigen Kinder der Insel schienen noch nie ein weißes Kind gesehen zu haben, denn sie bildeten staunend einen Kreis um unsere Tochter. Die Mutter eines der Kinder nahm uns mit in ihre Hütte und zeigte uns, wie und wo ihre Kinder schliefen. Unsere Tochter wurde reichlich mit schönen bunten Muscheln beschenkt. Doch als die Kinder anfingen, sie anzufassen und zu zwicken, da wollte sie unbedingt die Insel wieder verlassen. Doch trotzdem sind die Eindrücke dieser Reise unseren Kindern und uns bis heute im Gedächtnis geblieben.

Wieder zu Hause, holte uns der Alltag schnell ein. Unser Sohn ging von der Schule ab und besuchte in Bad Reichenhall eine Hotelfachschule mit Internatsunterbringung. Wir sehnten uns immer noch nach einem Platz im sonnigen Süden, an dem wir leben konnten. Es musste doch eine Möglichkeit geben, diesen Platz endlich zu finden. Da kam uns der Zufall zu Hilfe. Freunde hatten uns dazu überredet, doch mit ihnen zusammen das Weihnachtsfest 1983 und den Jahreswechsel auf der Insel Teneriffa zu verbringen. Sie mussten uns nicht lange überreden. Wir mieteten uns ein Appartement für 4 Personen, während unsere Freunde ein Haus in einer sogenannten Urbanisation gemietet hatten.

Wir kamen dort an und waren komplett begeistert. Mit dem Mietauto machten wir viele Entdeckungsreisen auf der Insel. Schließlich kamen wir zu dem Entschluss, dort ein Ferienhaus zu erwerben. Ein geeignetes Objekt war schnell gefunden. Es gehörte einem Schweizer Ehepaar. Wir verstanden jetzt überhaupt nicht mehr, wie wir auf die Idee gekommen waren, nach Australien auszuwandern. Sonne, Wärme, Strand und Palmen konnte man auch hier finden. Man war dann trotzdem noch irgendwie in Europa, obwohl die kanarischen Inseln geographisch näher an Afrika liegen als an Spanien. Doch vorerst sollte es nur als Ferienhaus genutzt werden, und an einen Umzug war noch nicht gedacht.

2 – Die Träume

Wieder zurück in Deutschland, waren wir immer noch entschlossen, uns ein Haus auf Teneriffa zu kaufen. Im Juni machten wir dann beim Schweizer Konsulat in Zürich den Kaufvertrag für unser Haus. In den Sommerferien sind wir dann erneut nach Teneriffa gereist, um stolz unser Haus im Süden in Besitz zu nehmen. Nun waren wir also Hausbesitzer auf Teneriffa.

Das Haus lag in einer Siedlung im Süden der Insel mit ca. 200 Häusern. Diese Siedlung verwaltete sich selber, ähnlich wie ein Haus mit mehreren Eigentumswohnungen. Deshalb waren die Eigentümer der jeweiligen Häuser auch selbst verantwortlich für die Infrastruktur, wie Straßen, Elektroleitungen, Abwasserkanäle und Wasserleitungen. Die Gemeinde, zu der diese Urbanisation gehörte, war in diesem Fall nicht zuständig. Solche Gebilde gibt es oft in Spanien. Dies zog wiederum nach sich, dass pro Haus monatlich eine Umlage zu zahlen war. Es gab eine Verwaltung und einen Hausmeister, der die ganze Siedlung in Ordnung hielt. Einmal im Jahr wurde aus dem Kreis der Eigentümer ein Vorstand gewählt, der dann ehrenamtlich agieren konnte. Da die Bewohner der Siedlung vorwiegend deutschsprachig waren, war die Organisation und die Verwaltung ohne Sprachprobleme zu bewältigen. Dies brachte aber auch eine Ghettobildung mit sich und die Kontakte zu Einheimischen hielten sich in Grenzen, was dem Erlernen der spanischen Sprache nicht förderlich war. Sehr wenige Häuser waren das ganze Jahr über bewohnt. Die meisten Häuser dienten ihren Eigentümern als Winterdomizil.

Auch wir waren ja zunächst einmal von der Nutzung des Hauses als Feriendomizil ausgegangen. Wir genossen den Blick von unserer großen Terrasse auf das in der Sonne glitzernde Meer. Der Pool der Siedlung, dessen Wasser um diese Zeit herrlich angenehm warm war, wurde, besonders von unseren Kindern fleißig genutzt. Wir unternahmen mit dem Mietauto unzählige Ausflüge über die Insel. Wir waren auf alles neugierig und sogen die Eindrücke gierig in uns auf. Besonders das Hochgebirge mit dem höchsten Berg Spaniens von 3.700 m Höhe, hatte es uns angetan. Um diese Jahreszeit blühten im Gebirge die seltensten endemischen Pflanzen, sozusagen ein riesiger natürlicher Steingarten. Wir waren sehr erstaunt über die ausgedehnten Kiefernwälder, die wir auf der Insel antreffen konnten. Es wurden sehr viele Wanderungen unternommen. Doch das war eigentlich nicht nach dem Geschmack unserer Kinder. Sie wollten eigentlich immer nur zum Strand. Doch da ist die Auswahl auf Teneriffa nicht so groß. Da gab es im Süden den Strand von Los Cristianos, der feinsandig ist und damals noch nicht so überlaufen war. Doch der längste Strand im Süden ist el Medano, den wir am schönsten fanden. Es ist ein langer feinsandiger Strand, der im Winter aber häufig von den Passatwinden heimgesucht wird, aber jetzt im Sommer gut zu genießen war. Im Südwesten der Insel luden uns die Strände von Los Gigantes und Puerto Santiago ein, die mit schwarzem Sand vulkanischen Ursprungs bedeckt sind.

Je weiter der Urlaub fortschritt, je mehr waren wir der Meinung, dass wir uns auch für immer hier wohlfühlen konnten. Unsere Tochter war 9 Jahre alt und wir dachten, für ein Kind in diesem Alter dürfte der Wechsel von der deutschen in die spanische Schule kein Problem sein. Für unseren Sohn kam eine Umsiedlung nicht in Frage, da er zu diesem Zeitpunkt die Hotelfachschule besuchte und nicht mehr zu verpflanzen war. Danach sollte sich eine Ausbildung im Hotelfach anschließen. Für uns war jetzt nur noch die Frage wichtig, wie sollten wir finanziell unsere Existenz auf der Insel gestalten? Die kleine Erbschaft von meiner Mutter half uns bei unseren Plänen. Es wurde damals im Süden viel gebaut und wir entdeckten in Los Cristianos in einer guten Lage eine Appartementanlage.

Hier wurden Wohnungen zum Kauf angeboten. Kurz entschlossen machten wir die Kaufverträge für 4 Appartements, die wir dann an Touristen vermieten wollten. Dieser Mietvertrag sollte unsere Existenzgrundlage auf Teneriffa darstellen. Wir waren Anfang 40 und wollten nun endlich unseren Traum zur Realität werden lassen. In diesem Alter hatten wir noch Mut und Energie genug, unser Leben komplett umzukrempeln. Doch unsere Entscheidung barg auch große Risiken. Was wäre, wenn die Baufirma pleite ging und die schon angezahlten Appartements nicht zu Ende gebaut würden? Doch wir schoben diese Bedenken beiseite. Es war sowieso nichts mehr an unserem Entschluss zu ändern. Auch unsere kleine Tochter machte uns Sorgen. Wie würde sie die Umsiedlung in ein fremdsprachiges Land verkraften? Sie war in der Grundschule kein erfolgsverwöhntes Kind, was wohl auch auf den Lehrer zurückzuführen war, der sie dann für die Hauptschule empfahl. So dachten wir, auf Teneriffa kann es schulisch nur noch besser werden, und wir sollten recht behalten.

So brach denn bei uns, nach unserer Rückkehr aus unserem Urlaub total die Hektik aus. Unser Umzug nach Teneriffa sollte im Januar 1984 stattfinden. Zuerst einmal mussten wir einen Käufer für unseren Bungalow in Holland finden. Dann war der Kauf eines kleinen nicht aufwändigen Hauses geplant. Wir wollten nicht alle Brücken komplett abbrechen, sozusagen mit Netz und doppeltem Boden. Die Verwirklichung unserer Pläne in dieser Hinsicht klappte. Wir fanden einen Käufer, der den von uns erwarteten Kaufpreis zahlte und auch ein kleines altes Haus nahe der deutschen Grenze. Das sollte von nun an unsere Fluchtburg sein. Auch sollte es noch ein zu Hause für unseren Sohn darstellen, der ja in Deutschland verbleiben musste. Diese Entscheidung sollte sich auch in späteren Jahren als richtig und wichtig erweisen, bot doch das Haus uns und unseren Kindern immer eine Möglichkeit, dort Unterschlupf zu finden.

Es gab noch so viele Dinge zu regeln. Unsere Arbeitgeber mussten benachrichtigt werden, dass wir ab Ende des Jahres nicht mehr zur Verfügung standen. Unsere Sachen mussten sortiert werden. Was geht nach Teneriffa und was passt in unser kleines Häuschen in Holland? Ende des Jahres zogen wir zuerst einmal in unser kleines Haus um, derweil der Container schon auf See in Richtung Teneriffa schaukelte. Wir verabschiedeten uns von unseren Freunden, die uns alle versprachen, uns auf Teneriffa zu besuchen. Das Weihnachtsfest und den Jahreswechsel feierten wir in unserem Häuschen in Holland.

Im Januar 2004 machten wir unser Haus winterfest und packten unsere Koffer. Mit dem Auto sollte die Reise nach Teneriffa gehen. Das Auto wurde, soviel wie möglich war, vollgepackt. Wir hatten zu diesem Zeitpunkt einen Nymphensittich und einen Wellensittich, die auch mit auf die Reise gehen sollten. So sind wir denn mit einem total vollgepackten Auto und 2 Vogelkäfigen auf die Reise gegangen. Joki, den Nymphensittich, konnten wir unterwegs aus dem Käfig lassen und so saß er nun beim Fahrer auf dem Lenkrad. Unser Vogel konnte viele Melodien pfeifen, beispielsweise „Du bist verrückt, mein Kind" oder den River-Kwai-Marsch. Dies pfiff er dann fleißig vor sich hin, während uns unser Auto in den Süden trug. Diese kuriose Situation habe ich mit meiner Filmkamera festgehalten. Wenn wir durch spanische Ortschaften kamen, haben sich die Einheimischen fast den Kopf verdreht, denn einen Vogel auf dem Lenkrad hatten sie noch nie gesehen. Wir waren sehr erwartungsvoll eingestimmt und freuten uns auf unser neues Leben. Bei Eis und Schnee waren wir von Holland über Belgien und Frankreich unserem Ziel immer näher gekommen. Im südlichen Spanien konnten wir uns schon an den milden Temperaturen erfreuen. Unser Ziel war Cadiz, welches wir nach zwei Tagen erreichten.

3 - Die Verwirklichung

Von Cadiz aus sollte uns die Fähre in 2 Tagen zur Insel Teneriffa bringen. Doch zuerst einmal wurde in Cadiz übernachtet. So hatten wir denn Zeit, uns die Stadt einmal anzuschauen und uns ein wenig auf das spanische Leben einzustimmen. Am nächsten Tag begaben wir uns dann voller Erwartung auf die Fähre. Die zweitägige Fahrt über den Atlantik vermittelte uns das Gefühl, wie weit doch die Kanaren vom spanischen Festland entfernt liegen. Eigentlich haben die Inseln geographisch wenig mit dem Mutterland gemeinsam. Sehr viel näher liegt die afrikanische Küste, welche auch vorwiegend das Klima beeinflusst. Das milde Klima, welches das ganze Jahr über auf den Inseln herrscht, das war genau der Grund, warum wir dort in Zukunft unser Leben verbringen wollten.

Da ich den Aufenthalt auf einem Schiff nicht gut vertrage, war ich denn auch nach 2 Tagen froh, als das Schiff im Hafen von Santa Cruz de Tenerife einlief. Es war ein wunderbares Gefühl, als wir bei Sonnenschein und milden Temperaturen mit dem Auto die Fähre verließen und in den südlichen Teil der Insel fuhren. Wir waren einfach nur glücklich und malten uns unsere Zukunft in den rosigsten Farben aus. Wir betraten ja nicht komplett Neuland, denn wir kannten die Insel schon und wussten, was uns erwartet.

Der Weg zu unserem Haus war uns bekannt und so erreichten wir nach einer Stunde Fahrzeit unser neues Domizil. Unsere Siedlung mit 200 Häusern war sozusagen wie ein Dorf, jeder kennt jeden. So wurden wir denn als Neuankömmlinge sofort erkannt und eine Frau, die unsere Ankunft beobachtet hatte, riet uns, jetzt das Alte abzuschütteln. Das nahm unsere Tochter wörtlich und schüttelte sich wie ein nasser Hund.

Dann wurde das Auto entladen. Wir richteten uns in unserem Haus und unserem neuen Leben ein. In unserer Siedlung war das Eingewöhnen nicht schwer. Von überallher bekamen wir Tipps, wo man was gut einkaufen konnte. Besonders wichtig war es für uns zu wissen, wo deutsches Brot zu erwerben war. Dafür haben wir auch lange Wege in Kauf genommen. Wir konnten uns mit den Essgewohnheiten auf alles Mögliche einstellen. Doch wenn man einmal deutsches Brot gewöhnt ist, kann man darauf nicht mehr verzichten. Es wäre für mich die größte Strafe, wenn ich immer nur weißes Brotessen müsste, ganz abgesehen davon, dass es der Gesundheit nicht zuträglich ist.

Wir lernten schnell ein sogenanntes Supermarkt-Spanisch. Dabei war es erforderlich, die spanischen Zahlen zu beherrschen und einige Höflichkeitsfloskeln. Ganz wichtig war vor allen Dingen, den Wert der spanischen Pesete blitzschnell im Kopf in Mark umzurechnen, um so ein Preisgefühl für die Dinge des täglichen Lebens zu bekommen. Wir hatten uns da ein gewisses Rechenmodell zurechtgelegt, welches gut funktionierte.

Unsere 4 Appartements in Los Cristianos, die uns als Existenzgrundlage dienen sollten, waren dann auch endlich fertig gestellt und eingerichtet. Wir hatten eine Autovermietung ausfindig gemacht, die auch als Vermittlung von Appartements agierte. Von dort bekamen wir laufend Kunden, sodass unsere finanzielle Situation geklärt schien. Auch kümmerte sich diese Agentur um die Pflege der Appartements, sodass wir ein gutes Leben hatten. Auch in unserer Siedlung ließ es sich gut leben. Es war eine schöne Anlage mit vielen Gärten und schönen exotischen Pflanzen. Wir genossen unser Leben sehr und waren sehr euphorisch.

Manchmal war ich total übermütig und spielte mit unserer Tochter Nachlaufen rund um unser Haus. Die Blumenbeete waren mit Vulkansteinen eingefasst. Gegen solch einen Stein bin ich gestoßen, sodass mir dieser vor die Füße rollte und ich fiel mit dem Knie darauf. Die scharfen Kanten des Vulkansteines hatten zwar die Hose nicht beschädigt, doch oberhalb der Kniescheibe klaffte eine große tiefe Wunde. Sofort wurde ich von meinem Mann ins 3 km entfernte Medico-Center gefahren. Dort wurde die Wunde mit 9 Stichen genäht. Zu dieser Zeit waren wir noch in Deutschland krankenversichert und konnten die Rechnung später in Deutschland einreichen. Ich war auf jeden Fall längere Zeit außer Gefecht gesetzt. Dabei gab es doch noch so viel zu erledigen.

In der Hauptstadt Santa Cruz mussten wir die Papiere für den Container unterzeichnen. Als ich dann einigermaßen wieder humpeln konnte, fuhren wir dorthin, um die Formalitäten zu erledigen. Dort erfuhren wir dann, wann das Schiff mit dem Container im Hafen eintreffen sollte. Wir ließen uns trotz meiner Verletzung nicht entmutigen. Es wurden schöne Ausflüge mit dem Auto in die

Umgebung gemacht, wobei ich mein Bein nicht zu sehr zu belasten hatte. In den Bergen entdeckten wir in einer wunderschönen Lage ein Parador-Hotel. Dort haben wir desöfteren durch die großen Panoramascheiben bei einem Irish Coffee den herrlichen Blick auf den schneebedeckten Teide genossen. Das war im Winter ein besonderes Erlebnis. Wir fingen an, die Insel mit ihrer abwechslungsreichen Landschaft zu lieben.

Da machte es auch nichts, dass es in unserem Haus kein deutsches Fernsehen und kein Telefon gab. Wir waren so euphorisch, dass uns dies am Anfang überhaupt nicht störte. Wir hatten doch auf der Insel so viel Neues zu entdecken. Langeweile kannten wir nicht, die Schönheit der Insel nahm uns voll gefangen. Doch eine Begebenheit ließ uns nachdenklich werden.

Wir machten eines Tages einen Abendspaziergang durch unsere Siedlung und entdeckten am Ende der unteren Häuser einige verdächtige und schwer bepackte Gestalten. Da wir sonst kein Spanisch konnten, haben wir laut das Wort Policia gerufen. Sofort begannen die verdächtigen Gestalten, mit einer Steinschleuder auf uns zu schießen. Wir konnten gerade noch hinter einer Mauer Schutz finden. Doch die Diebe ließen die offensichtlich gestohlenen Gegenstände fallen und flüchteten. Wir stellten nun fest, dass wir sie beim Leeräumen eines Hauses gestört hatten. Wie sich später herausstellte, waren die Besitzer gerade einmal zum Essen ausgegangen. Sie waren uns dankbar, dass wir einen großen Diebstahl verhindert hatten. Diese Begebenheit nahmen wir dann später zum Anlass, Türen und Fenster unseres Hauses komplett vergittern zu lassen. Uns war in diesem Augenblick bewusst, dass das Paradies auch seine Schattenseiten haben kann.

Endlich war unser Container im Anmarsch, damit wir die Einrichtung unseres Hauses komplettieren konnten. Unsere Tochter freute sich am meisten über ihr Fahrrad und ihre Spielsachen. So richteten wir uns Tag für Tag immer mehr in unser neues Leben ein. Ende Januar hatte unsere Tochter Geburtstag. Da sie noch nicht in die spanische Schule ging, hatte sie auch noch keine Freundschaften schließen können. Doch in der Siedlung lebte auch eine deutsche Familie mit einem kleinen Mädchen, welches einige Jahre jünger als unsere Tochter war. Sie luden wir denn zum Kindergeburtstag ein, damit unsere Tochter diesen nicht so einsam verbringen musste.

Es war dann auch höchste Zeit, uns um die Einschulung unserer Tochter in eine spanische Schule zu kümmern. Eine Schweizer Familie, die schon länger auf Teneriffa lebte und auch eine Tochter hatte, half uns bei den Formalitäten. Für ihre Hilfe waren wir sehr dankbar, denn ohne der spanischen Sprache mächtig zu sein, hätte uns dieses Problem schwer überfordert. So ging denn unsere Tochter ins spanische Nachbardorf zur Schule.

Wir hatten ein schlechtes Gewissen, dass wir sie ohne spanische Sprachkenntnisse sozusagen ins kalte Wasser geschmissen hatten. Darüber sollte sie uns später immer wieder Vorhaltungen machen. An ihrem ersten Schultag haben wir sie heimlich in der Pause auf dem Schulhof beobachtet. Wir wollten wissen, inwieweit sie von den anderen Kindern akzeptiert wird. Wir erkannten schnell, beim Gummitwist gibt es keine Sprachbarieren. Sie hüpfte fleißig mit den anderen Schülern um die Wette.

Doch damit allein war das Problem nicht gelöst. Die Lehrerin bemühte sich sehr um sie. Zuerst sollten einmal die spanischen Zahlen gelernt werden, damit sie im Mathematikunterricht mithalten konnte. Beim Lesen war sie recht gut, aber sie verstand nicht, was sie da las. Das war für uns der Anlass, eine Spanisch-Lehrerin ins Haus kommen zu lassen, um mit ihr den Inhalt der Lektionen zu erarbeiten, damit sie deren Sinn erkannte. Auch spanische Grammatik wurde eingehend gebüffelt. So hat sie denn innerhalb kurzer Zeit die spanische Sprache in deren Bestandteile zu zerlegen gewusst. Das wiederum hatte sie ihren Mitschülern voraus, denn diese benutzten ihre Sprache aus dem Gefühl heraus, wie das bei einer Muttersprache so üblich ist. Sie aber musste die Sprache aus dem logischen Aufbau her erlernen und konnte definieren, warum man was wie ausdrückt. Sie hatte ja in Deutschland ein halbes Jahr die fünfte Klasse besucht und war auch hier das restliche halbe Jahr in dieser Stufe eingeschult worden. Trotzdem, dass sie sich gut entwickelte, waren wir der Meinung, dass sie die fünfte Klasse noch einmal wiederholten sollte. Das war von uns eine gute Entscheidung. Von nun an war der Knoten geplatzt. Sie wurde von einer schlechten Schülerin in Deutschland zu einer guten Schülerin auf Teneriffa.

Ihr Spanisch war nach einem halben Jahr perfekt und wir wurden nur noch ausgelacht ob unserer immer noch holprigen Sprachkenntnisse. Sie hat viele Freundschaften geschlossen. Auch wir bekamen dadurch Kontakt mit den Einheimischen und waren nicht mehr so isoliert in unserem deutschsprachigen Ghetto.

4 – Der Alltag

Alsbald waren wir in unserer Siedlung auch sonst nicht mehr so isoliert, denn es wurde eine Telefonleitung gelegt. So waren wir denn für unsere Lieben in der Heimat immer zu erreichen. Doch beim Telefonieren mussten wir uns kurz fassen, denn die Gebühren der Telefonica waren immens hoch. Dieser Konzern besaß das Monopol und konnte so die Preise diktieren.

Die Inselbewohner feierten viele Feste. Dazu gehörte am Anfang des Jahres der Karneval. Hatte ich doch in unserem Haus in Holland seinerzeit traurig meine Kartons mit Karnevalskostümen zurückgelassen, so wurde ich hier eines Besseren belehrt. Die Hauptstadt Santa Cruz de Tenerife feiert den Karneval alljährlich am Rosenmontag mit einem großen und prächtigen Karnevalsumzug. Das wollten wir uns nicht entgehen lassen. Meiner Tochter habe ich zu diesem Anlass ein wunderschönes Prinzessinnenkostüm genäht. Einen Faschingsumzug bei solch milden Temperaturen zu erleben, war für uns etwas Neues. Da passten auch die südamerikanischen Rhythmen und die herrlich bunten, phantasievollen Kostüme dazu. Zuvor war von einer Jury die Karnevalsprinzessin gewählt worden. Hier kam es darauf an, sich mit dem prächtigsten und aufwändigsten Kostüm zu präsentieren. Diese Wahl ist ein großes Ereignis in den Medien und wird auch vom spanischen Staatsfernsehen übertragen. Der Kopfschmuck und die Kostüme sind mitunter so schwer, dass die Trägerin kaum damit laufen kann. Auch eine Kinderprinzessin wird ausgewählt. Dies konnten wir alles staunend beim Umzug bewundern. Aber damit nicht genug, eine Woche später, wenn in Deutschland die Karnevalisten ihre Kostüme eingepackt haben, findet in Puerto de la Cruz im Norden der Insel noch einmal ein so prächtiger Umzug statt. Doch hier gibt es eine Besonderheit, denn der Karnevalsprinz von Düsseldorf mit seinem Gefolge fährt auf einem Wagen und wirft Kamelle unter das Volk. Wir haben natürlich kräftig „Düsseldorf Helau" geschrien. Im Gegenzug dazu war am Rosenmontag die Karnevalsprinzessin von Teneriffa im Düsseldorfer Umzug zu sehen. Die Kanarios gestalten ihre Kostüme mit viel Aufwand und Phantasie. Für viele aufwändige Kostümgruppen treten auch Investoren aus Industrie und Wirtschaft auf. Über soviel Engagement im Karneval waren wir sehr erstaunt. Und weil Karneval so schön ist, nimmt er auch kein Ende. Woche für Woche feiert eine andere Ortschaft ihren eigenen Karneval, sodass der letzte Umzug kurz vor Ostern im südlichen Touristenort Los Cristianos stattfindet. Die Kanarios sind schon Weltmeister im Festefeiern.

So nach und nach besuchten uns auch unsere Freunde aus Deutschland und wir konnten ihnen die Schönheiten der Insel zeigen. Begehrte Mitbringsel waren immer bespielte Videokassetten, da an deutsches Fernsehen in absehbarer Zeit nicht zu denken war. Wir wurden von unseren Freunden heftig beneidet, dass wir diesen Schritt gewagt hatten und nicht mehr bei Schmuddelwetter in Deutschland leben mussten.

Ostern kam auch unser Sohn Martin zu Besuch und Bianca freute sich sehr, ihren Bruder wiederzusehen. Er machte inzwischen in einem Hotel in Düsseldorf eine Kochlehre. Wir merkten, dass es ihm recht schwer fiel, so alleine ohne Eltern zurechtzukommen, mit denen er seine Lebensprobleme besprechen konnte. Doch er war inzwischen 20 Jahre alt und musste alleine seinen Platz im Leben suchen. Wir zeigten ihm bei unseren Ausflügen die schönsten Plätze der Insel, die wir bisher entdeckt hatten.

Dazu gehörte auch der Barranco del infierno, die Teufelschlucht. Nicht weit von Los Cristianos, stieg man in diese Schlucht ein und war in einer anderen Welt. Das Empfinden war besonders prägnant, da im Süden Trockenheit herrscht und wenig natürliches Grün zu finden ist. Doch durch diese Schlucht fließt ein Bach und der Weg ist gesäumt von vielen Pflanzen. Damals war alles noch im Urzustand, keine angelegten Wege, keine Touristenmassen. Es war sozusagen ein Geheimtipp. Man kletterte an Wasserkanälen entlang und den üppig grünen Bachläufen, bis man an einer Felswand einen kleinen Wasserfall entdecken konnte. Je nach Stärke der Regenfälle strömte mal mehr oder weniger Wasser den Felsen hinab. Dass sich im Süden der Insel ein solches Kleinod befand, blieb nicht lange unentdeckt. Heute sind die Wege für bequeme Spaziergänge ausgerichtet und es wimmelt von Touristen.

Wir hatten zu diesem Zeitpunkt eine Hündin, die Ronja hieß. Als zitterndes kleines Bündel stand sie eines Tage vor unserem Auto, als ich Bianca zur Schule fuhr. Da gab es für uns kein Halten mehr. Das arme Tier wurde sofort ins Auto geladen und mit nach Hause genommen. Mein Mann Sigi, der ein großer Tierfreund ist, war hellauf begeistert. So wurde dann unsere Ronja sozusagen adoptiert. Wir haben sie von Ungeziefer befreit, entwurmt und langsam aufgepäppelt. Sie war eine halbgroße Hündin mit rehbraunem Fell, schmalem Kopf und Ohren, die niemals wussten, sollen sie nun stehen oder hängen. Ronja war sehr anhänglich und folgte uns auf Schritt und Tritt. In der Siedlung war sie bald als der lachende Hund bekannt. Wenn sie sich freute, sah ihre Schnauze tatsächlich so aus, als würde sie lachen. Wenn Ronja heiß wurde, konnten wir mit ihr nur mit Stock und Teppichklopfer bewaffnet, spazieren gehen. Wir wurden dann von Rüden belagert, derer man sich nur so erwehren konnte. Das mussten wir zum Anlass nehmen, unsere Hündin sterilisieren zu lassen. Doch dieser operative Eingriff verlief nicht ohne Komplikationen.

Wir hatten sehr wahrscheinlich einen Stümper von einem Tierarzt gewählt. Die Operationswunde wollte und wollte nicht zuheilen, so dass wir einen anderen Tierarzt konsultierten. Dieser stellte dann fest, dass der vorherige Tierarzt die innere Naht nicht mit Fäden aus Därmen, sondern mit Kunststofffäden geschlossen hatte. Diese konnte der Körper nicht absorbieren, und das Tier musste noch einmal operiert werden. Doch dadurch war uns unsere Hündin noch mehr ans Herz gewachsen. Obwohl Ronja sehr anhänglich war, fuhr sie nicht sehr gerne Auto. Es war immer ein Problem, sie ins Auto zu bugsieren. Sehr wahrscheinlich hatte das Tier in der Vergangenheit in dieser Hinsicht schlechte Erfahrungen gemacht.

Durch einen Hund kommt man am ehesten mit Nachbarn in Kontakt. So haben wir denn eine Familie kennengelernt, die auch einen kleinen Hund besaß, den sie als Findling, genau wie wir, auf der Insel aufgelesen hatte. Auch diese Familie lebte ganzjährig auf der Insel. Doch die meisten Bewohner der Siedlung waren Überwinterer, zumeist Rentner, die es sich leisten konnten, im Winter 3 bis 4 Monate in ihren Häusern zu verbringen. Auch hier waren sehr schnell Kontakte geknüpft und etliche Freundschaften entstanden. Diese Freundschaften existieren noch bis heute. Es wurden zusammen Ausflüge organisiert. Man machte zusammen Wanderungen durch die herrliche kanarische Natur. Wir trafen uns zu Restaurantbesuchen oder verlebten einen Strandtag zusammen. Es war ein herrliches Leben und eigentlich unsere glücklichste Zeit auf Teneriffa. Wir hatten keine größeren Probleme zu bewältigen und konnten uns nur auf uns und unsere Tochter konzentrieren. Die hatte sich inzwischen in der Schule gut eingelebt, konnte dem Unterrichtsstoff folgen und brauchte keine Nachhilfe in Spanisch mehr. Wir hatten den Eindruck, auch sie war innerlich ganz auf der Insel angekommen, denn sie machte in dieser Zeit auf uns einen glücklichen Eindruck. So waren wir denn beruhigt und brauchten kein schlechtes Gewissen zu haben, dass wir unser Kind so plötzlich in eine andere Welt verpflanzt hatten.

5 – Die Integration

Die beste Freundin unserer Tochter hieß Bea und ging mit ihr in die gleiche Klasse. Bea hatte sich ihre Freundschaft so nach und nach, auch durch kleine Geschenke. erworben. Ihre Familie wohnte im Dorf nicht weit von der Schule entfernt. Da ich meine Tochter jeden Tag mit dem Auto zur 3 km entfernten Schule hin und auch wieder zurückfahren musste, habe ich sie auch oft bei ihrer Freundin abgeholt. So kamen wir denn mit einer kanarischen Familie in Kontakt und lernten auch deren Lebensweise kennen. Viele Dörfer im Süden der Insel bestehen aus illegal errichteten Häusern aus unverputzten Hohlblocksteinen, eigentlich hässlich anzuschauen. Es sind einfache viereckige Kästen mit kleinen Fenstern. Sie haben kein Dach, sondern nur eine Betonplattform, aus der noch die Armiereisen herausschauen. Das wird aus dem Grund so gehandhabt, damit man es bei Bedarf aufstocken kann. Ein solches Haus bewohnte Familie Dias, die zwei Töchter hatte, wobei die jüngere die Freundin unserer Tochter war. Die kleinen Fenster ließen nicht viel Licht in die Wohnräume, was aber durchaus dem Geschmack der Kanarios entsprach. War das Haus auch innen sehr ordentlich und sauber, so lag doch draußen allerlei Unrat herum.

Im Winter, wenn dann im Süden auch einmal Regen fällt, haben diese Häuser mit ihren nicht abgedichteten

Betondächern ein Problem. Dann sucht sich der Regen den Weg ins Innere des Hauses. Doch das stört die Kanarios mit ihrem sonnigen Gemüt eigentlich wenig. Wenn aber die Feuchtigkeit die Elektroleitungen in Mitleidenschaft zieht, dann hört auch für den Kanario der Spaß auf. Als ich wieder einmal Bianca beim Haus ihrer Freundin abholte, gab es dort keinen Strom, weil Regen gefallen war. Beas Vater, der Gorio hieß, teilte mir traurig mit, „no luz", was soviel heißt wie kein Licht. Da Sigi mein Mann eigentlich von Beruf Elektriker ist, versprach ich Hilfe. Sofort ist er mit mir dorthin gefahren, erkannte das Problem, da der Schutzschalter für Feuchtigkeit herausgesprungen war. Der ließ sich nun leider nicht mehr aktivieren, da die ganzen Wände feucht waren. So hat er denn die Elektrik mit einem gesonderten Kabel überbrückt, was natürlich nicht den Vorschriften entspricht, aber die Familie hatte wieder Licht. Voller Begeisterung riefen alle „o luz", als hätte er ein Wunder vollbracht. Dieses Ereignis aber hatte uns die Freundschaft dieser Familie eingebracht.

Maria, Beas Mutter, erzählte mir eines Tages, dass sie auf ihrem Hausbetondach einen Puter halten würden, der jetzt geschlachtet werden sollte. Sie hätte aber keinen Schimmer, wie man so einen Vogel zubereiten könnte. Da versprach ich Abhilfe und meinte, wenn sie das Tier geschlachtet hätten, wollte ich es abholen und zu Hause perfekt präparieren. Maria brauchte dann zu Hause den Puter nur noch in den Backofen zu schieben. Leider hatte sie den Vogel in zwei Hälften geschnitten, so dass ich diesen zu Hause wieder zusammennähen musste, um ihm eine leckere Füllung zu verpassen. So brachte ich denn

Maria den Puter gewürzt, gefüllt und in meinem Bräter deponiert, zurück. Ich gab ihr Instruktionen, dass der Vogel 2 Stunden zugedeckt im Ofen schmoren sollte, die letzte halbe Stunde mit offenem Deckel, damit die Haut schön braun wird. Damit dachte ich, sollte einem leckeren Puteressen nichts mehr im Wege stehen. Als das Wochenende vorbei war, fragte ich Maria, wie denn das Puteressen gewesen sei. Da bekam ich traurig zur Antwort „pato negro", was soviel heißt, dass der Vogel verbrannt war. Wie konnte so etwas geschehen, wo ich doch alle Informationen gegeben hatte? Da die kanarische Hausfrau so gut wie gar nicht den Backofen benutzt, der dann auch noch mit Gas betrieben wird, hatte Maria keine Ahnung. Ich hatte natürlich nicht für nötig befunden, sie zu informieren, diesen nicht auf höchste Stufe zu stellen und auch nicht, ab und zu einmal nach dem Braten zu schauen. Als es schon in der Küche brandig roch, war Maria nicht bereit, den Ofen zu öffnen, da ich doch gesagt hatte, dass erst nach 2 Stunden der Deckel zu öffnen sei. Sie hatte meinen Informationen sozusagen blind vertraut. Das fanden dann alle sehr schade, doch die Füllung, die hätte dann aber doch sehr gut geschmeckt. Der Hund „Che Guevara" aber hat sich sehr über den missglückten Puter gefreut.

Wenn wir uns mit ihnen in spanisch unterhielten, haben wir natürlich nicht immer alles verstanden. Gorio meinte dann, je lauter er spräche, je mehr würden wir verstehen. So wurde dann die Unterhaltung immer sehr lautstark geführt. Zu den Festen der Familie wurden wir immer eingeladen. Es wurde dann beispielsweise zu einer Geburtstagsfeier am Nachmittag eine bestimmte Uhrzeit festgelegt. Wie wir Deutsche halt so sind, waren wir auch pünktlich an Ort und Stelle. Doch da war außer uns noch kein Gast anwesend und die Vorbereitung im vollen Gange. Da gab es dann eine große, süße, knallbunte Torte, Kaffe zum Kuchen Fehlanzeige. Es gab Limo, Cola, Sidre, das ist ein süßer Fruchtsekt, aber kein Kaffee weit und breit. Die Gäste kamen und gingen wie sie wollten. Es gab kein gemeinsames Zusammensitzen an der Kuchentafel. Das war für uns sehr gewöhnungsbedürftig. Familie Diaz war trotz allem sehr nett und wir hatten sie ins Herz geschlossen.

Um uns zu revanchieren, haben wir sie zu uns zu einem Grillabend eingeladen. Das Grillen war für 18 Uhr angesetzt. Als sie um 18.30 Uhr immer noch nicht erschienen waren, riefen wir dort an. Da wurde uns mitgeteilt, dass man noch eine bestimmte Fernsehserie zu Ende schauen musste. Sie kamen dann mit einer Stunde Verspätung bei uns an und wären nie auf die Idee gekommen, dass man ihnen ein solches Verhalten übel nehmen könnte. Es fiel uns schwer, mit dieser Mentalität der Einheimischen zurechtzukommen. Man musste hier viel Geduld und Verständnis aufbringen.

Auch beim Einkaufen war Geduld und Verständnis gefragt. Beim Bezahlen an der Kasse konnte es passieren, dass die Kassiererin gerade mit einer Bekannten einen Plausch hielt. Da musste man dann warten und konnte nicht die Geduld verlieren. Wenn sich zwei entgegenkommende Autofahrer auf der Straße trafen und meinten, sie hätten sich etwas mitzuteilen, hielten sie mitten auf der Straße an und ließen sich von den anderen Autos nicht stören. Es meckert auch niemand, wenn so etwas passierte. Uns hat das immer sehr frustiert. Anscheinend hatten die Kanarios immer viel Zeit. So mussten wir dann lernen, uns in vielen Dingen in Geduld zu üben. Das fiel uns mit unserer deutschen Mentalität nicht immer leicht, besonders meinem Mann, der eigentlich ein ungeduldiger Mensch ist.

Trotzdem genossen wir das Leben mit den Einheimischen, die uns so freundlich und vorbehaltlos entgegentraten. Besonders unsere Tochter Bianca hatte sich sehr schnell an diese andere Lebensart mit den Kanarios gewöhnt. Sie war vollkommen integriert und sprach mit ihren Puppen nur noch spanisch. Sie erklärte uns das folgendermaßen, ihre Puppen seien ihre Kinderwelt und die wäre spanisch. Wir seien die Erwachsenenwelt und die sei deutsch.

In unserer Siedlung waren wir eigentlich nur mit deutschsprachigen Menschen zusammen und fanden nur über unsere Tochter den Zugang zu den Kanarios und lernten deren liebenswerte, auch manchmal skurrile Eigenheiten kennen. Wir hätten damals nie gedacht, dass wir auch einmal schlechte menschliche Erfahrungen auf der Insel machen würden. Das sollten wir später, besonders bei den Behörden erfahren.

6 – Die alte Heimat

Trotz allem, dass wir uns gut eingelebt hatten und mit der kanarischen Lebensweise zurechtkamen, sehnten wir uns nach Deutschland. Die Schulen hatten drei Monate Sommerferien. Da wir zu dieser Zeit auf Teneriffa keine weiteren Verpflichtungen hatten, planten wir eine Reise in die alte Heimat. Wir hatten ausfindig gemacht, dass regelmäßig zwei Schiffe vom Kongo mit Zwischenstopp auf Teneriffa nach Antwerpen verkehren. Es waren dies die „Kananga", mit schwarzer Besatzung und die „Fabiolaville" mit weißer Besatzung. Wir entschieden uns für die „Kananga". Es handelt sich hierbei um Containerschiffe, die Ware zwischen Belgien und dem Kongo hin und her transportieren. Hier konnte mittels Kran unser Auto hinaufgehievt werden und auch Passagierkabinen waren vorhanden.

Unsere Hündin Ronja und die beiden Vögel sollten von unseren Nachbarn versorgt werden. Da diese Sache zur Zufriedenheit geklärt war, machten wir uns im Juni auf zum Hafen nach Santa Cruz. Dort konnten wir es kaum erwarten, bis die Kananga in Sicht kam, die uns samt Auto nach Antwerpen bringen sollte. Interessant war es zuzuschauen, wie dann endlich unser Auto an Deck gehievt und mit Tauen verzurrt wurde. Wir freuten uns schon auf das Abenteuer, auf bequeme Weise über den Atlantik und die Biskaya nach Antwerpen zu gelangen.

Die Fahrt sollte fünf Tage dauern. Wir bekamen eine hübsche Dreibettkabine und die Fahrt konnte losgehen. Auf dem Schiff befand sich sogar ein Kindergarten, in dem die Kinder der vorwiegend schwarzen Passagiere betreut wurden. Unsere Tochter fand es total spannend, mit den schwarzen Kinder zu spielen. Wir wurden auf dem Schiff kulinarisch verwöhnt. Der Schiffskoch lud die Passagiere zu den Malzeiten ein, indem er auf eine Riesenpfanne mit dem Kochlöffel schlug. Das machte einen Riesenlärm und jeder konnte bis in den letzten Winkel des Schiffes hören, dass das Essen fertig ist. Ich konnte die Schiffsreise dank Reisetabletten gut überstehen. Nach fünf Tagen war dann tatsächlich Antwerpen erreicht. Von dort war es nicht mehr weit mit dem Auto zu unserem Häuschen in Holland. Dies war nun eine sehr bequeme Art, von Teneriffa aus die Reise zu unserer alten Heimat anzutreten. Irgendwie war es ein komisches Gefühl, wieder dort zu sein. Wir waren in diesem Moment heilfroh, dass wir ein Domizil besaßen, in dem wir uns auch heimisch fühlen konnten.

Unsere Freunde wollten wissen, wie wir uns auf Teneriffa eingelebt hätten und ob wir es nicht schon bereuten, dorthin übergesiedelt zu sein. Von solchen Gedanken waren wir zu diesem Zeitpunkt meilenweit entfernt. Zwar waren wir froh, wieder uns lieb gewonnene deutsche Produkte zu kaufen und deutsches Fernsehen zu genießen, aber dafür Teneriffa einzutauschen, daran hätten wir im Traum nicht gedacht. Ich hatte über unsere Auswanderung nach Teneriffa einen Film gedreht und auch unsere ersten Erlebnisse auf Teneriffa festgehalten. Bianca besuchte ihre ehemalige Schulklasse und dort wurde extra eine Unterrichtsstunde eingerichtet, um unseren diesbezüglichen Film den ehemaligen Mitschülern vorzuführen.

Die Schwester meines Mannes, die in Halle in der ehemaligen DDR lebte, wurde besucht. Dort galten wir besonders als Exoten. Es gab so viele Fragen, die an uns zu stellen waren. Man konnte sich nicht so richtig vorstellen, wie unser Leben auf der Insel Teneriffa so ablief. Man hätte das so gerne auch einmal persönlich in Augenschein genommen. Doch daran war vorerst nicht zu denken. Die Grenze war total dicht und dass sich diese in einigen Jahren öffnen würde, daran wagte damals niemand zu glauben. Mein Mann hatte ein sehr inniges Verhältnis zu seiner Schwester. Sie hatte uns schon zweimal wegen Krankheit und Todesfall der Mutter im Westen besuchen können.

Wir sind jedes Jahr in die DDR gereist, selbst als wir unseren Wohnsitz auf Teneriffa hatten. Es wurden zusammen schöne Ausflüge gemacht und wir genossen die Zeit mit unseren Verwandten. Teneriffa war für die Bewohner der DDR so weit weg, quasi am Ende der Welt. Außerhalb unseres Familienkreises fühlten wir uns mit unserem Westauto immer beobachtet, egal wo wir waren. Auch die Prozedur des An- und Abmeldens bei der Polizei erzeugte in uns immer ein unangenehmes Gefühl. Deshalb waren wir auch immer froh, zum Schluss unseres Aufenthaltes die Grenze der DDR hinter uns zu lassen. Beim Grenzübertritt fiel dann immer so etwas wie eine Anspannung von uns ab, wenn wir wieder in unserem freien, demokratischen Deutschland waren.

In unserem Häuschen in Holland, dicht an der Grenze zu Aachen, fühlten wir uns sehr wohl. Die Kontakte zu unseren Freunden wurden wieder ausgiebig gepflegt. Wir genossen das Einkaufen in deutschen Supermärkten und staunten immer wieder über die Vielfalt der Angebote. Es wurden viele Artikel in Baumärkten gekauft, die wir auf Teneriffa vergeblich gesucht hatten. Da wir vorhatten, wieder mit dem belgischen Schiff zurückzufahren und es dort keine Gepäckbeschränkung gab, konnten wir einkaufen, was das Herz begehrte.

Mit unserer Krankenkasse hatten wir zu diesem Zeitpunkt eine ruhende Mitgliedschaft vereinbart. Diese konnten wir während unseres Aufenthaltes von 3 Monaten wieder aufleben lassen und so Arztbesuche, die sich verschieben ließen, in Deutschland absolvieren. Unser Sohn besuchte uns oft, da er in Düsseldorf eine Ausbildung zum Koch machte. So war denn eine gewisse Zeit die Familie wieder komplett und das Häuschen in Holland ein wichtiges Domizil. Unsere Tochter hatte noch eine ehemalige Schulfreundin aus der Grundschulzeit, zu der der Kontakt nicht abgerissen war. Mit ihr hat sie denn, wie in alten Kindertagen viel unternommen. Sie fühlte sich in der alten Heimat wieder wohl. Wir legten sehr viel Wert darauf, dass sie viel las. Deshalb kauften wir ihr etliche Kinder- und Jugendbücher, damit die deutsche Sprache auch visuell präsent bleiben sollte.

Wir verlebten einen sehr schönen Sommer, der ausgefüllt war mit vielen Ausflügen in die nahe gelegene Eifel oder den Rursee. Auf Teneriffa gab es keine Süßwasserseen, deren Ufer von Wald umrahmt waren. Der September nahte, und wir mussten an unsere Rückreise denken, denn für unsere Tochter sollte wieder die Schule losgehen. Wir hatten fast drei Monate in Deutschland bzw. Holland verbracht. Aber wir waren nicht traurig, dass diese Zeit nun zu Ende ging, denn wir freuten uns auch wieder auf unsere Insel Teneriffa, besonders, da jetzt in Deutschland der Herbst und der Winter vor der Tür stand.

Unsere Tochter hatte uns so lange bequatscht, bis wir ihr ein schwarz-weißes Zwergkaninchen gekauft haben. Es bekam den Namen Krümel und sollte mit uns auf dem Schiff die Reise nach Teneriffa antreten. Einen Tag vor Abreise des Schiffes mieteten wir uns einen Kleintransporter, um damit verschiedene sperrige Gegenstände, die wir auf Teneriffa gut gebrauchen konnten, nach Antwerpen zum Schiff Kananga zu transportieren. Dort ging es schon sehr geschäftig zu. Gebrauchte Kühlschränke, ausgediente Motoren und jede Menge Säcke mit Zwiebeln sollten die Reise zum Kongo antreten. Diese Sachen wurden dann im Kongo von diversen Händlern mit Gewinn verkauft.

Wir verabschiedeten uns von unseren Freunden und machten am nächsten Tag unsere Reise nach Antwerpen. Wir fuhren mit einem vollbepackten Auto. Hinten konnte unsere Tochter gerade noch so sitzen. Ich hatte vorne den Käfig mit Kaninchen Krümel auf den Knien. Zum Glück war ja Antwerpen nicht so weit und die unbequeme Fahrt hatte bald ein Ende. Unser Wagen wurde wieder mittels Kran an Deck gehievt. Dann konnten wir es uns in der Kabine gemütlich machen. Das Kaninchen konnte darin umherhoppeln.

Da die schwarze Besatzung des Schiffes nicht so pingelig war, stellte das kein Problem dar. Das Schiff sollte uns wieder auf bequeme Art und Weise in fünf Tagen nach Teneriffa bringen. Wir haben die Tage auf dem Schiff wiederum genossen und uns so richtig verwöhnen lassen. Als wir die Biskaya passierten, wurde die See ein wenig unruhig und ich musste zu meinen altbewährten Reisetabletten greifen. Diese Art des Reisens nach Teneriffa war die preiswerteste und bequemste Variante, wenn man sein Auto mit dabei haben wollte. Man musste nicht die weite Strecke bis nach Cadiz fahren, keine Anstrengungen und hohen Spritverbrauch in Kauf nehmen. Auch die Kosten für die Benutzung der Autobahnen und das Ticket für die Fähre von Cadiz nach Teneriffa entfielen.

Wir hatten inzwischen Teneriffa so richtig in unser Herz geschlossen und freuten uns, als am sechsten Tag die Skyline von Sta. Cruz de Tenerife in Sicht kam. Vorher war schon ein kleiner Transporter bestellt worden, mit dem wir unsere Sachen abtransportieren konnten. Der Kran des Schiffes brachte unser Auto sicher an Land und schon ging die Fahrt zu unserem Haus im Süden der Insel. Als wir unser Haus auf Teneriffa erreicht hatten, galt unser erster Gedanke unserer Hündin Ronja. Die stand schon vor unserem Haus, als ob ihr eine innere Stimme gesagt hätte, dass wir an diesem Tag eintreffen. Auch unsere Nachbarn, die sie gehütet hatten, erzählten uns, dass Ronja schon den ganzen Tag unruhig gewesen sei. Dieses Phänomen des siebten Sinnes haben wir übrigens auch bei anderen Hunden, die nach Ronja kamen, immer wieder festgestellt. Es war einfach überwältigend, wie Ronja sich über unsere Rückkehr freute. Sie hörte einfach nicht auf zu jaulen und zu quieken. Sie wich nicht mehr von unserer Seite. Doch bei all der Wiedersehensfreude musste es doch dann endlich ans Auspacken gehen, denn der Kleintransporter sollte noch am gleichen Tag zurückgegeben werden.

Dann schickte ich erst einmal meinen Mann mit einem riesigen Einkaufszettel ins Nachbardorf zum Einkaufen, damit wir etwas zu Essen im Haus hatten. Brot konnte ich jetzt selber backen, da wir etliche Brotbackmischungen aus Deutschland mitgebracht hatten. Einkaufen war damals noch so eine Sache auf Teneriffa. Die kleinen Supermärkte in den Dörfern waren natürlich nur auf die Bedürfnisse der Einheimischen ausgerichtet. Die kannten ja auch nichts anderes und waren damit zufrieden. Es gab zwei Sorten Käse, das war der sogenannte „queso blanco", ein Frischkäse aus Ziegenmilch, und „queso amarillo", das war holländischer Gouda. Es gab gekochten Schinken, Cerrano-Schinken und chorizo, eine Räucherwurst, die rot war mit dicken Fettstücken darin. Unsere Tochter mochte diese Wurst sehr gern. Metzger, wie so oft im Ausland, die selber Wurst herstellen konnten, existierten nicht. Im Norden der Insel, wo der Tourismus schon viel früher eingesetzt hatte und auch viele Deutsche lebten, gab es durchaus deutsche Metzger und Bäcker. Deshalb war es manchmal unerlässlich, die 100 km in den Norden zum Einkaufen zu fahren. Wir konnten vieles kompensieren, indem wir Lebensmittel, die uns lieb und teuer waren, von unserem Deutschlandaufenthalt mitbrachten.

Wenn uns auch die Einkauferei manchmal nervte und wir nicht alles bekamen, was wir wollten, so tat das zum damaligen Zeitpunkt unserer Liebe zu Teneriffa keinen Abbruch. Man kann eben nicht alles haben, dachten wir. Dafür hatten wir die Sonne, das milde Klima das ganze Jahr über und die herrliche Landschaft. Auch jetzt schien wieder die Sonne und wir konnten von unserer Terrasse die Aussicht auf den glitzernden Atlantik genießen.

7 – Neue Aufgaben

Wir fühlten uns hier zu Hause und es machte uns glücklich, wieder auf unserer Insel zu sein.Wir waren doch recht lange weg gewesen und hatten damit erst einmal unser Heimweh gestillt. Von den Nachbarn und den anderen Anwohnern wurden wir so nach und nach freudig begrüßt. Wie das so ist, kannte in unserer Siedlung natürlich jeder jeden, und über die Verhältnisse des Einzelnen war so ziemlich alles bekannt.

Doch so allmählich wurde mir langweilig. Ich wollte mir eine sinnvolle Aufgabe suchen. Unsere Siedlung, die sich selbst verwaltet, wählte jedes Jahr einen neuen Vorstand. Mitglied dieses Vorstandes zu sein und die Geschicke unserer Siedlung mitzugestalten, war genau die Aufgabe, die ich gesucht hatte. So war ich denn alsbald Sekretärin und Schriftführerin unserer Siedlung und kümmerte mich um den schriftlichen Kram. Obwohl es einen bezahlten Verwalter in der Anlage gab, spottete die Aktenordnung im Büro jeder Beschreibung. Hier war alles kreuz und krach durcheinander geheftet. Ich brauchte Monate, um hier eine chronologische und alphabetische Ordnung hineinzubringen. Ordnung in der Aktenablage war übrigens auf ganz Teneriffa ein Riesenproblem. Bei unserer Hausbank gab es beispielsweise die sogenannte Gummiordnung, das heißt die losen Papiere, wie beispielsweise Kontoauszüge, waren mit einem Gummiband zusammengefügt. Das führte dann dazu, dass auf Anhieb die entsprechenden Unterlagen nicht so schnell zu finden waren. Das schien aber die Kanarios mit ihrem sonnigen Gemüt nicht weiter zu stören.

Die Ursache dieses Problems war aber meines Erachtens darin zu suchen, dass es in Spanien keine dreijährige Berufsausbildung gibt, also das duale System. Berufsschule, Praktikum, für keine Berufsgruppe existiert. Also hatten die Bankangestellten keine Banklehre hinter sich, sondern waren sofort von der Schulbank in den praktischen Beruf gewandert. Das spanische Schulsystem beinhaltete damals eine achtjährige Schulpflicht, die alle zusammen absolvieren mussten. Nach der achten Klasse gab es wiederum zwei Schultypen. Wer später ein Studium absolvieren wollte, besuchte den Schultyp, den wir als Gymnasium bezeichnen würden. Das Wissen, welches dort vermittelt wurde, war recht gut. Der andere Schultyp war eine Schule, die auf einen praktischen Beruf vorbereiten sollte. Hier wurde die Theorie für einen kaufmännischen oder handwerklichen Beruf vermittelt. Das war alles und reichte bei weitem nicht aus, was sich auch in allen Bereichen bemerkbar machte. Hatte beispielsweise jemand ein paar Wochen in einem Elektrobetrieb gearbeitet, nannte er sich hinterher Elektriker. So ging das weiter in allen Berufssparten. Wenn man einmal Handwerker benötigte, konnte man nie sicher sei, an welchen Dilettanten man dann geriet. Hotels suchten händeringend gut ausgebildetes Fachpersonal, aber das war auf den Kanaren nicht zu finden.

So dachten wir denn, dass es für unseren Sohn, der seine Lehre in Deutschland als Koch beendet hatte, eine gute Chance gäbe, auf Teneriffa in einem Hotel zu arbeiten. Im Maritim Hotel im Norden der Insel bewarb er sich um eine Kochstelle. Dort war man froh, endlich einen gut ausgebildeten Koch einstellen zu können. Er bekam einen auf ein Jahr befristeten Arbeitsvertrag. Ein Jahr Auslandserfahrung zu sammeln, war für ihn nach der Lehre genau das Richtige. So kam er denn nach Teneriffa und wir waren froh, dass die Familie wieder komplett war. Es war wichtig, dass er persönlich beim kanarischen Arbeitsamt seinen Arbeitsvertrag zur Beantragung der Arbeitserlaubnis vorlegte. Die Kanaren waren damals schon in der EU, hatten aber noch Übergangsbestimmungen. Das führte dazu, dass die Behörden über eine solche Sache willkürlich entscheiden konnten. Die vakante Stelle als Koch beim Maritim Hotel musste erst einem Kanario angeboten werden. Das Hotel wiederum konnte aber einen Einheimischen ohne entsprechende Berufsausbildung nicht gebrauchen.

So ging die Sache hin und her, bis schließlich sieben Monate vergangen waren, ohne dass unser Sohn die entsprechende Arbeitserlaubnis bekam. Durch dieses Vorgehen wurden wir wieder mal nachdenklich und in unserer Euphorie gedämpft, doch es sollte später ja noch viel schlimmer kommen. Doch zuerst nutzten wir noch die Gelegenheit, unser Haus und Hündin Ronja in guten Händen von Martin zu wissen, um wieder die Sommerferien in Deutschland bzw. Holland zu verbringen. Doch leider fuhr das belgische Schiff zu dem von uns gewünschten Termin nicht. So mussten wir denn die Reise wieder mit der Fähre von Teneriffa nach Cadiz und weiter durch Spanien, Frankreich und Belgien nach Holland antreten.

Da es einen kalten Winter gegeben hatte, waren in unserem Haus in Holland die Wasserrohre geplatzt. Das musste erst einmal repariert werden. Doch danach machten wir uns frohgemut daran, unseren Aufenthalt in der alten Heimat wieder so richtig zu genießen. Wieder wurden die Kontakte zu alten Freunden aufgenommen. Wie jedes Jahr, fuhren wir auch wieder zu der Familie meines Mannes nach Halle. Dort freute sich schon die ganze Familie über unser Kommen. Wir unternahmen schöne Ausflüge nach Sangerhausen, den Kyffhäuser und auch in den Harz. In den deutschen Wäldern gefiel es mir immer besonders gut. Wenn es auch immer wieder schwierig und bedrückend war, in diesen Teil Deutschlands zu reisen, so taten wir dies gerne und die Herzlichkeit unserer Verwandten entschädigte uns für die Mühen. Doch trotzdem waren wir schließlich wieder froh, zurück in unserem Haus in Holland zu sein.

Bianca verabredete sich mit ihrer alten Schulfreundin und die übernachtete gerade bei uns, als es spätabends an der Haustür klingelte. Ein Betrunkener hatte unseren auf der Straße parkenden Mercedes zu Schrott gefahren. Ein Nachbar, der dies beobachtet hatte, machte uns Mitteilung von diesem Desaster. Was für ein Schreck mitten in der Nacht. Der betrunkene Autofahrer war zunächst nicht vernehmungsfähig. Wir wussten in dem Augenblick nicht, ob er ordnungsgemäß versichert war. An Schlaf war in dieser Nacht kaum mehr zu denken. Doch glücklicherweise stellte sich am nächsten Tag auf der Polizeistation heraus, dass er eine Haftpflichtversicherung hatte, die unseren Schaden später voll übernommen hat. Der Wagen war erst zwei Jahr alt und nicht mehr zu reparieren.

So mussten wir uns denn auf die Schnelle ein gleichwertiges Auto kaufen, was denn auch kein Problem darstellte.

Auch diesmal ging die Zeit unseres Aufenthaltes viel zu schnell zu Ende. Um nach Teneriffa zu kommen, nahm ich mit Bianca den Flieger, da ihre Schulferien zu Ende waren. Mein Mann wollte ein paar Wochen später mit dem Auto nachkommen. Seine Reise ging samt Auto wieder mit dem belgischen Schiff von Antwerpen aus nach Teneriffa. Als ich mit meiner Tochter wieder auf Teneriffa ankamen, stellten wir fest, dass zu Hause alles bestens geklappt hatte, was die Betreuung des Hundes und des Hauses anging. In Bezug auf die Arbeitserlaubnis war Martin immer noch in Wartestellung. So übten sich die Behörden in Hinhaltetaktik, um den Bewerber mürbe zu machen. Selbst der neue Arbeitgeber, das Maritim-Hotel, konnte in dieser Hinsicht nichts ausrichten. Ganz traurig war, dass kurz nachdem ich wieder auf Teneriffa weilte, unsere Hündin Ronja starb. Sie hatte irgendwo draußen Gift gefressen und war leider nicht mehr zu retten. Ich war zu allem Überfluss an diesem Abend mit Bekannten zum Essen aus. Als ich dann nach Hause kam, fand ich dort meine heulenden Kinder vor und unsere Nachbarn, die zu Hilfe gerufen worden waren. Das war nun für alle Beteiligten eine traurige Angelegenheit. Ich war richtig wütend und überzeugt davon, dass irgendein Hundehasser dieses Gift ausgelegt hatte.

Als mein Mann wieder von Deutschland zurück war, musste erst einmal beratschlagt werden wie die Zukunft unseres Sohnes aussehen sollte. Offensichtlich wollte man ihn mit der langen Wartezeit dazu bringen, dass er von selbst aufgab. Eigentlich konnte vom Gesetz her keine Ablehnung erfolgen, da ein ordnungsgemäßer Arbeitsvertrag bestand. Deshalb benutzte man das Mittel der Verzögerung. Da erfuhren wir sozusagen am eigenen Leibe, was Ausländerdiskriminierung bedeutet. So etwas wäre in Deutschland nie möglich gewesen, denn wenn ein Ausländer einen Arbeitsvertrag vorweisen kann, bekommt er auch eine Arbeitserlaubnis, auch wenn er kein EU-Bürger ist. Hier konnten wir aus eigener Erfahrung erleben, wie andere Länder mit dem Problem umgehen – von wegen Globalisierung, Toleranz und Integration. So war es denn letztendlich unumgänglich, dass Martin wieder nach Deutschland zurück musste, um dort eine Arbeit zu suchen. Er entschied sich für Berlin, denn dort wurden westdeutsche junge, gut ausgebildete Leute dringend gesucht und mit vielen Extras gelockt. Weihnachten 1985 verbrachten wir noch einmal alle zusammen mit Martin, bevor er nach Berlin ging. Wir waren sehr traurig, als er dann endgültig Anfang 1986 nach Deutschland flog, um dort beruflich ein neues Leben anzufangen.

Indes kümmerte ich mich auch weiterhin in unserer Siedlung um die Verwaltung. Da traten denn mitunter seltsame Dinge zutage. Wir hatten sehr schlechtes Wasser in den Leitungen, sodass sich manche Bewohner Filter einbauen ließen. In diesen Filtern konnte man dann schon an den Rückständen erkennen, dass im Wasser Schmutz und sogar Würmer schwammen. Wir ließen das Wasser analysieren und bekamen die Bestätigung „no potable", also kein Trinkwasser. Da musste schnellstens gehandelt werden, denn wir bekamen das Wasser vom ehemaligen Besitzer der ganzen Grundstücke, auf denen unsere Häuser standen. Dieser hatte damals zwar verkauft, doch niemals seine Verwaltungsrechte aus der Hand gegeben. Deshalb fühlte er sich berechtigt, uns das schlechte Wasser aufs Auge zu drücken. Wir aber nahmen Verhandlungen mit der zuständigen Gemeinde auf und von dort wurde uns dann mittels einer Rohrleitung sauberes, aufbereitetes Wasser geliefert. Der ehemalige Grundstücksbesitzer fühlte sich im Recht. Er drehte immer wieder die Leitung der Gemeinde zu und seine auf. Sein Wasser kam aus einem offenen Tank und unser Hausmeister stellte fest, dass darin sogar eine tote Ziege lag. Erst als wir mit der Gesundheitsbehörde und Gericht drohten, blieb die richtige saubere Wasserleitung offen. Es gab überdies noch eine Menge Probleme auch mit den Eigentümern zu bewältigen. Die Abwassersysteme hingen zusammen und niemand wusste so genau, wie der Verlauf der Rohre war. War irgendwo eine Havarie aufgetreten, so traf es oft nicht den, der sie verursacht hatte, sondern einen Eigentümer einige Häuser weiter. Das führte dann dazu, dass keiner die Kosten bezahlen wollte.

Oberhalb unseres Hauses befand sich der Pool der Anlage, der übrigens sehr schön war. Die Poolanlage lag auf einer Anhöhe, die mit einer Vulkansteinmauer gestützt war. Die Steine waren nicht mit Mörtel befestigt. In ihren Nischen hausten Eidechsen, aber auch Ratten und Mäuse. Die Häuser waren eingeschossig und standen auf keinen sehr festen und tiefen Fundamenten. Da konnte es passieren, dass sich die Ratten unter dem Haus ihre Gänge anlegten, die dann beispielsweise bei uns im Küchensockel endeten. Als Bianca einmal abends alleine zu Hause war, erklärte sie uns später, sie habe Angst, denn in der Küche habe sie Tiere quieken und rennen gehört. Doch in den Küchenschränken war nichts zu sehen, aber wir hörten die Geräusche auch. So haben wir denn kurzentschlossen den Boden eines Schrankes aufgesägt. Da sahen wir die Bescherung, kein vernünftiges Fundament und Rattentunnel mit Rattenkot. Familie Ratte war gerade nicht anwesend, sondern ausgegangen. Da half nur eine Methode, zubetonieren. Danach hatten wir endgültig Ruhe. Doch so ganz ließen uns die Viecher nicht in Ruhe. Eines Morgens, als ich die Haustür öffnete, hing am Gitter eine Ratte. Eigentlich hätten wir dringend eine Katze gebraucht, aber das war zu diesem Zeitpunkt nicht möglich, da wir ja unseren Nymphensittich und einen Wellensittich hatten, der ein Erbstück meiner Schwiegermutter war. Dieser war inzwischen schon mindestens 20 Jahre alt und immer noch munter.

Doch dieser war eines Tages durch ein offenes Fenster entflogen. Wir hatten schon geglaubt, den sehen wir nie wieder. Als ich aber an der Infotafel unserer Verwaltung den Vogel als vermisst meldete, konnten wir feststellen, dass ihn doch tatsächlich ein paar Häuser weiter jemand auf einem Baum entdeckt hatte, unter dem zwei Katzen gierig zu ihm emporschauten. Doch Peter war sehr zahm und man konnte ihn leicht einfangen. So hatten wir ihn denn wieder das letzte lebende Erinnerungsstück an meine Schwiegermutter.

Wir wollten in unserer Siedlung auch den Gemeinschaftsgeist fördern. So kam ich denn eines Tages auf die Idee, in der Gaststätte des Tennisclubs für unsere Mitbewohner Filmabende zu gestalten. Ich hatte ja in Deutschland über unsere vielen Reisen in der Volkshochschule

Filmvorträge gehalten. Diese Vortragsabende kamen bei den Bewohnern so gut an, dass sich auch andere Siedlungen für solche Filmabende interessierten. Daraus resultierte, dass wir und einige unserer Freunde meinten, es wäre an der Zeit, einen deutschsprachigen Kulturkreis zu gründen. Das war eine zündende Idee und bald hatten wir viele Interessenten. Unsere Veranstaltungen wurden in den deutschsprachigen Medien bekannt gegeben. Ganz schnell konnte man auch verschiedene Referenten gewinnen, die bereit waren, über ganz verschiedene Themen Vorträge zu halten. Der Kulturkreis entwickelte sich sehr gut. Die Veranstaltungen wurden aber nur in den Wintermonaten abgehalten, da die meisten Interessenten Überwinterer waren. Auch unser Freundeskreis setzte sich vorwiegend aus diesen Zugvögeln zusammen. Im Sommer wurde es dann ein bisschen ruhiger auf der Insel.

Auch wir nutzten ja die Sommerzeit, um in unserem Häuschen in Holland Urlaub zu machen. Wie jedes Jahr, fuhren wir auch wieder nach Halle zur Schwester meines Mannes. Da nunmehr Martin in Berlin arbeitete und wohnte, konnten wir auch ihn besuchen und uns davon überzeugen, dass es ihm gut ging. Wir hatten inzwischen dauerhaft ein kleines Auto in Holland stehen, sodass wir die weite Fahrt nicht mehr mit Auto und Fähre machen mussten. So wurde dann die Distanz zwischen Teneriffa und Deutschland mit dem Flieger überbrückt. Als wir wieder zurück auf der Insel waren, kam im September 1986 Martin auf Besuch und verbrachte bei uns seinen Urlaub.

Wir suchten uns dann alle zusammen einen neuen Hund aus, denn wir konnten in Erfahrung bringen, dass in der Siedlung eine Hündin Junge bekommen hatte. Wir entschieden uns für einen hellen, kuscheligen, pelzigen Welpen, den wir Tobi nannten. Damit hatten wir einen der tollsten Hunde in unserem Leben adoptiert. Tobi hatte sofort unser Herz gewonnen. Selbst unsere Vögel hatten keine Angst vor ihm. Das ging sogar so weit, dass sich Joki der Nymphensittich von Tobi abschlecken ließ. Joki lief desöfteren wie ein Jumbojet an der Tischkante entlang. Wenn wir Tobi dazu aufforderten, schleckte er den Vogel ab, der danach ganz nass war. Dafür gab es für unseren Hund immer eine Belohnung, was dazu führte, dass er dauernd den Vogel abschleckte, zum Schrank rannte, mit der Schnauze an die Schranktür klopfte, um seine Belohnung einzufordern.

Ich war weiterhin mit meiner Vorstandsarbeit in unserer Siedlung beschäftigt. Eines Tages kamen wir auf die Idee, für die Bewohner einmal monatlich eine kleine Zeitung zu gestalten. Da war ich mit Feuereifer dabei. Ich habe Gedichte und Artikel verfasst sowie kleine Fotoreportagen veröffentlicht. Wir fanden dann auch einige Werbeträger, sodass sich die Druckkosten verringerten. Es kamen auch weiterhin unsere Freunde aus Deutschland zu Besuch, denen wir dann ein Ferienhaus in unserer Siedlung vermittelten. Wir waren immer ganz stolz, ihnen die Schönheiten unserer Insel zeigen zu können. Ich glaube, sie haben uns alle beneidet um unser Leben auf der schönen Insel Teneriffa. Wir waren ja auch zu diesem Zeitpunkt sehr glücklich dort und hatten keine Schwierigkeiten.

Zum Weihnachtsfest und Jahreswechsel 1986/87 kam dann wieder mal unser Sohn Martin eingeflogen. Da er ja Koch gelernt hatte, wurde immer vorher das

Festmenü festgelegt. Die entsprechenden Lebensmittel brachte er dann von Deutschland mit. Sehr viele Artikel waren auf der Insel nicht zu bekommen. Da ja auch Bianca Schulferien hatte, wurde zusammen wieder viel unternommen. Anfang Januar machten wir uns mit unserem Hauszelt auf, um im Gebirge ein Wochenende zu verbringen. Nachts wollte Hund Tobi unbedingt in unsere Schlafsäcke. Am nächsten Morgen sahen wir warum, denn das Trinkwasser im Hundenapf war gefroren. Wir hatten abends noch beim Lagerfeuer den überwältigenden Sternenhimmel bestaunt, der in den Bergen besonders klar und nah erscheint. Ich habe danach anderswo auf der Welt nie wieder so einen schönen Sternenhimmel bestaunen können.

Im Januar 1987 machten mein Mann und ich eine Reise nach Fuerteventura. Dorthin ging es mit dem Inselflieger. Dort wurde ein Auto gemietet, um auch diese kanarische Insel zu erkunden. Die Insel liegt schon sehr nah an Afrika und sieht auch sehr wie die Sahara aus. Es war kein Vergleich mit Teneriffa. Doch es gibt dort sehr schöne, lange und feinsandige Strände. Das Hinterland ist karg und wenig bewachsen. Permanenter Süßwassermangel bedroht die Insel, sodass alle Hotelanlagen Salzwasser-Aufbereitungsanlagen benötigen. Wir wohnten in einem Privatappartement und erfuhren, dass mitunter die Haushalte mittels Tankwagen mit Wasser versorgt werden. Das wäre keine Insel, auf der wir leben möchten. Landschaftlich zu eintönig und vor allem kein Wald, den wir auf Teneriffa zu lieben gelernt hatten. Deshalb waren wir auch froh, als wir wieder zurück auf unserer Lieblingsinsel waren.

Im Sommer 1987 flog Bianca zu einer Freundin nach Hamburg, die mit ihrer Familie neben unserem Haus Urlaub gemacht hatte. Wir mussten noch einmal mit dem PKW nach Deutschland, um ihn dort zu verkaufen. Unsere Vögel wurden bei Bekannten untergebracht, die ein landwirtschaftliches Grundstück besaßen und in unserem Alter waren. Da die belgischen Schiffe nicht fuhren, mussten wir uns samt Hund Tobi mit unserem Auto auf die lange Reise machen. Unser Auto wurde in Deutschland verkauft und stattdessen kauften wir ein Club-Joker-Wohnmobil. Mit diesem Gefährt kreuzten wir dann in Halle auf, denn unsere jüngere Nichte feierte Hochzeit. Zu diesem Fest erschien dann auch Martin aus Berlin, nur Bianca fehlte, die ja in Hamburg weilte. Wir verbrachten wieder schöne Tage mit unseren Verwandten. Im Anschluss war eine Reise nach Ungarn geplant, wo wir uns mit unseren Verwandten treffen wollten. Meine Schwägerin mit Mann sollte mit dem Flieger nach Budapest reisen und die Flitterwöchner hatten eine Reise mit dem Auto nach Ungarn geplant. Wir hatten schon im Vorfeld ein Haus am Plattensee gemietet, welches für uns alle genügend Platz bot.

Doch zuerst ging es mit unserem Sohn nach Berlin, wo wir noch einige Tage verbrachten. Das Wetter war schön und wir machten viele Ausflüge, auch zum Wannsee. Der war für Hund Tobi besonders interessant, da er das Schwimmen im Wasser besonders liebte. Wenn Wasser in der Nähe war, fing er regelrecht vor Aufregung an zu zittern. Es passierte in der Nähe des Reichstagsgebäudes, einmal nicht aufgepasst und schon war er in den Kanal gesprungen, der zur DDR gehörte. Schon kamen Genzpolizisten mit ihrem Patrouillenboot angefahren und brüllten, verboten, nicht statthaft, Grenzverletzung. Damit keine Flüchtlinge am anderen Ufer die Westseite erklettern konnten, waren dort Pfosten eingerammt, die ein An-Land-Gehen unmöglich machten. Das galt nun auch für unseren Hund. Er konnte auch nicht ohne Hilfe zu uns gelangen. Der Uferstreifen durfte nicht betreten werden, das sei schon Grenzgebiet, riefen sie uns immer wieder zu. Das war uns aber egal, denn wir konnten ja schließlich nicht unseren Hund ertrinken lassen und zogen ihn am Halsband wieder ans rettende Ufer. Ein Passant hatte das Ganze beobachtet und schrie zu den Grenzposten heftige Beleidigungen hinüber, die ihr Tun und Lassen ins Lächerliche zogen. Einer der Uniformierten griff zum Telefon, wohl um sich von oben herab Verhaltensmaßregeln geben zu lassen. Es dauerte nicht lange, da war dieses Schauspiel nicht unbeobachtet geblieben. Andere Schaulustige sammelten sich an und bald stand dort eine ganze Menschentraube Westberliner.

Nach unserem Berlinaufenthalt ging die Fahrt weiter nach Hamburg, um Bianca abzuholen. Von Hamburg ging es dann weiter nach Ungarn. Da erwies sich der Erwerb des Wohnmobils als sehr zweckmäßig. Wir brauchten unterwegs keine Übernachtung suchen und konnten uns Zeit für die Reise lassen. In Ungarn angekommen, richteten wir uns in unserem gemieteten Haus ein. Dann kamen dann auch bald unsere Verwandten aus der DDR einschließlich der Flitterwöchner. Es war ein schöner heißer Sommer und das Baden im Plattensee machte allen Spaß. Das ließ sich unser wassersüchtiger Hund Tobi nicht entgehen. So schnell konnten wir überhaupt nicht hinschauen, wie er mit gestrecktem Körper in die Fluten sprang. Eines Tages hatte er ein Loch im Zaun gefunden und sich alleine zum Badestrand aufgemacht. Uns befiel die helle Aufregung, als wir unseren Hund vermissten. Doch wir ahnten schon, wo wir ihn suchen mussten. Er spazierte seelenruhig mit nassem Fell zwischen den Badegästen umher. Wir haben alle zusammen schöne unbelastete Ferientage in Ungarn verbracht und mit dem Wohnmobil die Umgebung erkundet. Damals dachten wir nicht im Traum daran, dass wir später einmal in Ungarn ein Haus besitzen würden. Die Zeit ging viel zu schnell zu Ende und wir mussten die Heimreise antreten. Doch zuerst einmal machten wir Zwischenstation in Bayern. Sehr liebe Freunde aus Aachener Zeiten, mit denen wir auch noch heute eng verbunden sind, wurden besucht. Sie wollten natürlich auch wissen, wie es uns so geht und wie wir auf Teneriffa zurechtkommen. Zum damaligen Zeitpunkt waren wir auch noch hellauf begeistert und von einer Rückkehr nach Deutschland nicht die Rede.

Als wir dann wieder in unserem Haus in Holland waren, wurde es auch langsam Zeit für die Rückreise nach Teneriffa. Unser Sohn sollte im September mit uns die Rückreise antreten. Er sollte doch einmal das Gefühl bekommen, wie weit doch eigentlich Teneriffa von Europa entfernt liegt. Da wir ja mit dem Wohnmobil zurückfuhren, mussten wir uns nicht um Übernachtungen kümmern und konnten bleiben, wo es uns gerade gefiel. Wir hatten genügend Zeit eingeplant und machten an interessanten Plätzen Zwischenstation. So fuhren wir denn auch mit der Fähre hinüber nach Gibraltar. Dort haben wir uns dann oben auf der Festung aufgrund der engen

Straße eine Beule in unser neues Fahrzeug geholt. Dann ging die Fahrt weiter und in Andalusien feierte Martin seinen Geburtstag. Den haben wir in einer alten antiken Poststation, die auch heute noch zum Verweilen einlädt, gefeiert. Unser Hund Tobi durfte nicht mit hinein. Er blieb brav draußen und wurde an einem der Ringe, die früher für die Postpferde gedacht waren, angebunden. Als reiseerfahrener Hund stellte das für diesen kein Problem dar. Schließlich kamen wir dann endlich in Cadiz an und konnten die Fähre nach Teneriffa besteigen. Dabei haben wir Tobi nachts heimlich in unsere Kajüte geschmuggelt. Die Hundeboxen an Deck waren schmutzig, stanken und lagen direkt neben den Schiffsmotoren, deren Geräusch für empfindliche Hundeohren eine Qual ist.

So kamen wir denn als stolzer Wohnmobilbesitzer auf Teneriffa an. Als wir dann bei unseren Bekannten die Vögel abholen wollten, war nach deren Auskunft unser Nymphensittich entflogen und der alte Wellensittich gestorben. Das war unseren Freunden offensichtlich sehr peinlich. Sie hatten uns als Entschädigung für den Verlust eine Siamkatze gekauft, die wir fortan Shila nannten.

Da wir nicht immer mit dem großen Fahrzeug durch die Gegend fahren wollten, hatten wir auch einen goldfarbenen Opel Corsa. Dieser wurde uns dreimal gestohlen; einmal, als ich mit Bianca und ihren Freunden eine Fiesta besuchte. Der Wagen tauchte dann später etliche Kilometer weiter mit leergefahrenem Tank wieder auf. Daraufhin haben wir den Wagen mit einer Wegfahrsperre ausgestattet. Der Wagen wurde trotz Wegfahrsperre wieder gestohlen, als wir ihn an Bekannte vermietet hatten. Diesmal war die Sperre geknackt worden. Das Auto wurde auf der

Insel wiederentdeckt mit leerem Tank und zerschnittenen Sitzen. Dann wurde eine Alarmanlage eingebaut.

Als wir den Wagen wieder an Bekannte vermietet hatten, die in unserer Nähe wohnten, hörten wir plötzlich die Alarmanlage, rannten hin und konnten so die Diebe in die Flucht schlagen. Daraufhin haben wir das Auto, welches auf dem zum Haus gehörenden Stellplatz stand, mittels Kabel unter Strom gesetzt mit dem Hinweis „no tocar" nicht Anfassen. Da hörten die Diebstähle dann endlich auf.

Eigentlich waren wir zu dieser Zeit unbeschwert und glücklich auf Teneriffa und immer noch nichts konnte unsere Euphorie dämpfen. Aber es hätte uns schon zu denkengeben müssen, dass wir am Anfang unseres Aufenthaltes unsere Tochter nicht ohne Aufenthaltserlaubnis zur Schule anmelden konnten. Diese bekommt man aber erst nach einem Aufenthalt von drei Monaten, da in diesem Zeitraum der Aufenthalt visafrei ist. Obwohl eigentlich auch ausländische Kinder nach dem Gesetz schulpflichtig sind, sollte unsere Tochter drei Monate nicht die Schule besuchen können. Nur durch einen einsichtigen Schulleiter ist es uns gelungen, unsere Tochter auch ohne diese Formalität in die Schule zu schicken.

Auch andere Probleme machten uns zu schaffen. Die Einfuhr vom eigenen Fahrzeug, auch wenn es sich um Umzugsgut handelte, kostete ein Vermögen und komplizierte behördliche Formalitäten waren erforderlich. Diesen sind wir dann letztendlich entgangen, indem wir uns vor Ort einen Wagen gekauft haben, eben diesen bei Dieben so heißbegehrten Opel Corsa. Ganz viele Schwierigkeiten hatten nicht nur wir, sondern auch die Einheimischen mit der Energieversorgung „Unelco", die die Stromversorgung der Insel sicherstellte. Seit Jahrzehnten existierte hier ein einziges Kraftwerk, welches infolge der riesigen Bautätigkeiten total überlastet war. Aufgrund dessen gab es Stromschwankungen und manchmal war der Strom komplett ausgefallen. Die Organisation der Verwaltung des Energiekonzerns war mangelhaft, wenn nicht sogar katastrophal. Unsere Stromkosten wurden per Dauerauftrag direkt von unserem Konto abgebucht. Das betraf auch unsere Appartements in Los Cristianos, die wir an Feriengäste vermieteten. Eines Tages erschien ein Mitarbeiter der Unelco bei unseren Gästen und drohte an, die Stromversorgung zu unterbrechen, weil der Besitzer seine Stromrechnung nicht bezahlt habe. Nur durch unsere sofortige persönliche Initiative konnte verhindert werden, dass unsere Gäste den Rest ihres Urlaubs ohne Strom zubringen mussten. Natürlich waren die Stromrechnungen bezahlt worden, doch der Energieversorger gab die Schuld unserer Bank und diese wiederum dem Stromlieferanten. In der Siedlung, in der wir wohnten, ist sogar passiert, dass 40 Eigentümern, die Stromzufuhr abgeschnitten wurde, weil sie angeblich die Stromrechnung nicht bezahlt hätten. Doch anhand von Bankauszügen konnten die Betroffenen das Gegenteil beweisen. Der Strom wurde wieder angeschlossen und eine neue Anschlussgebühr war fällig und niemand konnte sich dagegen wehren. Dabei muss gesagt werden, dass sich die Zähler- und Sicherungskästen außerhalb der Häuser befinden und für jeden zugänglich sind. Wir haben nach diesem Vorfall unseren Zählerkasten mit einem Vorhängeschloss gesichert. Das Vorgehen der Energieversorgung in diesem Fall ist ein ungesetzliches Verhalten, denn der Eigentümer muss vorher eine schriftliche Mahnung erhalten und erst nach einer Frist von einem Monat kann der Strom abgestellt werden. Es gab zwar wunderschöne Gesetze, aber keiner hielt sich daran. Besonders für Ausländer waren dies harte Maßnahmen, da man sich aufgrund von Sprachschwierigkeiten sehr schwer dagegen zur Wehr setzen konnte. So langsam erkannten wir denn doch, dass die schöne Insel nur so von menschlichen Unzulänglichkeiten wimmelte.

8 – Veränderungen

Das Paradies, was es eigentlich hätte sein können, hat es in Wirklichkeit wohl nur zu Zeiten der Ureinwohner, der Guanchen, gegeben, bevor die spanischen Eroberer kamen. Trotz allem waren wir immer noch in die Insel verliebt und meinten, dies alles meistern und überwinden zu können. Wir dachten über den Kauf einer Finca mit Landhaus nach. Doch das sollte uns erst so richtig in Schwierigkeiten bringen.

Unsere Appartements, die unseren Lebensunterhalt darstellten, ließen sich nicht mehr so einfach vermieten. Das Büro der Autovermietung, welches uns die Gäste vermittelt hatte, durfte vom Gesetzgeber her keine Feriengäste mehr vermitteln, da er dafür keine Lizenz hatte. Nun standen die Appartements manchmal leer und die Umlage musste trotzdem gezahlt werden. Wir hatten aus der deutschsprachigen Zeitung einen kleinen Reiseveranstalter ausfindig gemacht, der uns fortan die Kunden schickte. Irgendwann blieb das Geld aus. Mahnungen und Anrufe halfen nichts, bis er letztendlich behauptete, von ihm seien uns keine Gäste geschickt worden. Wir konnten aber anhand von Unterlagen das Gegenteil beweisen. Da wir im Bekanntenkreis einen Anwalt hatten, hat dieser von Deutschland aus ein Gerichtsverfahren eingeleitet. Letztendlich bekamen wir dann unser Geld. Da in unserer Siedlung auch laufend Umlagen gezahlt werden mussten, nahm die Idee alles zu verkaufen schnell Gestalt an. Wir schauten uns nach einem geeigneten Grundstück um, auf dem wir dann unser Traumhaus bauen konnten. Es sollte ein Anwesen sein mit Wohnung für uns und fünf Wohneinheiten zum Vermieten. Die Idee war geboren, sie musste nur noch realisiert werden.

Doch zuerst erlebten wir im Januar 1988 einen Wintereinbruch im Gebirge, wie es ihn noch selten gegeben hatte. Das war für uns ein Anlass, unsere Langlaufskier in Einsatz zu bringen. Menschen, die auf Teneriffa Skier an den Füßen haben, das war schon eine Sensation. Wir wurden von den Einheimischen öfters fotografiert. Es war schon ein tolles Gefühl, aus frühlingshaften Temperaturen heraus, im Gebirge den Winter zu erleben.

Der erste Schnee war für uns und besonders die Einheimischen immer ein großes Ereignis. Wenn man von den sonnendurchfluteten Stränden in den klaren Himmel schaute und der majestätische Teide war im weißen Kleid zu sehen, machten sich viele auf den Weg in die Berge. Die Kanarios hielten dann mit ihren Autos mitten auf der Straße an und machten eine Schneeballschlacht. Emotional und spontan wie sie einmal sind, waren sie dann wie die Kinder. Sie bauten sich auf ihren Kühlerhauben kleine Schneemänner, die dann beim Herunterfahren in die wärmeren Regionen langsam vor sich hinschmolzen. Bei diesen Verhältnissen war es in den Bergen auch möglich, Schlitten zu fahren. Wir mit unserem soliden deutschen Holzschlitten wurden gebührend bestaunt. Jeder wollte einmal unseren Schlitten benutzen, denn die Kinder hatten nur Mülltüten unter dem Po, um die Abhänge hinunterzusausen.

Mit unserem Wohnmobil konnten wir die Insel so richtig erkunden. Wir hielten dort an, wo es uns gefiel und konnten uns unser Essen selber kochen. Mit dabei waren immer Hund Tobi und Katze Shila. Es stellte sich heraus, dass Tobi seine kleine Katze sehr liebte und mit ihr gerne zusammen kuschelte. Die beiden waren ein Herz und eine Seele. Wenn wir Wanderungen machten, lief die Katze genau wie der Hund neben uns her. Sie benahm sich auch eigentlich wie ein Hund, da war sehr wahrscheinlich Tobi ihr Vorbild. Wir stellten fest, dass Siamkatzen auf Teneriffa eine besonders schöne Züchtung war. Sie waren klein, mit hellem puscheligen Fell und großen blauen Augen, die aus der schön gezeichneten schwarzen Maske schauten. Da wir aber nicht dauernd Katzennachwuchs haben wollten, war es unerlässlich, hier einzugreifen. Wir hatten die Wahl zwischen Eileiterunterbrechung oder Gebährmutterentfernung. Da die Eileiterunterbrechung der einfachere Eingriff war, entschieden wir uns hierfür.

Das hätten wir lieber nicht getan. Die Katze wurde dauernd rollig, benahm sich in dieser Zeit aggresiv und schrie uns die ganze Nacht ihre Sehnsucht nach einem Kater um die Ohren. Auch der liebe sanfte Tobi wurde in dieser Zeit schlecht behandelt. Wenn die Rolligkeit vorbei war, hatten wir wieder eine liebe normale Katze.

Wir waren viel unterwegs, um ein geeignetes Objekt oder Grundstück zu finden, auf dem unser neues Haus errichtet werden sollte. Wenn uns der Grundstücksbesitzer ein Grundstück vorführte, waren die Grenzen so ungefähr zu erahnen. Dabei warf er einen Stein, und dort, wo dieser hinfiel, sollte die Grenze sein. Die landwirtschaftlichen Grundstücke waren meistens nicht im Grundbuch eingetragen. Man musste sehr aufpassen, dass es sich nicht in Erbengemeinschaft befand, denn dann gestaltete sich der Kauf sehr schwierig. So manchem ist es schon passiert, dass der angebliche Besitzer nicht der alleinige Eigentümer war. Wenn einer der Miteigentümer dem Verkauf nicht zustimmte, war die meistens schon vom Interessenten geleistete Anzahlung futsch. Man musste schon die Verhältnisse genau kennen, um einem solchen Betrug nicht anheimzufallen.

Doch trotz Grundstückssuche hatte uns allmählich wieder das Fernweh gepackt. Etliche Jahre war dieses uns immer begleitende Fernweh durch unseren Umzug nach Teneriffa ins Hintertreffen geraten. Doch es gab auf der Insel so viel Neues zu entdecken, dass uns der Sinn zuerst einmal nicht nach fernen Ländern stand. Da wir in unserem Kulturkreis viele interessante Reisevorträge von anderen Deutschen gesehen hatten, wollten auch wir wieder einmal die Welt erleben. Nur Teneriffa genügte uns nicht mehr. Wir planten für den Sommer eine Nordamerika-Reise. Zu diesem Zweck reisten wir zuerst einmal mit Bianca, Tobi und Katze Shila nach Holland. Die beiden Tiere erwiesen sich als echte Reisekreaturen. Bei Stopps unterwegs konnten wir sie unbesorgt in der Gegend umherlaufen lassen. Shila orientierte sich an ihrem Freund Tobi und der hatte uns immer im Blick. Von Holland ging es dann weiter zu Martin nach Berlin, um Hund, Katze und Bianca dort abzuliefern. In Berlin verbrachten wir noch einige Tage, machten viele Ausflüge, wobei wir erstaunt feststellten, dass in den Berliner Parks auch unsere Katze, genauso wie ihr Hundefreund Tobi brav an der Leine spazieren ging.

Von Berlin ging dann der Flug nach Frankfurt, um von dort mit der Pan Am nach New York zu fliegen. Da war es wieder das kribbelige Gefühl, das uns immer befällt, wenn wir eine weite Reise machen. Es war Hochsommer in New York und in den Häuserschluchten zum Ersticken heiß. Die Zwillingstürme des World Trade Centers standen noch. Wir haben es uns nicht nehmen lassen, bis zum höchsten Stockwerk zu fahren. Doch als wir dort das Restaurant besuchen wollten, scheiterte das an den Bermudas, die mein Mann trug. Wir stellten dann fest, dass die Amerikaner sehr konservativ sind, was Bekleidung anbelangt. Bei größter Hitze trugen die Männer dunkle Anzüge und die Frauen ebensolche Kostüme.

Von New York ging es dann mit unserem Airpass weiter nach San Francisco. Die Stadt mit ihrer Atmosphäre hat uns besonders gut gefallen. Ich musste daran denken, wie ich als junges Mädchen, inspiriert von Fernsehserien, immer davon geträumt habe, einmal dorthin zu reisen. Dass ich einmal in meinem Leben so viel von der Welt sehen würde, hätte ich mir in meiner Jugend nie erträumt. Ich war glücklich und dankbar für das Leben an der Seite meines Mannes, welches es mir ermöglichte, alle meine Träume wahr werden zu lassen.

Es war allgemein kein Problem, Plätze in den Flugzeugen zu finden und so ging es dann weiter nach Los Angeles. Dort war es unerlässlich, die Hollywood Filmstudios zu besuchen. Weiter ging es nach Las Vegas, wo wir dem Glücksspiel frönen konnten. Es war schon erstaunlich, wie man mitten in der Wüste so eine glitzernde, künstliche Welt erschaffen hat. Da mein Mann ja sozusagen vom Fach war, ließ er sich nicht unnütz das Geld aus der

Tasche ziehen. Wir sind ohne Gewinn oder Verlust wieder von Las Vegas abgereist.

Das nächste Ziel war Jackson Hole, um von dort den Teton- und Yellowstone-Park zu besuchen. Dazu mussten wir uns ein Auto mieten, was sich schwierig gestaltete, da es für uns zu dieser Zeit kaum üblich war, eine Kreditkarte zu besitzen. Schließlich schafften wir es doch und konnten unser Mietauto in Empfang nehmen. Kaum waren wir in Richtung Teton-Park aufgebrochen, merkten wir, dass unser Auto irgendeine Flüssigkeit verlor. An einem Rastplatz machten wir Haltestation und waren erst einmal ratlos. Doch da stellten wir fest, dass die Amerikaner recht hilfsbereit sind. Wir konnten nicht telefonieren, da wir kein amerikanisches Handy hatten. Da bot sich jemand an, meinen Mann mitzunehmen zum nächsten Telefon, während ich beim Auto blieb. Er hat auch dann noch abgewartet, ob mein Mann Verbindung bekam. So wurde ihm denn versprochen, dass schnellstens ein Ersatzauto zur Verfügung gestellt würde. Das geschah dann auch nach einer halben Stunde und wir konnten unsere Entdeckungstour fortsetzen.

Im Yellowstone-Park bekamen wir zum Glück noch eine Übernachtung in einem Camp mit Holzhütten. Hier konnten wir die großen Büffelherden bestaunen und kamen auch ganz dicht an eine Elchkuh mit Kalb heran. Doch besonders beeindruckend war es zu beobachten, wie überall heißes, schlammhaltiges Wasser aus Löchern blubberte. Der große Geysir Old Faithfull war ein besonderes Erlebnis. Über die heiße Erde waren Holzstege angelegt, unter denen die Murmeltiere herausschauten. Unter dem Park befindet sich eine riesige Magmakammer, die dieses Gebiet unberechenbar macht. Während wir dort waren, hatten sich in der Ferne Waldbrände entwickelt, die uns noch nicht beeinträchtigt hatten, die sich aber später zu einem der größten Waldbrände im Yellowstone-Park entwickeln sollten.

Doch da waren wir schon lange weg und mit dem Flieger in Richtung Reno unterwegs, auch wieder ein Spielerparadies. Hier konnte man für wenig Geld in einem Luxushotel übernachten, welches einem Casino angeschlossen war. Deshalb ließen wir uns nicht zum Spielen verführen. Uns interessierte das schöne Hinterland mit seinem wunderschön gelegenen Lake Tahoe. Verlassene alte Silberminen und Westernstädte übten einen besonderen Reiz aus.

Jetzt fehlte uns nur noch Florida und so flogen wir dann nach Orlando. Disney World und Sea World boten uns interessante Eindrücke. Da unsere Flüge immer kein Problem darstellten, beschlossen wir morgens nach New Orleans und abends wieder zurückzufliegen. So konnten wir unser Hotel beibehalten. Der Hinflug stellte auch kein Problem dar, aber der Rückflug am gleichen Abend war nicht möglich. So mussten wir uns doch in einem Hotel einquartieren und am nächsten Tag fliegen. Doch der Trip hatte sich in jedem Fall gelohnt. Hier konnten wir Südstaatenluft schnuppern, die schöne Innenstadt bewundern, den großen Mississipi bestaunen und die noch gut erhaltenen Säulen-Villen der ehemaligen weißen Gutsbesitzer. Das war dann schon das Ende unseres Amerika-Abenteuers. Letztendlich ging dann der Flug von New York zurück nach Frankfurt und von dort weiter nach Berlin. Dort trafen wir dann Bianca und unsere Tiere bei bester Gesundheit an. Dann wurde es auch wieder Zeit, die Rückreise mit dem Auto nach Teneriffa anzutreten.

Dort angekommen, machten wir uns daran, unsere Appartements zu veräußern. Zum damaligen Zeitpunkt konnten wir diese mit Gewinn verkaufen. Inzwischen hatten wir auch ein geeignetes Grundstück im Südwesten der Insel, fernab von Lärm und Tourismusmassen gefunden. Es lag mitten in Tomaten- und Obstplantagen und kein anderes Haus weit und breit. Um ein Gebäude in der von uns gewünschten Größe zu errichten, brauchten wir 5.000 qm Land. Es war ein großes zusammenhängendes Grundstück von ca. 15.000 qm. In diesem Falle war es von Vorteil, dass es nicht im Grundbuch eingetragen war, denn so konnte man es teilen. Deshalb kauften wir das Grundstück zusammen mit einer befreundeten Familie. Der Besitzer lebte in Venezuela, was nicht ungewöhnlich war, da viele Kanarios mangels Existenzgrundlage früher nach dort ausgewandert sind.

Ein kanarischer Vermittler regelte für uns die gesetzlichen Formalitäten, und so waren wir denn stolze Finca-Besitzer. Was wir damals noch nicht ahnten, war, dass uns dieser Schritt noch für Jahre viel Ärger und Unannehmlichkeiten bescheren sollte. Wir gingen auf jeden Fall mit viel Elan an die Planung unseres neuen Projektes. Ich hatte eine genaue Vorstellung, wie unser Traumhaus aussehen sollte. Da ich lange Jahre in Deutschland bei der Baubehörde gearbeitet habe, kannte ich mich mit Bauzeichnungen aus und plante und zeichnete das neue Objekt. Im Architektenbüro in Los Cristianos mussten nur noch meine Ideen in maßstabgerechte Zeichnungen umgesetzt werden.

Es war damals noch durchaus üblich, in der sogenannten „zona rustica" illegale Häuser zu errichten, also ohne Genehmigung der zuständigen Behörden. Besonders die Gemeinden ließen sich korrumpieren und drückten ob dieser Objekte alle Augen zu. Diesen Weg wollten wir nicht beschreiten. Es sollte alles seine Ordnung haben, besonders weil wir Ausländer waren. Es gestaltete sich aber schon im Vorfeld schwierig, denn für den Genehmigungsvorgang wurden Lagepläne des Grundstücks verlangt. Diese gab es weder bei der Gemeinde, noch beim zuständigen Katasteramt. So wurden wir dann bei der Militärbehörde fündig, die die ganzen topographischen Pläne der Insel besitzt. Darauf muss man aber erst einmal kommen, denn die Behörden waren da wenig hilfreich.

So nahm dann das Genehmigungsverfahren seinen Lauf und alles musste von den verschiedensten Institutionen genehmigt werden, als da wären, Architektenkammer, Amt für Städteplanung, Inselregierung und letztendlich die zuständige Gemeinde. Im Gegensatz zur „zona urbana", wo alles erschlossen ist, lag unser Grundstück in der „zona rustica", in der man sich um die Infrastuktur selber kümmern musste, also Strom, Wasser und Abwasser. Da aber der Strommast, sogar Starkstrom, nicht weit entfernt stand, hätte der Stromanschluss kein Problem dargestellt. Schwieriger erwies es sich mit der Wasserzuleitung. Da es im Süden wenig regnet und trotzdem Landwirtschaft betrieben wird, befinden sich seit Jahrhunderten schon auf den landwirtschaftlich genutzten Grundstücken offene Wasserkanäle, die heute zum Teil schon durch Rohre ersetzt sind.

Das benötigte Wasser wird aus einem „Pozo", einem tief in die Erde gegrabenen Brunnen, in die entsprechenden Kanäle geleitet. Auch „Galerias", in den Berg getriebene Stollen, befördern Wasser ans Tageslicht. Dabei ist das Wasser aus den Stollen besser, weil weniger salzhaltig. Da es aber auf der Insel keinerlei Grundwasser gibt, fragt man sich, wie kommt das Wasser in den Untergrund? Dabei spielt der kanarische Wald eine wichtige Rolle und wird deshalb gehegt und gepflegt. Durch die Wälder, vor allem im Norden, aber auch in den Bergen im Süden, ziehen regelmäßig feuchte Passatwolken. Die endemische kanarische Kiefer besitzt büschelartig angeordnete lange Nadeln. Diese sind in der Lage, die Passatwolken regelrecht zu melken. Die Bäume nehmen dabei sehr viel Feuchtigkeit auf, die sie selber nicht alle verbrauchen. Dieses überschüssige Wasser sammelt sich in tiefen Vulkansteinröhren und kann mittels Brunnen und Stollen angezapft werden.

Die Verteilung des Wassers an den jeweiligen Verbraucher liegt nicht in öffentlicher Hand. Es existieren sogenannte Wasseraktien, deren Wert nach der Qualität des Wassers berechnet wird. Ist man Besitzer einer solchen Aktie, hat man Anrecht auf eine gewisse Menge Wasser im Jahr. Wird diese Menge nicht gebraucht, kann das Wasser an einen Nichtaktionär weiterverkauft werden. Die Verantwortung über die ganze Angelegenheit trägt ein sogenannter „Canalero". Jeder Bauer hat auf seinem Grundstück einen „Charco", das ist ein betoniertes Wasserbecken, in dem das gelieferte Wasser zwischengelagert wird. Ist man Besitzer eines „Barranco", also einer Schlucht, wird diese oftmals durch eine Staumauer gesperrt und so das Regenwasser gespeichert. Wenn es auch im Süden selten regnet, doch wenn, können die Regenfälle sehr heftig sein und so ein Staumauerbecken bis zum Rand füllen.

Wir waren weder Barranco-Besitzer, noch Wasseraktionär, noch hatten wir einen Charco. Ein großes Wasserbecken zu installieren, war uns zu aufwändig. Es gab seit neustem auf der Insel eine Firma, die importierte aus Holland große Alu-Wassertanks. Ein 500 cbm großer Tank schien unsere Lösung zu sein. Um diesen Tank, der gefüllt mit Wasser, ein enormes Gewicht hat, installieren zu können, musste ein stabiler Betonring gegossen werden. Hierauf wurde das Alugerippe, mit Folie ausgekleidet, aufgesetzt. Jetzt musste nur noch die Möglichkeit geschaffen werden, das Wasser aus dem im nahen Barranco befindlichen Brunnen in diesen Tank zu leiten. Das musste schnell passieren, damit uns der Wind den Tank nicht wegblies.

Unsere kanarischen Nachbarn waren sehr nett und hilfsbereit und standen uns mit Rat und Tat zur Seite. Von ihnen erfuhren wir, wo wir das Wasser bestellen konnten und wie es in unseren Tank kam. Durch den Umgang mit ihnen erweiterten wir auch schnell unseren spanischen Sprachschatz. Teils durch Rohre, teils durch offene Kanäle gelangte das Wasser schon bis zum Nachbargrundstück. Da es mit großem Druck angerauscht kam, brauchten wir als Anschluss zu unserem Tank sehr dicke Wasserrohre. Die offenen Wasserkanäle weiter oben kreuzten sich, da das Wasser auch noch zu anderen Grundstücken weitergeleitet wurde. Hier gaben dann die Einheimischen, wenn eine Wasserlieferung anstand, dem

Wasserfluss mittels alter Lappen und leerer Zementsäcke die richtige Richtung, damit es in ihren Tank floss.

Der Kontakt zum Canalero wurde hergestellt, damit wir die erste Wasserlieferung bekommen konnten. Er wusste genau, wie viel Wasser der Brunnen in welcher Zeit förderte. Man bestellte dann das Wasser nach Stunden. Nach einiger Erfahrung wussten wir, dass unser Tank vier Stunden Wasser fasste. So konnten wir dann nach Abklopfen der Tankwand ungefähr feststellen, welche Menge Wasser man brauchte. Hatte man sich einmal verkalkuliert und der Tank drohte überzulaufen, konnte der Zufluss des kostbaren Nass nicht aufgehalten werden. Dann informierte man den Nachbarn, der durch Umstellen des Zuflusses das Wasser in seinen Tank leitete. So verhielt es sich auch umgekehrt. So bekamen wir manchmal einen Anruf mit der Frage, ob wir noch Platz in unserem Tank hätten. Die Wurschtelei mit alten Lappen und Säcken war natürlich kein Zustand. Es kam öfters vor, dass einmal ein solcher Lappen durch den Wasserdruck in unser Rohr flutschte und den Wasserzufluss stoppte. Wir ließen dann vom Schlosser Schieber mit Rähmchen anfertigen, die wir dann in die Kanäle einsetzten. So gaben wir denn sozusagen für die umliegenden Bauern eine Runde Schieber aus. Mit vollem Wassertank konnte nun das Abenteuer Bauen auf Teneriffa beginnen.

Doch zuerst einmal machten wir Ende Januar 1989 mit Bianca eine Reise nach London. Das sollte ihr Geburtstagsgeschenk sein. Wir hatten unsere Appartements gut verkauft und zum Teil englisches Pfund dafür bekommen. Davon wollten wir einen Teil in London verprassen. Regelmäßig gingen preiswerte Flüge von Teneriffa nach

London. Wir blieben drei Tage dort. Wir kannten London ja schon, doch für unsere Tochter war es ein tolles Erlebnis und besser als eine Geburtstagsfeier.

Wieder zurück auf Teneriffa mussten wir uns auf ein großes Fest vorbereiten, nämlich unsere Silberhochzeit. Diese sollte Anfang April gefeiert werden. Wir hatten inzwischen viele Freunde auf der Insel gewonnen und alle waren eingeladen. Doch ein ganz wichtiger Gast war meine Schwägerin aus Halle. Dieses Familienfest brachte sie in die Lage, von den Behörden der DDR eine Reise nach Teneriffa bewilligt zu bekommen. Sie konnte sich dort ein Flugticket bis nach Madrid kaufen. Der Weiterflug von Madrid nach Teneriffa musste von uns bewerkstelligt werden. War das eine Freude, sie endlich auf unserer Trauminsel begrüßen zu können.

Auch unser Sohn mit einem Arbeitskollegen aus Berlin kam eingeflogen. Unser Jubiläumsfest war ein voller Erfolg. Es wurde ein Grillfest in den Bergen in der herrlichen kanarischen Natur veranstaltet. Der Höhepunkt war eine kanarische Folklore-Gruppe in ihrer bunten Tracht. Mit ihren Saiteninstrumenten und herrlichen Stimmen trugen sie uns beschwingte, fröhliche kanarische Volksweisen vor. Sie handeln von der Schönheit der Inseln und passten wunderbar in die kanarische Natur, die uns umgab. Am Abend bei kühleren Temperaturen begaben wir uns in die dort befindliche Hütte. Dort wurde dann bei knisterndem Kaminfeuer weitergefeiert. Martin hatte mit seinem Kollegen ein herrliches kaltes Buffet gezaubert. Von diesem gelungenen Fest erzählen unsere Freunde noch heute. Ein von mir gedrehter Film hat das Ganze unvergesslich gemacht.

Um meiner Schwägerin die Schönheiten der Insel zu zeigen, waren wir dauernd unterwegs, sogar nachts. Da machten wir mit dem Wohnmobil eine Mitternachtstour in die Canadas, um dort den unvergleichlichen Sternenhimmel zu bewundern. Eine große Korbflasche Rotwein war auch mit dabei. Dort oben hat man das Gefühl, den Sternen ganz nahe zu sein. Der Himmel spannte sich wie eine Kuppel über uns und kein äußerer Lichteinfluss störte diese Eindrücke. Weil die Bergluft so rein und klar ist, steht dort oben auch ein Observatorium. Wir haben diese Eindrücke sehr genossen, aber auch den Rotwein. Das war aber dann doch des Guten zu viel. Bei der Rückfahrt, bedingt durch die vielen Kurven, wurde es meiner Schwägerin ganz schlecht, sie musste sich übergeben. Da wir aber wegen der engen Straße nicht anhalten konnten, wurde einfach die Schiebetür aufgemacht und die Angelegenheit war erledigt. Am nächsten Tag ging es ihr dann wieder besser und wir konnten neue Ausflüge planen.

Wir fuhren von Teneriffa mit der Fähre zur nicht weit entfernten Insel La Gomera und blieben dort für eine Nacht. Vieles erinnerte an Teneriffa, doch nicht alles. Besonders der urzeitliche Wald Garajoney mit seinen großen Farnbäumen hat uns sehr beeindruckt. Schroffe, begrünte steile Hänge erfreuten das Auge. Da die Insel sehr gebirgig ist und früher schlecht erschlossen war, verständigten sich die Hirten über eine große Distanz in einer gewissen Pfeifsprache. Jede kanarische Insel hat ihre Eigenart, und doch beherbergt eine jede etwas von Teneriffa.

An einem der nächsten Tage wurde ein Flug nach La Palma gemacht und auch dort haben wir einmal übernachtet. La Palma ist durchweg eine sehr grüne Insel mit viel Flair. Mit dem Mietauto haben wir die Insel kreuz und quer erkundet. Wir konnten romantische einsame Dörfer inmitten einer blühenden Landschaft entdecken. Die Insel war nicht überlaufen und auch nicht durch Bausünden verunstaltet. Meiner Schwägerin zeigten wir auch unser Grundstück, auf welchem demnächst unser Haus errichtet werden sollte. Sie war begeistert von dem Grundstück in Hanglage mit weitem Panoramablick bis hinüber zur Insel La Gomera. Doch was am Anfang störte, war der kurvenreiche Weg dorthin, der damals noch nicht asphaltiert war. Wir schauten zuversichtlich in die Zukunft und wollten uns mit allen Mitteln der Herausforderung stellen. Meine Schwägerin war etwas skeptisch, ob uns das auch gelingen würde.

Doch allmählich kehrte unser Alltag wieder ein, die Gäste waren wieder abgereist. Jetzt mussten wir uns um unser Bauprojekt kümmern. Es war ein optisch schönes Landhaus in U-Form, eingeschossig mit vielen Rundbögen im andalusischen Stil. Der District, in dem das Grundstück lag, hieß „La Batista" und so wollten wir auch unsere Finca nennen. Ich konnte es gar nicht erwarten, bis die Baugenehmigung da war. Voller Elan stand ich schon in den Startlöchern. Ein landwirtschaftliches Grundstück braucht einen Lagerraum und den konnte man zum damaligen Zeitpunkt ohne Genehmigung bauen. Man hatte dann auch ein Anrecht auf einen ordnungsgemäßen Stromanschluss. Wir hatten uns schon einen kanarischen Bauunternehmer gesucht, der schon den Betonring für unseren Tank gegossen hatte. Dieser sollte zuerst den Lagerraum, der später als Garage dienen sollte errichten.

Auch den Bau des Hauses sollte er vollziehen. Da kanarische Handwerker dauernd klamm sind, waren wir schon mit der Zahlung für die Garage in Vorgriff gegangen. Als diese dann errichtet war, sollten wir ca. DM 30.000,-- für die Erstellung des Rohbaus zahlen. Unser Fehler war, mit dieser Summe in Vorgriff zu gehen. Das Grundstück lag voller Baumaterial, unter anderem auch eine neue große Betonmischmaschine.

Als an unserem Haus in der Siedlung die Handwerker klingelten und meinten, sie hätten von unserem Bauunternehmer noch kein Geld gesehen, da klingelten auch bei uns die Alarmglocken. Wenn die Arbeiter nicht ihren Lohn erhalten hatten, so war mit Sicherheit auch das auf dem Grundstück befindliche Baumaterial nicht bezahlt. Um den Schaden möglichst in Grenzen zu halten, mussten wir dieses in unserer schon fertigen Garage in Sicherheit bringen. Jetzt war Eile geboten. Freunde halfen uns bei der Sicherstellung. Doch den großen Betonmischer brachten wir nicht in unsere Garage, da dort noch die Rampe fehlte. So bauten wir lediglich den Motor aus. Diese Mission war dringend notwendig, denn am nächsten Tag fehlte, wie wir vermutet hatten, der Betonmischer. Dieser war vom betreffenden Händler auch ohne Motor abtransportiert worden. An unseren Bauunternehmer war nicht heranzukommen.

Dieser hatte mit unserem Auftrag Löcher gestopft, die er schon von vorherigen Bauherren hatte. Da unsere Baugenehmigung auf sich warten ließ und er auch offensichtlich keinen Folgeauftrag in Sicht hatte, waren wir die letzten in der Kette, und den Letzten beißen ja bekanntlich die Hunde.

Das war nun eine riesige Enttäuschung und ein großes Ärgernis. Mein Mann hatte total die Motivation verloren und wollte aufgeben, indem das Grundstück samt Planung verkauft werden sollte. Ich mit meiner Jetzt-erst-recht-Mentalität konnte und wollte dies nicht zulassen. Ich hatte so viel Ideenreichtum und Phantasie in dieses Projekt gelegt. Tagelang war mein Mann wie am Boden zerstört, hatte zu nichts mehr Lust, zu nichts mehr Kraft. Der Mut und die Zuversicht hatten ihn verlassen. Hätte ich damals gewusst, welche Schwierigkeiten in Zukunft durch dieses Projekt auf uns zukommen würden, wäre auch ich mutlos geworden und hätte aufgegeben.

Doch nach einiger Zeit fassten wir uns wieder und wollten weitermachen. Doch es wurde uns nichts geschenkt. Jetzt mussten wir um die Baugenehmigung kämpfen. Die zuständigen Behörden in der Hauptstadt hatten ihre Zustimmung gegeben, es fehlte nur noch die Gemeinde. Im Normalfall stellt dieses nur eine Formsache dar, dass die Gemeinde letztendlich die Baugenehmigung erteilt, wenn alle anderen Behörden grünes Licht gegeben haben. Doch die ließ auf sich warten. Auch die Mahnungen des Architekten halfen nicht. Zuerst hieß es, die Terrassen würden voll als umbauter Raum mitzählen und dann wäre das Objekt zu groß. Das wurde dann vom Architekten widerlegt. Als man dann gar keine Ausrede mehr hatte, wurde behauptet, das Objekt habe einen hässlichen Charakter. Wenn es nicht so ernst gewesen wäre, hätte ich gelacht, denn die Häuser der Einheimischen in den Dörfern sind potthässlich. Viereckige unverputzte Häuser in grauer Hohlblockbauweise mit Betondach, wo es im Winter durchregnet.

Wir wussten inzwischen, warum unsere Baugenehmigung von der Gemeinde einfach nicht zu bekommen war. Da besonders in dieser Gemeinde die Häuser immer illegal, also ohne Baugenehmigung errichtet wurden, mussten Gemeindemitarbeiter bestochen werden. Wir waren die ersten, die in der landwirtschaftlichen Zone ein Haus mit ordnungsgemäßen Unterlagen errichten wollten. So fühlte sich die Gemeinde um ihre Pfründe betrogen. Wir aber sahen nicht ein, warum wir dort Bestechungsgelder zahlen sollten. Das machte mich richtig wütend, denn ich hatte lange Jahre in Deutschland im Baugenehmigungsverfahren gearbeitet und kannte so etwas nicht im entferntesten. Für die spanischsprachige Presse habe ich deshalb einen Artikel verfasst, den mir dann unsere Tochter übersetzt hat. Darin habe ich dann auf diesen Missstand hingewiesen, keine Namen genannt und alles nur mit einem Fragezeichen versehen. Daraufhin wurde die Opposition auf uns aufmerksam und versprach, uns zu helfen. Dort erfuhr ich dann, dass die Korruption schon immense Ausmaße angenommen hatte.

9 – Die Bauphase

Unser Abenteuer Bauen und Vermieten auf Teneriffa stand von Anfang an unter keinem guten Stern, wenn nicht sogar unter einem dunklen Horizont. Wir wollten die entsprechenden Gesetze einhalten und alles richtig machen. Mit Bestechungsmentalität konnten wir nicht umgehen. War das ein Fehler? Je mehr wir uns wehrten, je widerspenstiger wurden die Behörden. Das erzeugte in mir eine kalte Wut, die bei meinem Mann noch größer war und die er auch nicht verbergen konnte. Es erschien uns dringend erforderlich, einmal ein klärendes Gespräch mit dem zuständigen Bürgermeister zu führen.

Da ich meine Emotionen besser zügeln kann als mein Mann, vereinbarte ich einen Termin beim Bürgermeister. Als ich nun vor seinem Schreibtisch Platz nahm, sah ich schon, dass er meinen Artikel vor sich hatte und verschiedene Stellen markiert waren. So kam er dann auch schnell zur Sache und meinte, mit diesem Artikel hätte ich ihm sehr geschadet. Ich gab ihm dann zur Antwort, dass ich noch einen weiteren Artikel schreiben werde, mit dem sein Schaden noch größer würde, wenn ich nicht schnellstens meine Baugenehmigung bekäme. In diesem Artikel würde ich dann die Höhe der Bestechungsgelder und die Konten angeben, auf denen diese geflossen seien. Meine Behauptungen waren nur Vermutungen, denn ich wusste nichts Genaues, traf aber damit ins Schwarze. Der

Bürgermeister wurde nervös und unruhig, berief einige Mitarbeiter, um zu beraten, was nun zu tun sei.

Danach hatten wir innerhalb kürzester Zeit unsere Baugenehmigung. Wir suchten uns einen spanischen Bauunternehmer, keinen kanarischen, und gingen, durch Schaden klug geworden, nur nach Baufortschritt in Zahlung. Die Bauarbeiten gingen zügig voran, und schon bald war der Rohbau fertiggestellt. Das hielt uns aber nicht davon ab, im Sommer wieder nach Deutschland zu reisen.

Mit dem Wohnmobil samt Hund und Katze machten wir uns auf den Weg. In Andalusien wohnten Freunde von uns, die von Teneriffa dorthin umgesiedelt waren. Dies war eine gute Gelegenheit, ihnen einen Besuch abzustatten. In unserer alten Heimat angekommen, hatten wir viel zu erledigen. Da wir auf Teneriffa festgestellt hatten, dass Türen und Fenster nur aus Holz oder Alu zu bekommen sind, weder Doppelverglasung noch moderne Beschläge haben, kamen für unser neues Haus nur deutsche Produkte in Frage. Es stellte sich heraus, dass diese trotz besserer Qualität und Transportkosten in Deutschland nicht teurer waren als auf Teneriffa. Alles sollte in einem Container von Belgien nach Teneriffa transportiert werden. Da der Container viel Platz bot, konnten auch noch Möbel aus unserem kleinen Haus in Holland mitgenommen werden. Da wir schon die Maße unserer Räume kannten, kauften wir uns auch in Deutschland unsere Küche für Teneriffa.

Dann war da noch unser Wohnmobil zu verkaufen, welches auf dem schlechten und kurvigen Weg zu unserer Finca schlecht zu handhaben war. Wir kauften uns einen geräumigen Kombi. Dann ging die Fahrt wieder einmal nach Berlin zu unserem Sohn und von dort nach Halle. Gardinen und Wäsche für unser neues Objekt wurden in der DDR gekauft, obwohl es verboten war. Das hatten wir aber schon viele Male gemacht und nie war etwas passiert. Deshalb waren wir auch unvorsichtig und haben die Etiketten, aus denen man erkennen konnte, dass es DDR-Ware war, diesmal nicht entfernt. Unsere Rückreise ging über Ostberlin in den Westen. Zu dem Zeitpunkt lag die DDR schon in den letzten Zügen. Doch trotzdem wurden wir gründlich gefilzt und die gekauften Textilien gefunden, die dann beschlagnahmt wurden. Mein Mann stellte sich dumm, wusste von nichts und so musste ich die Befragung wie ein Verbrecher über mich ergehen lassen. Dies dauerte Stunden und mein Mann musste warten. Doch Hund Tobi musste sein Geschäft erledigen, was sich schwierig gestaltete, denn überall standen bewaffnete Grenzpolizisten. Unser Sohn, der die Grenze schon mit einem anderen Auto passiert hatte, befürchtete schon Schlimmes.

Die Reise ging zurück nach Teneriffa und der Hausbau nahm uns voll in Anspruch. Obwohl wir ein schlüsselfertiges Haus in Auftrag gegeben hatten, mussten wir uns um vieles selber kümmern. Die kanarischen Handwerker, die diese Baufirma beschäftigte, hatten von ihrem Handwerk, das sie ja nicht richtig erlernt hatten, wenig Ahnung. Fliesen wurden grundsätzlich mit zu engen Fugen verlegt. Dehnungsfugen waren gänzlich unbekannt. Wir versuchten ihnen zu erklären, dass das Material doch arbeite und Platz zum Ausdehnen brauche. Das beste Beispiel für diese schlampige Arbeit zeigte sich noch während der Bauphase auf unserem Garagenflachdach.

Dieses war mit Terakottafliesen belegt und ständig der Sonne mit starken Temperaturschwankungen ausgesetzt. Auch hier bemängelten wir die Verlegung ohne geeignete Fugen und prophezeiten, dass sich die Fliesen innerhalb kürzester Zeit lösen würden, was denn auch prompt eintraf. Die Kupferwasserrrohre sollten ummantelt werden. „Porque" wurden wir immer wieder gefragt. Bei den Warmwasserrrohren sahen sie es ein, doch bei den Kaltwasserrohren stießen wir auf taube Ohren. Wir versuchten ihnen zu erklären, dass auch diese geschützt werden müssen, da das ganze Baumaterial der Insel salzhaltig ist, vom Sand angefangen bis zu den Hohlblocksteinen. Das war sowieso ein großes Problem der Insel. Da sie keine Flüsse haben, ist der Sand immer salzhaltig und das Wasser, welches man zum Bauen benutzt, ebenso. Die Häuser sind meistens von unten nicht richtig gegen Feuchtigkeit isoliert und haben nach kürzester Zeit immer Salpeter in den Wänden. Das war eine Schwierigkeit, mit der wir und auch die Einheimischen immer zu kämpfen hatten.

Der Swimmingpool 8x8 m wurde an einer schönen und sonnigen Stelle auf unserem Grundstück installiert. Dabei wurde das Becken komplett mit der Plattform in einem Stück gegossen. Auch hier stellten wir fest, ohne eine einzige Dehnungsfuge. Das führte dann später dazu, dass das Schwimmbecken oberhalb der Armierung ringsherum große Risse bekam. Wir, die wir keine Fachleute waren, wussten sofort warum. So mussten wir unsere Handwerker anweisen, mit der Flex rings um das Becken und dann in bestimmten Abständen Dehnungsfugen in die Plattform zu fräsen. Dabei stellten wir fest, dass der Untergrund nicht durch Eisenmatten stabilisiert war. Es war einfach zum Verzweifeln. Wir mussten dann später noch viel Geld investieren, damit die Poolanlage in Ordnung war. Das Becken musste, da es nach kurzer Zeit undicht war, mit einer neuen Haut ausgekleidet und die Plattform mit besonderen Materialien stabilisiert werden.

Endlich traf dann der Container mit unseren Sachen ein. Aufgrund unseres schmalen und kurvenreichen Weges musste alles in ein Transportfahrzeug kleineren Ausmaßes umgeladen werden. Es war schon eine echte Plackerei, denn die Fensterelemente komplett mit Rollos waren sehr schwer. Unsere kanarischen Handwerker hatten noch nie solche Fenster gesehen. Deshalb wussten sie auch nicht, wie man diese einbaut. Zum Glück kannten wir einen deutschen Handwerker, der uns in dieser Hinsicht behilflich sein konnte.

Dann ging es an die Gestaltung des Gartens, Wir brauchten jede Menge Muttererde, um das Grundstück rings ums Haus zu gestalten. Da die Erde im Süden der Insel nicht sehr fruchtbar und mit vielen Steinen durchsetzt ist, musste diese aus dem Norden angeliefert werden. Es waren mindestens 10 LKW's voll, die wir dann mit der guten alten Masia per Hand verteilt haben. Die Masia ist ein Allzweckgerät auf den Kanaren. An einem Stiel befindet sich eine breite dreieckige Hacke, deren Ecken man zum Hacken und die Breitseite zum Verteilen der Erde benutzen kann. Aber auch die Handwerker gebrauchen sie zum Verteilen von Zement und Sand oder zum Glattstreichen. Wie auch immer, es ist ein sehr praktisches Werkzeug.

Unterdes ging auch das normale Leben in unserem Haus in der Siedlung weiter. Hund Tobi machte uns immer wieder große Freude. Trotzdem, dass wir mit unserem Hausbau beschäftigt waren, machten wir an den Wochenenden Ausflüge zu den Stränden oder den Wäldern Teneriffas. Sehr gerne fuhren wir zum größten Strand Teneriffas, dem Medano-Strand. Dort hatten Hunde Zutritt und konnten sich nach Herzenslust austoben. Da Tobi ein absoluter Wasserliebhaber war, konnten wir ihn kaum halten, wenn er von weitem das Wasser glitzern sah. Sobald sich die Autotür öffnete, stürzte er in die Wellen und diese waren an diesem Strand manchmal sehr heftig. Er tauchte dann einfach unter die Wellen und kam wie Neptun aus der Versenkung wieder hoch. Dann mussten unbedingt Steine ins Wasser geworfen werden, nach denen er dann kopfüber mit hocherhobenem Hinterteil suchte. Auch war ihm jedes andere Wässerchen recht, was er finden konnte. Wenn wir auf unserem Baugrundstück weilten, gab es ringsherum etliche Charcos, also Wasserbecken. Diese wurden von Tobi fleißig genutzt. Stöckchen schmeißen, sie wieder zurückbringen, das war sein größter Spaß.

Wir pendelten so zwischen Baustelle und unserem Haus hin und her, bis wir am 9.Nov.1989 durch eine Nachricht im Radio überrascht wurden. Die Mauer in Berlin war offen. Sofort riefen wir Martin an, der dies gar nicht glauben konnte. Er hat sich dann noch in der gleichen Nacht auf den Weg gemacht und die Geschehnisse mit viel Emotionen vor Ort erlebt. Dann überschlugen sich die Ereignisse. Auch die spanischen TV-Sender berichteten laufend über diese Weltsensation. Das hätten wir auch gerne vor Ort miterlebt. So haben wir uns dann kurzentschlossen dazu entschieden, zur Weihnachtszeit und zum Jahreswechsel nach Berlin zu fliegen, um diese Stimmung mitzuerleben. Unsere Tiere wurden von lieben Nachbarn versorgt und so flogen wir direkt nach Berlin. Wir erlebten den ersten Tag, an dem das Brandenburger Tor geöffnet wurde und bekamen einen Sonderstempel. Plötzlich war das Reisen von Ost nach West überhaupt kein Problem mehr. Wir mussten an all die Umstände denken, die früher mit einem Besuch in der DDR verbunden waren. Zuerst mussten die Verwandten unsere Einreise beantragen, mit diesem Formular konnten wir einreisen.

Dann mussten wir uns als ganze Familie zur Anmeldung bei der Polizei präsentieren. Da erinnerte ich mich an eine Anekdote, die passierte, als unser Sohn noch Kleinkind war. Im Warteraum der polizeilichen Anmeldestelle hing damals ein Bild von Ulbricht. Dieser verstarb während unseres Aufenthaltes. Bei unserer Abmeldung war dieses Bild mit einem Trauerflor versehen. Unser Kind fragte uns mit lauter Stimme, warum denn das Bild eine schwarze Schleife habe. Er bekam von uns zur Antwort, dass der Mann auf diesem Bild nun verstorben sei. Da sagt doch unser Sohn ganz laut: „Da werden sich aber alle gefreut haben". Im Warteraum, in dem sich viele Leute, auch DDR-Bürger befanden, brach daraufhin eine verhaltene Heiterkeit aus.

Danach wusste jeder, wie unsere Verwandten zum DDR-System standen. Wir waren dann schon sehr befangen, als wir dann aufgerufen wurden, um unseren Ausreisestempel zu bekommen. Oder wir mussten an die Anfänge unserer Besuche denken, als die Schwiegereltern noch lebten und eine Einreise nur mit dem Zug möglich war. Da mein Mann kurz vor dem Bau der Berliner Mauer über Berlin geflüchtet war, konnte er die ersten Jahre seine Eltern nicht besuchen. Auch zu unserer Hochzeit wurde ihnen keine Besuchserlaubnis erteilt. Doch dann kam endlich die Amnestie, die es den Flüchtlingen, die vor dem Mauerbau die DDR verlassen hatten, erlaubte wieder einzureisen. Wie man sich vorstellten kann, war das für die Eltern ein großes Ereignis ihren Sohn wieder in die Arme zu schließen. Ich wurde dort gut aufgenommen und so waren wir jedes Jahr zu Besuch. Mein Mann arbeitete zu jener Zeit im Spielcasino in Bad Neuenahr. Bei den Einreiseformalitäten musste auch immer der Arbeitgeber angegeben werden. Mein Schwiegervater war Betriebsleiter eines Klebstoffwerkes, und die Eltern wohnten auch auf diesem Betriebsgelände. Eines Tages bekam mein Schwiegervater einen Anruf, in dem sich zwei Herren der sogenannten „Nationalen Front" anmeldeten, um mit seinem Sohn zu sprechen. Wir bekamen es tatsächlich mit der Angst zu tun, galt doch mein Mann nach DDR-Gesetzen immer noch als Bürger dieses Landes. Die beiden Herren nahmen sich im Büro meines Schwiegervaters meinen Mann vor. Ihre Absicht war es, ihn zur Spionage zu überreden. Er sollte im Spielcasino, seinem Arbeitsplatz, die Kartei nach Namen absuchen, die man ihm vorher bekannt geben würde.

Die damalige Hauptstadt Bonn war nicht weit von Bad Neuenahr entfernt und in dieser Spielbank verkehrten viele Diplomaten und prominente Politiker. Man versprach Geld und ungehinderte Einreise mit dem Auto, wann immer er wolle. Doch mein Mann lehnte dies kategorisch ab, da er überhaupt keinen Zugriff auf diese Karteien habe. Man schlug ihm vor, vorübergehend das Licht außer Betrieb zu setzen, da man wusste, dass er von Beruf Elektriker war. Dann könnte er im Chaos des Betriebes die Karteien in Augenschein nehmen. Auch auf diesen Vorschlag wollte er nicht eingehen. Dann wurde er über seine politische Gesinnung befragt. Er stellte sich dumm und behauptete, er interessiere sich nur für Fußball und nicht für Politik. Endlich ließen sie von ihm ab, meinten aber, er solle es sich gut überlegen. Wir waren dann sehr in Sorge, wie sich unsere Ausreise gestalten würde. Doch es lief alles ohne Probleme. Im nächsten Jahr unseres Besuches meldeten sich diese Typen wieder an. Mein Mann ließ sich dauernd verleugnen und irgendwann gaben sie dann auf. Danach hatten wir dann endlich unsere Ruhe.

Diese Gedanken beschäftigten uns, als wir durch das Brandenburger Tor schritten. Es herrschte eine besondere Stimmung an diesen Tagen, die uns sehr berührte. Als wir dann zu unseren Verwandten nach Halle reisten, staunten wir sehr. Überall standen Schilder mit der Aufschrift „Frohes Fest ihr Bundesbürger" oder „Herzlich willkommen bei uns". Von Halle aus machten wir Ausflüge in den winterlichen Harz und konnten dort nach langer Zeit wieder einmal einen deutschen Winterwald erleben. Einige Grenzübergänge waren offen und ein Hin und Her war kein Problem. Doch die DDR-Bürger waren skeptisch und glaubten zunächst nicht an die endgültige Öffnung. In unserer Familie wurde fleißig über die neue Situation diskutiert. Es gab sehr unterschiedliche Meinungen. Meine Schwägerin meinte, sie wünsche sich eine Wiedervereinigung sofort, damit sie auch noch etwas davon habe und vielleicht käme eines Tages auch die gemeinsame Währung. Sie sollte als Einzige Recht behalten, denn die anderen meinten, die DDR bleibt im Rahmen der EU erhalten.

Es war eine merkwürdige Stimmung. Plötzlich trauten sich die DDR-Zeitungen, die Wahrheit zu schreiben. Wir waren nicht schlecht erstaunt, als wir in Halle eine Kabarett-Vorstellung besuchten, in der kein Blatt mehr vor den Mund genommen wurde. Die DDR-Bürger waren aufgewacht und ließen sich nicht mehr den Mund verbieten.

Unsere Rückreise ging von Ost- nach Westberlin, doch welch ein Unterschied. Alles ging ohne große Kontrollen und Probleme vonstatten. Plötzlich waren die Grenzposten wie umgewandelt, freundlich, zuvorkommend und nicht mehr so überheblich, wie wir das aus der Vergangenheit kannten. Als wir dann in Westberlin ankamen, waren die Mauerspechte schon fleißig dabei, aus der verhassten Mauer Stücke zu schlagen. Ostberliner mit ihren Wartburgs boten diese Stücke auf der Motorhaube den Touristen zum Kauf an.

Wir besuchten das Fluchtmuseum am Checkpoint Charly und konnten sehen, was die Menschen in der Vergangenheit alles versucht haben, diese Mauer zu überwinden. Ich habe in dieser Zeit einen interessanten Dokumentarfilm gedreht, in dem ich die Familie bei der Diskussion oder die Kabarettveranstaltung in Halle zeige. Besonders die Mauerspechte, die schon ein großes Loch in die Mauer geschlagen hatten, durch deren Lücken mit Armiereisen die DDR-Grenzer schauten, ist ein besonderes Zeitdokument. An der Mauer haben wir einen ostdeutschen Bauarbeiter interviewt. Mein Film trug den Titel „DDR im Wandel der Zeit" Er war gestaltet mit Rückblenden, Schlagzeilen aus Presse und Fernsehen.

Als wir dann wieder nach Teneriffa zurückgekehrt waren, habe ich diesen Film bearbeitet und in unserem Kulturkreis vorgeführt. Die Deutschen, die auf der Insel lebten oder überwinterten, waren sehr an diesem Thema interessiert, konnte man doch zu dieser Zeit noch kein deutsches Fernsehen empfangen. Wir waren auf jeden Fall froh, dass wir ein wenig von diesem historischen Ereignis aus eigener Erfahrung mitbekommen hatten und dies auch weitergeben konnten. Ich bedaure es heute noch, dass so gar nichts von dieser positiven Stimmung und dem Zusammengehörigkeitsgefühl auf beiden Seiten übrig geblieben ist.

Dann nahm uns unser Hausbau wieder voll in Anspruch. Unsere Tochter hatte unterdessen die achtjährige Grundschule absolviert und wechselte auf das Gymnasium über. Im Dorf, welches oberhalb unseres Grundstückes in drei km Entfernung lag, befand sich auch ein Schulzentrum mit allen Schultypen. Dort ging sie fortan zur Schule und hatte sehr schnell neue Freunde gewonnen. Da wir noch nicht umgezogen waren, musste ich sie jeden Tag in die 25 km entfernte Schule fahren.

Doch wir waren sowieso jeden Tag auf der Baustelle, da nunmehr die Bauarbeiten in die Endphase gelangten. Es wurde zuerst der Wohntrakt fertig gestellt, damit wir schnellstens umziehen konnten. Der zweite Bauabschnitt bezog sich dann auf die Appartements zum Vermieten. Die Handwerker veranstalteten auf dem Grundstück ein Riesenchaos. Leere Zementsäcke, Farbeimer, Flaschen, Joghurtbecher usw. wurden einfach an Ort und Stelle liegengelassen. Als wir unsere Arbeiter darauf aufmerksam machten, dass wir dies nicht dulden wollten, waren anschließend die Farbeimer verschwunden. Wir sammelten zu dieser Zeit im benachbarten Barranco Natursteine, um damit den Sockel zu verkleiden. Da entdeckten wir die ganzen Farbeimer inmitten der unberührten Natur. Wir fragten die Anstreicher, ob dies ihre Insel oder unsere sei, der sie mit dieser Verhaltensweise Schaden zufügten. Unsere Argumentation konnten sie überhaupt nicht verstehen und meinten, dass der Barranco groß und tief sei, und wenn man die Eimer nicht mehr sieht, seien sie für sie verschwunden – was für eine Philosophie.

Der ganze Ärger mit den Genehmigungsbehörden und den Handwerkern hat mich dazu veranlasst, in der deutschsprachigen Inselzeitung einen Artikel zu veröffentlichen mit dem Titel „Bauen auf den Kanaren" mit dem Fazit „Kanarische Handwerker zu haben ist schlecht, kanarische Freunde dagegen nicht". Unsere kanarischen Nachbarn, die dort Landwirtschaft betrieben, waren in der Tat sehr nett und zugänglich. Oft schenkten sie uns Kartoffeln, Tomaten oder Papayas.

Jetzt war es an der Zeit, unser Haus in der Siedlung zu verkaufen. Ein Käuferehepaar war relativ schnell gefunden. Im Mai 1990 zogen wir um und konnten unser Haus einweihen. Es war ringsherum noch alles unfertig und es stand uns noch eine Menge Arbeit bevor. Doch wir waren glücklich, endlich in unserem Traumhaus zu wohnen. Wir genossen den herrlichen Panoramablick auf das Meer und die Insel la Gomera.

Doch zum Genießen blieb uns nicht viel Zeit, denn jetzt kam die Pflanzphase. Es machte uns große Freude, das Grundstück mit Gewächsen zu gestalten. Viele schnell wachsende Fächerpalmen brachten wir in die Erde. Desgleichen Euphorbien und Kakteen, die im Süden der Insel besonders gut gedeihen, Bougainvillas in allen Farben, diverse Büsche und Bäume. Unser Grundstück hatte mehrere Pflanzterrassen, die schon vorher mit großen Lavablöcken angelegt waren. Eine komplette Pflanzterrasse wurde den tropischen Obstbäumen vorbehalten, die da waren, Mispeln, Bananen, Papayas, Mangos, Guayabos und Avocados. Derweil arbeiteten die Handwerker weiter am Ausbau unserer Appartements.

Ein Reiseveranstalter wurde gesucht, der unsere Appartements vermarkten sollte. Da es zu diesem Zeitpunkt noch sehr wenige Landhäuser gab, fanden wir schnell den passenden Vertragspartner, der uns in seinen Katalog aufnahm. Die Chefreiseleiterin kannte im Tourismusministerium einen verantwortlichen Sachbearbeiter, der uns bei der Beantragung der Genehmigung zur touristischen Nutzung helfen wollte. Er besuchte uns eines Tages mit seiner Sekretärin und schaute sich unsere Anlage an. Nachdem wir ihm einen von uns entworfenen Prospekt ausgehändigt hatten, meinte er, der touristischen Nutzung und der nötigen Genehmigung dafür dürfte nichts im Wege stehen. So waren wir denn beruhigt und glaubten, dass wir eine sichere Existenzmöglichkeit hätten.

Es brauchten nur noch die Touristen zu kommen. Aber es sollten uns im Umgang mit den Behörden noch schlimme Kämpfe bevorstehen, die wir letztendlich verlieren sollten. Aber das ahnten wir damals noch nicht und machten uns mit Euphorie an die Einrichtung unserer Ferienwohnungen. Auch unsere Tochter nahm mit Begeisterung von dem neuen Domizil Besitz, hatte sie doch ein schönes Zimmer mit eigener Dusche und WC. Es wurden viele Freunde eingeladen, die gerne kamen, konnten sie doch bei uns den Pool nutzen.

Unser Hund Tobi und Katze Shila hatten sich inzwischen gut in der neuen Umgebung eingelebt. Sobald der Pool die erste Wasserfüllung erhalten hatte, war Tobi der erste, der darin schwamm. Die Katze war weiterhin laut und launig, wenn sie rollig war, was uns dazu veranlasste, ihr einen Siamkater zur Seite zu stellen. Ihn nannten wir Mogli. Er war ein kräftiger dunkelgezeichneter Siamkater mit einer kräftigen Stimme. Shila mochte ihn sehr und so waren die beiden in ihrer heißen Zeit immer fleißig bei der Sache. Mogli putzte alles, was ihm unter die Zunge kam. Deshalb hatte er schon nach kurzer Zeit den Beinamen Lappen.

Im September konnte dann meine Schwägerin aufgrund der veränderten politischen Verhältnisse zu Besuch kommen. Unser Sohn war mit ihr zusammen nach Teneriffa geflogen. Nun konnten wir den beiden unser neues Anwesen präsentieren. Wir waren mächtig stolz, dies alles auf die Beine gestellt zu haben. Alles war ringsherum bepflanzt, obwohl die Pflanzen und Bäume noch klein waren. Die Ferienwohnungen waren fertig eingerichtet. So konnten die beiden in einer separaten Wohnung Ferien machen. Jetzt kamen wir erst einmal zur Ruhe und konnten uns unseren Verwandten widmen.

Danach ereignete sich eine traurige Begebenheit. Da unser Grundstück noch nicht komplett eingezäunt war, konnte Hund Tobi sich in der Umgebung herumtreiben. Das wurde ihm zum Verhängnis. Eines Tages kam er nicht mehr nach Hause. Wir haben das ganze umliegende Gelände zu Fuß durchsucht. Suchplakate wurden gedruckt und im Umkreis von 10 km aufgehängt. Es nützte alles nichts, Tobi blieb verschwunden. Sehr wahrscheinlich hatte er ein vergiftetes Kaninchen erwischt und war danach nicht mehr in der Lage, es nach Hause zu schaffen. Unser Verdacht begründete sich auf der Tatsache, dass am gleichen Tage der Hund des Nachbarn mit Vergiftungserscheinungen nach Hause gekommen war. Dieser aber konnte gerettet werden. Da uns Tobi mit seinem außergewöhnlichen Charakter so sehr ans Herz gewachsen war, kannte unsere Trauer kein Ende. Da hörten wir von einem entfernt wohnenden Nachbarn, dass unser Hund seine Hündin geschwängert hätte. Als die Welpen dann auf der Welt waren, suchten wir uns einen weißen Rüden aus, der Tobi ähnlich sah. Doch die Kleinen mussten noch eine Weile bei der Mutter bleiben. So brachte uns dann eines Tages der Nachbar zwei kleine weiße Welpen, den ausgesuchten Rüden und seine Schwester. Da die beiden so süß waren und wie kleine Eisbären aussahen, konnten wir nicht widerstehen und nahmen beide bei uns auf. Das dämpfte unsere Trauer um Tobi allmählich, hatten wir doch jetzt seine Kinder. Doch den Trieb zum Wasser hatten beide nicht von ihrem Vater geerbt. Nachdem sie hintereinander in den Pool gefallen waren, mieden sie das Wasser. Sehr bald stellte es sich heraus, dass der Rüde, den wir Netti nannten, seine Schwester, die Ceci hieß, total beherrschte. Sie musste sich ihm in allen Dingen unterwerfen.

Silvester feierten wir mit all unseren Freunden auf der Finca den Jahreswechsel. Auch unsere kanarischen

Nachbarn feierten. Auf ihrem Grundstück stand ein altes Haus, in dem sie beim Bearbeiten ihrer Felder wohnten. Sie baten uns, ein wenig mit ihnen zu feiern. Da ging es recht lustig zu. Einer ihrer Gäste lag wegen übermäßigem Alkoholgenuss schon im Bett. Als man die Bettdecke aufschlug, lag neben ihm eine junge kleine Ziege. Das war ein Gelächter. Mit unseren Nachbarn haben wir noch viele schöne Fiestas gefeiert.

10 – Unsere Tochter wird erwachsen

Unsere Tochter war inzwischen zu einem hübschen Teenager herangewachsen. Nur fühlte sie sich immer ein bisschen zu dünn, was ihr in der Schule den Namen „Flaca", die Dünne, eingebracht hatte. Eigentlich war sie nicht dünn, sondern ein schmaler Typ. Sie fiel zwischen den kanarischen Schülern auf, die oft durch falsche Ernährung etwas übergewichtig waren. Die Dorf-Fiestas waren für sie das Schönste. Diese mussten bis zum Ende ausgekostet werden. Eigentlich ging es dort erst ab Mitternacht so richtig los. Ich fuhr sie mit dem Auto dorthin und holte sie auch wieder ab, was aber vor drei oder vier Uhr am Morgen nicht erwünscht war. Sie war so richtig ein kanarisches Mädchen geworden und benahm sich auch so, wenn sie unter ihresgleichen war, schnatternd, laut und wild gestikulierend. In der Schule hatte man lange nicht bemerkt, dass sie eine Deutsche war, bis die Lehrerin eines Tages ihre Unterlagen gelesen hatte und im Unterricht erstaunt diese Tatsache bekannt gab. Unsere Tochter wollte eben so sein wie die anderen und keine Ausnahme machen. Wenn ich sie von der Schule abholte, sollte ich mich etwas abseits stellen, denn ich sähe so deutsch aus. Das sollten die anderen Schüler nicht sehen. Ich hatte dafür Verständnis, dass sie keine Außenseiterin sein wollte.

Im Großen und Ganzen war sie eine gute Schülerin und kam im Unterricht gut zurecht. Die kanarischen Lehrer vermittelten ihren Schülern ein fundiertes Wissen, welches auch für unsere Tochter später in Deutschland für ein Studium die Basis war. Sie las viele deutsche Bücher, damit die deutsche Rechtschreibung erhalten blieb. Wir machten uns schon Gedanken, wie ihre berufliche Zukunft einmal aussehen sollte. Auch versuchten wir ihr klarzumachen, dass sie auf den Inseln keine Perspektive hätte. Aber davon wollte sie nichts wissen. Ihr Wunsch war es, auf Teneriffa zu bleiben und an der Universität von La Laguna zu studieren. Wir fragten uns, was kommt danach?

1991 war das letzte Jahr in der Schule und über die Frage der Zukunft wurde immer noch in der Familie diskutiert. Die Schüler wollten zum Abschluss eine große Reise nach Europa machen. Da viele Eltern das Geld für eine solche Reise nicht aufbringen konnten, wurden von den Schülern auf vielen Fiestas in der Umgebung Stände aufgestellt, wo sie Getränke verkauften. Damit kam schon viel Geld in die Gemeinschaftskasse. Wir fanden, dass dies eine tolle Aktion war.

Auch etliche andere Aktionen wurden von der Schule initiiert. Da war beispielsweise die Kampagne „Tenerife un espejo", was soviel heißt wie „Teneriffa ein Spiegel". Das war eine Mahnung, dass die Insel so sauber wie ein Spiegel sein solle. Da das Umweltbewusstsein der Kanarios sehr zu wünschen übrig ließ, war es eine gute Sache, wenn man die Jugend zu diesem Thema sensibilisierte. Mitten durch das Dorf, in welchem sich die Schule befand, führte ein Barranco. Wie wir es auch selbst erfahren hatten, kippten die Dorfbewohner ihren Unrat hier hinein. Die Aufgabe der Jugendlichen bestand nun darin, diesen Barranco vom Müll zu befreien. Es wurden Plakate und Schilder entworfen, die den vorsichtigen Umgang mit der Umwelt einforderten. Es war ein sehr medienwirksames Spektakel. Ob es für die ferne Zukunft der Insel etwas geholfen hat, muss abgewartet werden. Wenn man solche Aktionen nicht in gewissen Zeitabständen wiederholt, nistet sich der alte Schlendrian wieder ein. Auf jeden Fall war es ein guter Ansatz. Wie wir immer wieder von unserer Tochter erfuhren, herrschte in der Schule die Disziplin und die Achtung vor dem Lehrkörper vor, was den Unterricht wesentlich effektiver machte.

Schließlich war es dann soweit, das Abitur war geschafft und die große Reise konnte beginnen. Mit dem Flugzeug ging es von Teneriffa aus zuerst zum spanischen Festland und von dort weiter mit dem Bus nach Österreich, Liechtenstein und Italien. Viele der Mitschüler waren noch nie von ihrer Insel weggekommen und so war dies für alle ein großes Erlebnis. Im deutschsprachigen Österreich konnte dann Bianca die Dolmetscherin spielen.

Schließlich ging die Diskussion über die Zukunft weiter. Bianca versuchte uns immer wieder davon zu überzeugen, dass sie auf der Insel bleiben und dort studieren wolle. Sie war richtig böse auf uns, dass wir diese Möglichkeit nicht in Betracht zogen. Wir einigten uns darauf, wenn schon Deutschland, dann kein langes Studium. Es sollte eine Ausbildung werden, nach deren Abschluss sie dann schnellstens wieder auf die Insel könnte. Da bot sich eigentlich nur die Hotel- oder Tourismusbranche an, aber das wollte sie auf keinen Fall. Da blieb noch der Beruf Speditionskaufmann, da in der Haupt- und Hafenstadt viele Zollagenturen und Speditionen, auch deutsche, existierten. Da Aachen eine Grenzstadt ist, sollte es kein Problem darstellen, dort eine Ausbildungsstelle zu finden. Bianca war voller Groll gegen uns und nahm es uns sehr übel, dass wir sie so einfach von ihrer schönen Insel und der gewohnten Umgebung wegschickten. Auch wir hatten ein total schlechtes Gewissen, war doch das Kind ohne Wenn und Aber mit uns auf die Insel gekommen, hatte sich dort gut eingelebt und nun schickten wir sie wieder fort. Sie hatte bestimmt das Gefühl, dass wir sie nicht mehr liebten und nur noch loswerden wollten. Das ist für einen Jugendlichen, der noch unfertig und keine ausgereifte Persönlichkeit ist, ein total ungutes Gefühl, wenn nicht sogar ein Schock. Besonders das Gefühl, dass man den Entscheidungen der Eltern total ausgeliefert ist und nichts dagegen machen kann, ist in dem Alter frustrierend. Hinzu kam noch die Angst vor dem anderen Leben in Deutschland, das ihr inzwischen doch fremd geworden war.

Biancas neue Lehrstelle war eine Spedition in Aachen, In diesem Fall erwies es sich als sehr gut, dass wir das Haus in Holland dicht bei Aachen besaßen. Um ihr den Anfang des fremden Lebens zu erleichtern, flog mein Mann mit ihr nach Deutschland. Da musste zuerst einmal der Führerschein gemacht werden. Ein kleines Auto wurde gekauft, damit sie unabhängig und beweglich war. Viele andere Formalitäten, die so ein neuer Lebensabschnitt mit sich bringt, mussten erledigt werden. Mein Mann blieb 4 Wochen, dann war ich an der Reihe und blieb auch noch einmal 4 Wochen. So hatten wir sie denn in den ersten 2 Monaten ihres neuen Lebens begleitet. Unser Sohn, der es inzwischen noch einmal versuchte hatte, auf Teneriffa in der Gastronomie zu arbeiten, scheiterte an der zu geringen Bezahlung und der Inakzeptanz der Kollegen. Wir rieten ihm, sich in Aachen eine Arbeit zu suchen und dann zusammen mit seiner Schwester in unserem Haus zu wohnen. Das hatte sich auch dann als eine sehr gute Entscheidung herausgestellt. So waren beide nicht alleine und konnten sich gegenseitig helfen.

Zu Weihnachten und zum Jahreswechsel kamen beide zu Besuch und wir verbrachten auf der Finca eine schöne Zeit. Wieder zurück in Holland, hatte Bianca einen Unfall mit ihrem Auto, der aber mit nur einem Blechschaden glimpflich abging. Das Auto war Schrott und so fuhr sie denn mit unserem Auto aus Teneriffa, welches in der Garage stand, zur Arbeit. Doch im Frühjahr stellte sich heraus, dass ihr Lehrbetrieb schloss und alle Aktivitäten nach Belgien verlegte. Da stand sie nun da ohne Ausbildungsplatz.

Das veranlasste mich, schnellstens nach Deutschland zu fliegen, um die Lage zu klären. Da Bianca sowieso keine große Freude an einem kaufmännischen Beruf hatte, sollte die neue Ausbildung etwas ganz Anderes sein. Da sie immer sehr gut mit Kindern umzugehen verstand, entschied sie sich für den Beruf Erzieherin. Diese Ausbildung dauerte einschließlich Praktikum 4 Jahre. Wir fanden auch schnell eine entsprechende Einrichtung, an der diese Ausbildung stattfinden sollte.

Wir schrieben das Jahr 1992 und das war das Jahr, in dem ich im Sommer meinen fünfzigsten Geburtstag feiern sollte. Natürlich kamen Martin und Bianca auch zu Besuch. Die Stimmung unserer Tochter war trotzdem noch sehr verhalten. Sie nahm uns immer noch ihre plötzliche Trennung von Teneriffa übel und wir konnten zu dem Zeitpunkt kein herzliches Verhältnis aufbauen. Es tat mir alles sehr leid und ich hoffte, dass es mit der Zeit besser werden würde. Oft überlegte ich, hatten wir die falsche Entscheidung getroffen?

Eines Tages schaffte sich Bianca einen Hund an. Er hieß Balu und war ein weißer Malteser. Inzwischen hatte sie in Deutschland einen netten jungen Mann kennengelernt, den sie mir anlässlich eines Besuches in Holland vorstellte. Martin und Biancas Freund verstanden sich sehr gut und wurden richtige Freunde. Wie es schien, sollte das der Mann fürs Leben sein. Nun war keine Rede mehr davon, dass sie nach der Ausbildung nach Teneriffa zurück wollte. Sie hätte durchaus Chancen gehabt, denn der deutschsprachigen Schule in der Hauptstadt war auch ein Kindergarten angegliedert.

Sie kam mit ihrem Freund und Hund Balu im Sommer 1993 zu uns zu Besuch. Da Balu noch ein Welpe war, hatte er bei den beiden großen Hunden noch Welpenschutz und sie nahmen ihn freundlich auf. Bianca wollte auch gerne mit ihrem Freund auf der Finca ein wenig alleine sein und schlug uns vor, dass wir doch jetzt unbesorgt eine Reise machen könnten, wo doch die Finca in guten Händen wäre. Das ließen wir uns nicht zweimal sagen und buchten kurzentschlossen einen Flug nach Caracas.

Diese Flüge gehen regelmäßig von Teneriffa nach Venezuela, da früher viele Kanarios dorthin ausgewandert sind. Wir blieben 2 Wochen und machten mit dem Mietauto Touren quer durchs ganze Land. Wieder zurückgekehrt, stellten wir fest, dass wir bestens vertreten worden waren.

In der Adventszeit besuchte ich Bianca und Martin in unserem Haus in Holland. Ich stellte fest, dass Balu ein lieber, aber etwas dummer Hund war. Es war eine echte Herausforderung, ihn stubenrein zu bekommen. Lange hatte ich keinen deutschen Weihnachtsmarkt mehr gesehen und das genossen wir zusammen in Aachen. Wir sollten uns aber bald wieder sehen, denn zu Weihnachten wollten beide zu Besuch kommen.

Diesmal wurde Balu, besonders vom Rüden Netti, nicht mehr so ohne weiteres akzeptiert. Plötzlich gab es Tumult und der kleine Balu blutete am Kopf, was sich dann aber nicht als tragisch herausstellte. Netti hatte daraufhin ein schlechtes Gewissen und verkroch sich in der Garage. Wir feierten zusammen ein schönes Weihnachtsfest und den Jahreswechsel, doch ohne Bianca. Die hatte sich mit ihren Freundinnen verabredet. Da ging es bis in die Morgenstunden hoch her. Ich hatte den Eindruck, dass sie jetzt zufriedener mit ihrer Situation war und das Leben in Deutschland nicht mehr so ablehnte. Das hatte natürlich zum großen Teil etwas mit ihrem Freund zu tun.

Im Jahr 1994 vertrat uns Bianca wieder auf der Finca und wir konnten die zweite Venezuela-Reise antreten. An Weihnachten und zum Jahreswechsel kamen dann wieder Bianca mit Freund und Martin zu Besuch. Natürlich war auch Hund Balu wieder mit dabei. Jetzt konnte Bianca nicht so heftig mit ihren Freundinnen feiern, denn ihr Freund war mit dabei und wurde allen Freundinnen vorgestellt.

Am Karfreitag 1995 erreichte uns ein Anruf von Bianca, wobei sie uns heulend berichtete, dass Hund Balu überfahren worden sei. Da war die Trauer groß. Wir rieten ihr dann, sich nicht noch einmal einen Hund anzuschaffen, da sie demnächst ins Praktikum musste und dann die Zeit für ein Tier fehlen würde. Doch trotzdem wurde ein neuer Hund in Belgien gekauft. Martin und ihr Freund beteiligten sich finanziell, und so war es ein Gemeinschaftshund bzw. Hündin. Sie hieß Kyra und war eine schwarze Zwergpudelhündin. Dass sie einmal 19 Jahre alt und uns so viel Freude machen würde, das hätte damals keiner gedacht.

Im Sommer flogen wir wie jedes Jahr nach Deutschland, und Martin vertrat uns auf der Finca. Zusammen mit Bianca besuchten wir unsere Verwandten in Halle. Trotz Teneriffa wurden diese Kontakte immer intensiv gepflegt. Im Frühjahr 1996 kam dann Bianca wieder einmal auf Besuch und brachte Hündin Kyra mit. Was wir vorausgesagt hatten, bewahrheitete sich, das Tier war viel zu viel alleine. Da Kyra sehr gut mit den beiden anderen Hunden zurechtkam, blieb sie bei uns auf Teneriffa und ist heute noch das einzige Überbleibsel unserer Teneriffa-Tiergesellschaft.

Da nun das Praktikum beendet war, kam wieder bei Bianca der Wunsch auf, dass sie doch ein Studium anfange könne. Da stellte sich aber heraus, dass für eine Zulassung einer deutschen Hochschule das spanische Abitur alleine nicht ausreichte. Es fehlte noch die sogenannte „Selectividad", eine Prüfung, die sie bei der Universität La Laguna ablegen musste. Zu diesem Zweck kam sie nach Teneriffa. Ich habe sie damals sehr bewundert, wie strebsam sie war, diesen Lernprozess noch einmal auf sich zu nehmen. Sie schaffte die Prüfung und hatte nun die Hochschulreife. Die musste dann nur noch in Deutschland von der zuständigen Behörde in Düsseldorf anerkannt werden. Doch da wieherte der Amtsschimmel einmal gewaltig, denn die Behörde verlangte doch tatsächlich von ihr einen Nachweis, dass sie der deutschen Sprache mächtig sei. Am besten solle sie doch einen Hauptschulabschluss machen. Das schlug doch dem Fass den Boden aus. Obwohl sie deutsche Eltern hat, bis zur fünften Klasse eine deutsche Schule besucht hatte und zusätzlich noch eine Ausbildung als Erzieherin absolviert hatte, wurden diese Dinge verlangt. Dies machte unsere Tochter auch dem zuständigen Sachbearbeiter klar. Schließlich hatte sie nun alles, was sie brauchte, um in Aachen ein Studium zu beginnen. Sie wollte Sprachlehrerin für Spanisch und Deutsch werden.

Wir bekamen in diesem Sommer Besuch von meiner Schwägerin mit Mann und deren Enkeltochter, die fast in Biancas Alter ist. Auch Bianca war wieder auf Besuch. Freunde von uns aus Aachen mit ihren drei Kindern im jugendlichen Alter waren gekommen. Auch hatten wir Gäste mit Kindern in diesem Alter. Es wurde für alle ein ereignisreicher und lustiger Sommer. Auch Martin reiste dann irgendwann an. Später sollte dann Biancas Freund mit noch einem Kumpel nachkommen.

Wir hatten derweil eine Reise nach Neuseeland gebucht, und in dieser Zeit sollten uns die Kinder vertreten. Wir waren drei Wochen unterwegs und riefen alle 2 bis 3 Tage an, ob alles in Ordnung sei. Zum Schluss war Martin schon abgereist, da er nicht soviel Urlaub hatte. Bianca war mit ihrem Freund und dessen Kumpel alleine auf der Finca. Die letzte Woche unserer Reise verbrachten wir auf den Fidschi-Inseln. Als wir von dort anriefen, hatten wir eine heulende Tochter am Telefon, die uns mitteilte, ihr Freund hätte sie verlassen. Wir waren total geschockt und erkundigten uns nach einem direkten Rückflug, doch das war nicht möglich. Da wir aber sowieso in wenigen Tagen regulär zurückgeflogen wären, sprachen wir Bianca Mut zu und baten sie durchzuhalten, bis wir wieder zurück wären. Das war nun eine schlimme Situation für unsere Tochter. Nach einem Streit war der Freund samt Kumpel einfach abgehauen, zurückgeflogen und ließ unsere Tochter mit all der Arbeit und Verantwortung alleine. So war eine feste Partnerschaft, die inzwischen 4 Jahre gedauert hatte, in die Brüche gegangen. Bianca hat lange gebraucht, um diese Enttäuschung zu überwinden.

Zu Weihnachten und zum Jahreswechsel war Bianca dann wieder auf Besuch bei uns und hatte sich offensichtlich wieder gefangen. Sie hatte inzwischen mit dem Lehramtsstudium angefangen. Im Juni besuchte ich sie und Martin in unserem Haus in Holland. Dort waren inzwischen die Umbauarbeiten, wie neue Fenster und Terrasse, abgeschlossen. Wir genossen den Sommer auf unserer Terrasse und unternahmen zusammen viele Ausflüge. Mein Mann und ich wechselten uns regelmäßig ab, wenn wir unsere Kinder in Holland besuchten.

So flog ich denn wieder alleine nach Teneriffa zurück, und mein Mann freute sich, dass er wieder Hilfe hatte, obwohl in den Sommermonaten die Belegungen niedrig waren. Wohingegen die Wintermonate die Hauptsaison darstellten, besonders zur Weihnachtszeit. Auch Bianca und Martin waren in dieser Zeit wieder auf Besuch bei uns. Es war schön, zu Weihnachten die ganze Familie um sich zu haben. Als Weihnachtsbaumersatz gab es Äste, die wir einer kanarischen Kiefer geraubt hatten.

Bianca mietete sich ein 1-Zimmer-Appartement in der Nähe der Uni, damit sie sich ohne Schwierigkeiten mit anderen Studenten treffen und austauschen konnte. So brauchte sie auch kein Auto mehr. Ich flog wieder mal nach Deutschland und half ihr bei der Einrichtung. Im Studium kam sie gut zurecht. Doch als sie einmal der Professor für Spanisch tadelte, dass ihr Spanisch nicht sehr gut sei, war sie total empört. Sie musste dem Professor erst einmal erklären, dass ihr Spanisch nicht schlecht, sondern anders sei. Sie hatte diese Sprache schließlich auf den kanarischen Inseln gelernt und somit sprach sie mit kanarischem Dialekt.

Außerdem hatte meine tüchtige Tochter noch verschiedene Nebenjobs angenommen, damit sie finanziell zurechtkam. Sie wohnte noch nicht sehr lange in der kleinen Studentenwohnung, da lernte sie den Mann des Lebens kennen. Er absolvierte an der gleichen Uni ein Ingenieursstudium. Nach kurzer Zeit zogen die beiden zusammen und suchten sich eine größere Wohnung. So ging die Zeit dahin, und die beiden genossen das Studentenleben in Aachen.

Auch nach Teneriffa kamen die beiden auf Besuch. Als Bianca dann schließlich ihr Volontariatsjahr machte und schon Geld verdiente, entschlossen sich die beiden zu heiraten. So heirateten sie Anfang April 2004 in Aachen. Da wir auf der Finca wieder eine Vertretung hatten, flogen wir nach Deutschland, um die Hochzeit unserer

Tochter zu feiern. Wir blieben diesmal längere Zeit. Es sah zunächst so aus, als ob die beiden in Aachen bleiben würden. Da inzwischen die Finca verkauft war und wir uns in Aachen niedergelassen hatten, freuten wir uns, dass unsere Tochter sich in unserer Nähe befand. Doch als sich herausstellte, dass unser Schwiegersohn nach seinem Abschluss als Bauingenieur in Aachen beruflich schlechte Chancen hatte, mussten sie einen Ortswechsel vornehmen.

Der Weg führte sie nach Berlin, wo sie auch ihr erstes Kind bekam. Inzwischen hat sie drei Kinder und ist eine gute und glückliche Mutter. Zeitweise hat sie auch als Sprachlehrerin arbeiten können, was aber vorläufig wegen der familiären Situation nicht möglich ist. Was hat sie von Teneriffa mitgenommen? Ihre Spanischkenntnisse natürlich, denn diese Sprache wird von ihr wie eine Muttersprache beherrscht. Sie hat, seit wir von Teneriffa weg sind, die Insel nicht mehr besucht. Zu ihren Freundinnen aus Schulzeiten hält sie noch sporadisch über Internet Kontakt. Es scheint so, dass sie den Sonnenakku randvoll aufgefüllt hat, denn Sonnenländer interessieren sie nicht mehr besonders. Sie verbringt ihre Ferien eigentlich lieber in Skigebieten. So sehr sie damals ein kanarisches Kind war, so sehr ist sie heute eine deutsche Frau und Mutter.

11 – Der Finca-Alltag

Wir gehen zunächst wieder in das Jahr 1991 zurück. Da kamen im Januar wiederum meine Schwägerin mit Martin zu Besuch. Wir machten viele Wanderungen in der Natur rings um unsere Finca. Im Winter war die Natur dort besonders schön und profitierte von den Regenfällen, die meistens im Januar im Süden vorkommen. Die total an das trockene Klima angepassten Kakteen und Euphorbien bekamen dann ihre Blüten und zeigten sich in voller Pracht. Wilde Margeriten, wilder Lavendel und Kakteenblüten erfreuten das Auge mit den buntesten Farbtupfern.

Wir hatten unser Grundstück inzwischen komplett eingezäunt, damit die Hunde nicht unkontrolliert draußen umherlaufen sollten. Auch Gäste- und Wohntrakt waren durch einen Zaun getrennt, denn die Hunde hatten schon desöfteren die Gäste gestört, indem sie deren Essen von den Terrassentischen geklaut hatten. Auch Schuhe wurden manchmal verschleppt. Das ging natürlich nicht. Die Hunde waren jung und übermütig und mussten erst noch erzogen werden. So gingen wir denn jeden Morgen vor dem Frühstück mit den Hunden in die Wildnis vor unserem Grundstück. Sie waren wilde Geschöpfe und dauernd auf Kaninchenjagd aus. Doch die Kaninchen waren schlau, sie versteckten sich unter den Kakteenbüschen. Wegen der langen Stacheln konnten die Hunde nicht an ihre Jagdbeute heran. So standen sie dann jaulend und hechelnd vor dem Kakteen.

Eines Tages war unsere Katze Shila verschwunden und tauchte nicht wieder auf. Wir kauften uns eine neue Siamkatze, die wir Luna nannten. Sie war eine absolute Schönheit mit sehr hellem und puscheligem Fell, aber auch eine Diva. Die Menschen interessierten sie nur insoweit, wenn sie ihr Futter gaben. Waren katzenfreundliche Gäste anwesend, zog sie komplett um und kümmerte sich nicht mehr um uns. Nun hatte Mogli wieder eine ebenbürtige Partnerin. Doch er streunte trotzdem noch mit anderen Katern herum und kam tagelang nicht nach Hause. Wenn er dann kam, waren die Ohren zerfetzt und er war krank. Das veranlasste uns dazu, ihn kastrieren zu lassen.

Trotzdem war Katze Luna eines Tages schwanger. Sie war offensichtlich Mogli fremdgegangen. Das zeigte sich auch an den Katzenkindern, denn die waren schwarz und schwarz-weiß gefleckt. Mogli aber dachte, er sei der Vater, denn als die kleinen Katzen sehr schnell hintereinander geboren wurden, wusste er gleich, was zu tun ist. Er biss die Fluchtblase auf und leckte die kleinen Wesen sauber. Zwei von den Katzen behielten wir. Für die anderen fanden wir ein gutes Zuhause. Nun hatten wir einen schwarz-weißen Kater, den wir Punto nannten, weil er einen Punkt auf der Nase hatte und eine total schwarze Katze, die Mohrle hieß. Mogli war immer der treusorgende Kuckuckskater. Er passte gut auf die Katzenkinder auf und ließ ihnen beim Fressen immer den Vortritt. Alle Katzen hatten schnell gelernt, wie man mit Hunden umgeht. Wenn diese auf der Terrasse dösten, schlichen die

Katzen im Zeitlupentempo an ihnen vorbei, damit nur ja nicht der Jagdtrieb erwachte. Das funktionierte immer sehr gut. Waren die Hunde außer Sichtweite, gingen die Katzen wieder in ihr gewohntes Tempo über.

Da wir nicht noch mehr Katzen haben wollten, wurden Luna und Mohrle sterilisiert, aber diesmal richtig. Auch bei unserer Hündin Ceci war dies notwendig, damit Netti nicht verrückt spielen konnte. Da das Grundstück eingezäunt war, hatten wir die Hunde unter Kontrolle und sie konnten nicht mit anderen Hunden zusammenkommen. Das funktionierte natürlich bei den Katzen nicht, denn diese finden immer einen Weg nach außen.

Eines Tages berichtete uns Bianca, aus dem Abfluss ihres Waschbeckens schauten immer kleine Fühler heraus. Wir machten uns dann weiter keine Gedanken, bis wir im Flur, der zu unserem Schlafzimmer führte, an der weißen Decke frühmorgens immer einige kleine Käfer entdeckten. Im Lauf des Tages verschwanden diese dann wieder. Diese Käfer entpuppten sich bald als Kakerlaken und wurden täglich immer mehr.

An der Wand befanden sich einige Wandlampen, aus deren Leitungen die Viecher hinein- und hinauskrochen. Wir stellten fest, dass die Elektroleitungen voller Kakerlaken waren. Da ich Masken sammle, die wir uns von unseren Reisen mitbrachten, wurden auch diese untersucht. In den Hohlräumen saßen die ekligen Käfer und es wimmelte von ihnen. Wir waren total kakerlakenverseucht und ein Kammerjäger musste her. Zum Glück hatten unsere Feriengäste davon nichts mitbekommen, da die Kakerlaken noch nicht so weit vorgedrungen waren. Für uns war das Ganze ein Graus.

Da wir auf unserem Grundstück fernab von der Zivilisation keinen Kanalanschluss hatten, besaßen wir einen sogenannten Pozo negro, das heißt eine Abwassergrube, die mit Dynamit tief in den Vulkanstein gesprengt war. Dort liefen die Abwässer hinein und versickerten im porösen Vulkangestein. Wenn sich im Lauf der Jahre die Poren zugesetzt hatten, benutzte man wieder eine Dynamitladung, um diese freizusprengen, was aber erst nach 30 Jahren der Fall sein sollte. Irgendwann hatte es sich in Kakerlakenkreisen rumgesprochen, dass in unserem Pozo negro was zu holen war. Das ist das Lieblingsmilieu dieser maikäferartigen Tiere, die deshalb Krankheitsüberträger sind. Sie hatten sich dann über unsere Abflussrohre bis zum Haus durchgearbeitet.

Der schnellstens herbeigerufene Kammerjäger hatte das sofort erkannt und ging der Sache in der Abwassergrube auf den Grund, indem diese mit eigens von der Firma entwickelten Chemikalien behandelt wurde. Dann wurde die ganze Anlage von innen und von außen mit einer Art Spurstreifen als Kakerlakenschutz behandelt. Unseren Käfern wurde es schließlich in ihrer Fäkaliengrube ungemütlich und sie kamen in Scharen über unsere Terrassen und wollten ins Haus. Doch sobald sie den ominösen Streifen berührten, fielen sie auf den Rücken und waren tot. So wurden wir denn so nach und nach von dieser üblen Plage befreit. Der Kammerjäger erzählte uns, dass alle Restaurants und Cafeterias auf den Inseln davon befallen wären. Besonders wohl fühlen sich diese Tiere an feuchten und warmen Stellen, was besonders hinter Kaffeeautomaten der Fall sei.

Auf unseren Fernreisen waren wir schon oft mit diesen Käfern in Berührung gekommen und dachten immer, das sei auf mangelnde Hygiene zurückzuführen. Sehr wahrscheinlich trugen auch die Verhältnisse beim kanarischen Nachbarn dazu bei, denn dort tummelten sich Ziegen, Hühner und ein Schwein. Wir wussten jetzt auf jeden Fall, dass wir ohne Kammerjäger nicht mehr auskommen würden, dessen Besuch einmal pro Jahr erforderlich war. Unsere Bio-Masche, dass wir ohne Gift auf unserem Grundstück leben wollten, war damit gestorben.

Doch bei unseren Pflanzungen blieben wir diesem Grundsatz treu. Brennesselextrakt, den wir uns von Deutschland mitgebracht hatten, wurde bei Schädlingsbefall verwendet. Unkraut wurde mit unserem Kultivator beseitigt. Es war immer noch sehr viel Arbeit, dem Grundstück durch die Pflanzungen ein Gesicht zu verleihen. Mein Mann verlegte kilometerweise Bewässerungsschläuche. Diese waren notwendig, da der Himmel nicht genügend Regen schickte. An verschiedenen Stellen wurden Bewässerungscomputer installiert, die abends zeitversetzt ansprangen. Es wäre auch unmöglich gewesen, auf diesem großen Grundstück per Hand mit dem Schlauch zu wässern.

Durch das permanent milde Klima und die regelmäßige Bewässerung, gediehen unsere Pflanzen prächtig. Bald wurde aus dem ehemals wüstenhaften Grundstück eine richtige Oase. Sehr bald siedelten sich auch die verschiedensten Singvögel an, die auch dort ihre Nester bauten. Diese Nester mussten wir dann vor unseren Katzen schützen. Die Schwarzkopfvögel, eine Art Grasmücke, hatten auf unserem Grundstück in einem Hibiskusstrauch ihr Nest gebaut. Da diese Büsche niedrig sind und von Katzen gut erreicht werden können, mussten wir die

Vögel schützen. Dies gelang uns sehr gut, indem wir die Äste unserer Fächerpalmen nahmen, die sägeartig sind. Ringsherum konnten die Vögel sicher ihre Jungen groß-ziehen. Sehr bald konnten wir Stieglitze und auch Wie-dehopfe auf unserem Grundstück beobachten. Im Däm-merlicht überflogen uns Vögel, die seltsame Schreilaute ausstießen. Dabei handelte es sich um Ziegenmelker. Das sind nachtaktive schwalbenartige Vögel, von denen man früher annahm, dass sie dem Vieh, welches auf der Weide war, das Blut abzapfte, deshalb der Name Ziegenmelker. Wir konnten sie im Dämmerlicht nicht erkennen, son-dern hörten nur ihre Rufe. In den Felsen der benachbar-ten Barrancos hausten Eulen, deren Schreie wir oft ver-nahmen.

In unseren mit Felsblöcken lose geschichteten Terras-senmauern hausten jede Menge Eidechsen, die ziemlich groß waren und wie Drachen aussahen. Die männlichen Tiere waren blau gezeichnet. Diese Echsen konnten sehr alt werden, wenn sie nicht dem Jagdtrieb unserer Katzen zum Opfer gefallen wären. Dies tat uns jedes Mal sehr leid. Aber wir brauchten die Katzen dringend, hielten sie uns doch das unwillkommene Ungeziefer wie Mäuse und Ratten fern.

Auf unserem Grundstück wurde an einer Stelle früher Sand abgebaut und dort befand sich nun ein Loch, wel-ches sich hervorragend zum Anlegen eines Teiches eigne-te. Dieser wurde dann mit Fischen und Wasserpflanzen bestückt. Die entsprechenden Teichpumpen brachten wir uns aus Deutschland mit. Ein kleiner Bach mit Wasserfall machte nun den Teich komplett und gab ihm ein natür-liches Aussehen. Doch es war eine Heidenarbeit, diesen

Teich zu pflegen. Aufgrund der Wärme und des hellen Lichtes vermehrten sich im Wasser stark die Algen und die Pumpen mussten dauernd gereinigt werden.

Unser Pool war immer eine Augenweide. Dafür war mein Mann zuständig und das Wasser immer glasklar. Ein Pool ist eine aufwändige Angelegenheit und macht viel Arbeit, wenn er gepflegt aussehen soll. Mein Mann war für die Technik auf dem Grundstück zuständig und ich für die Pflanzen. Nach einiger Zeit kannte ich mich perfekt mit tropischen Pflanzen aus. Auf dem riesigen Grundstück mit der Natur und in der Erde zu arbeiten, machte mir zum damaligen Zeitpunkt großen Spaß.

Doch gab es auch Zeiten, in den sich der Spaß in Grenzen hielt, nämlich dann, wenn der Shirocco uns brüllend heiße Temperaturen brachte. Da konnte man nur am frühen Morgen und abends draußen arbeiten. Wir lernten von den benachbarten kanarischen Bauern, welche Zeit für Gartenarbeit am günstigsten war. Nach dem Essen wurde immer eine Siesta gehalten. So konnte man dann am Abend bei erträglichen Temperaturen länger aufbleiben. Die Kanarios arbeiteten niemals ohne Hut und gaben auch sonst ihre Haut der Sonne nicht preis. Mit freiem Oberkörper draußen zu arbeiten, das machten nur die unerfahrenen Ausländer. Oft bekam ich von meiner Nachbarin Tomaten, Papayas und andere Früchte, die sie auf ihrem Grundstück anbaute, geschenkt.

Ich mochte meine kanarischen Nachbarn sehr gerne im Gegensatz zu unseren Hunden, welches wohl aus schlechter Erfahrung resultierte. Füße von Männern, die spanisch sprachen, waren für Hund Netti ein rotes Tuch. Er wurde richtig aggressiv und biss in die Schuhe hinein.

Ich schloss daraus, dass er beim Herumstromern heftig getreten wurde. Auch wenn ich mit den Hunden spanisch sprach, machten sie verkniffene Gesichter und legten die Ohren an. Sprach ich dann wieder deutsch, entspannten sie sich und bekamen wieder einen freundlichen Gesichtsausdruck und wedelten mit den Schwänzen.

Inzwischen hatten wir auch in Deutschland unseren Kombi verkauft und uns auf Teneriffa einen Geländewagen zugelegt. Wir hatten festgestellt, dass es viel zu teuer und schwierig war, ein Auto aus Deutschland einzuführen. Ein Geländewagen war auch gerade das Richtige für Fincabesitzer. So konnten wir auch im Gebirge auf Wegen umherfahren, die sonst nicht zu bewältigen waren. Für die Hunde war es immer ein Fest, wenn wir sie hinten im Geländewagen in die kanarische Natur mitnahmen. Wenn sie vorher sahen, dass wir uns die Wanderschuhe anzogen, flippten sie total aus und waren nicht mehr zu bändigen. Auch für uns war es immer ein tolles Erlebnis in die kanarische Natur zu entfliehen und dort ein Picknick zu veranstalten. Wir kannten inzwischen die schönsten und einsamsten Plätze.

Im Jahre 1992 hatten wir uns auf der Finca gut eingelebt. Die Pflanzen gediehen prächtig und bald war es ein grünes Paradies. Die Belegungen der Ferienwohnungen durch den Reiseveranstalter waren sehr zufrieden stellend. Die Arbeit mit den Gästen machte mal mehr, mal weniger Spaß, doch das soll in einem anderen Kapitel beschrieben werden.

In diesem Jahr galt es, sich auf die Feier meines 50. Geburtstags vorzubereiten. Es hatten sich etliche Freunde und Bekannte angesagt. Natürlich kam auch unsere

Tochter und unser Sohn. Wir feierten auf unserer riesigen 100 qm großen Terrasse. Unsere kanarischen Nachbarn waren auch mit dabei und hatten sogar die alte Mutter Rosa mitgebracht, die schon halb blind war. Zwei Musikanten, die die schöne kanarische Musik spielten, sorgten für Stimmung. Ich hatte extra eine Festtagszeitung vorbereitet, die auch in spanisch abgefasst war. So wurde es dann für alle ein gelungenes Fest. Unsere Freunde, die uns aus Deutschland besuchten, staunten darüber, was wir hier auf die Beine gestellt hatten.

Die kanarischen Musikanten besaßen ganz in unserer Nähe eine Naturhöhle, deren es viele auf Teneriffa gibt. Dies war gemütlich und urig eingerichtet. Dort wurden regelmäßig kanarische Folklore-Abende mit Essen und Trinken gegen entsprechende Bezahlung veranstaltet. Sehr gerne nahmen unsere Gäste dieses Angebot in Anspruch. Sie konnten dann mit uns zusammen einen besonderen Abend erleben weit weg von touristischen Massenveranstaltungen.

Unser Verhältnis zu den benachbarten Kanarios war gut, doch nicht immer. Sehr negativ wirkte es sich aus, wenn im Herbst die Jäger unterwegs waren. Zum Jagen gab es außer Kaninchen nichts. Deshalb schossen sie auf alles, was sich bewegte. Mit sich führten die Jäger zum Aufspüren der Kaninchen eine Horde Hunde, sogenannte „Perro de cazas", die schlecht gehalten wurden. Sie waren mager und total ausgehungert. In Gitterkäfige eingepfercht, werden sie auf Wagen zum jeweiligen Jagdgebiet transportiert. In dieser Zeit mussten wir unsere Hunde unbedingt auf dem eingezäunten Grundstück halten, was uns bei den Katzen natürlich nicht gelang. Deshalb hatten wir im Laufe der Jahre etliche Katzenverluste zu beklagen.

Eigentlich dürfen die Jäger nicht in der Nähe von bewohnten Gebieten jagen, denn sie schießen mit Schrotflinten durch die Gegend. Eines Tages waren die Jäger so nahe, dass uns und unseren Gästen die Schrotkugeln sozusagen um die Ohren flogen. Die Jäger befanden sich auf der anderen Seite des in unserer Nähe befindlichen Barrancos. Da sie auf unsere Protestrufe nicht reagierten und weiter schossen, hat mein Mann zwei Feuerwerksraketen gezündet, die dann im Barranco explodierten und dort ein großes Echo erzeugten. Die Jagdhunde stoben auseinander und wir wurden nun von den Jägern gezielt beschossen. Das hat uns dazu veranlasst, die Polizei zu informieren. Diese kam auch sehr schnell und wir konnten beobachten, wie sie mit den Jägern diskutierten. Dann kamen die Polizisten zu uns, um den Sachverhalt zu klären. Wir machten ihnen klar, dass wir hier nicht im wilden Westen wären, und uns durch das Verhalten der Jäger bedroht gefühlt hätten. Das sahen sie dann auch ein, meinten aber, dass wir trotzdem nicht die Feuerwerkskörper hätten einsetzen dürfen.

Auch in den einheimischen Wäldern kann man zur Jagdzeit die kanarischen Jäger mit ihren Hunden antreffen. Da es den Hunden bei ihren Haltern nicht gut geht, verflüchtigen sich kluge Hunde oft in den Wäldern und kommen nicht mehr zurück. Sie verbleiben lieber im Wald und ernähren sich von dem, was sie finden. So kann es bei Wanderungen passieren, dass man einem solchen Hund begegnet. Sie sind trotz der schlechten Erfahrungen mit Menschen sehr friedlich. Wir haben schon oft unser Wanderpicknick mit einem solchen Hund geteilt.

Eine deutsche Familie, die auf der Insel lebt, hat es sich zur Aufgabe gemacht, diesen Hunden zu helfen. Sie werden an einer bestimmten Stelle im Wald gefüttert, behalten aber ihre Freiheit. Damit sie sich nicht weiter unkontrolliert vermehren, werden die Rüden kastriert und danach wieder freigelassen. Dies geschieht größtenteils durch europäische Tierärzte, die sich ehrenamtlich dieser Aufgabe zur Verfügung stellen. Es wird immer wieder in Zeitungen zu Spenden aufgerufen. Die Einheimischen kümmert das Los ihrer Hunde wenig. Wenn Tierschutz betrieben wird, geschieht das hauptsächlich durch Briten und Deutsche.

Das Thema Hund ist im Übrigen ein sehr trauriges Kapitel auf den Kanaren. Das Leben eines Hundes ohne Stammbaum ist nichts wert, das sind „Perros sin valor", also Hunde ohne Wert. So sieht man denn beim Tierarzt Kanarios nur mit Rassehunden, die anderen sind es nicht wert, behandelt zu werden. Wenn dann doch einmal ein Mixhund in einer Tierarztpraxis zu sehen ist, ist der Halter garantiert aus Deutschland oder England. Es stellt sich dann meistens heraus, dass es sich bei diesen Hunden um ausgesetzte Welpen handelt, die bei einer tierfreundlichen Seele ein zuhause gefunden haben. Ein Hund in kanarischen Händen führt meist ein bejammernswertes Dasein. Sie werden an kurzen Ketten gehalten, vegetieren auf Flachdächern der Häuser in ihren eigenen Exkrementen dahin und sind der Sonne ausgesetzt. Menschliche Zuwendung bekommen sie überhaupt nicht. Sehr häufig findet man tote Hunde am Straßenrand, die überfahren

und nicht weggeräumt wurden. So kinderlieb die Kanarios auch sind, so grausam und gleichgültig verhalten sie
sich gegenüber der Kreatur.

12 – Die Reisen nach Venezuela

Im März 1993 besuchte uns unsere Tochter mit ihrem Freund, damit auch er einmal kennenlernen konnte, wo sie aufgewachsen war. Wir nutzten die Gelegenheit, noch einmal gemeinsam zu verreisen, da ja nun die Vertretung gesichert war. Direkt von Teneriffa aus geht regelmäßig einmal pro Woche ein Flug nach Caracas. Sehr viele Kanarios haben in Venezuela Verwandtschaft. Früher, als die Familien viele Kinder hatten und nicht für jeden auf der Insel eine Existenz möglich war, wanderten vor allem die Söhne nach Südamerika, speziell Venezuela aus. Dieses Land wollten wir auch einmal kennenlernen. Wir kauften uns ein Flugticket, legten uns die Reiseroute zurecht und los gings für 3 Wochen.

In Caracas konnten wir schon am Flughafen beobachten, wie die Kanarios von ihren Verwandten mit viel Emotionen begrüßt wurden. Wir suchten uns indes ein Hotel und schauten uns die Stadt an. Ein Auto zu mieten, gestaltete sich schwierig, da wir zu diesem Zeitpunkt noch keine Kreditkarte besaßen. Man sagte uns, auf der Isla Margerita, weil Touristeninsel, sei die Anmietung eines Wagens kein Problem. So flogen wir denn von Caracas zur besagten Insel.

Als wir dort landeten, erinnerte uns alles sehr an Teneriffa. Die Insel liegt im karibischen Trockengürtel und hat wüstenähnliche Landschaften mit vielfältigen Kakteen, aber auch traumhafte Palmenstrände. Hier bekamen wir das heißbegehrte Mietauto und entdeckten die Pension Aleman, auch Deutsche, die sich, so wie wir, dem Tourismus verschrieben hatten. Mit dem Mietauto erkundeten wir die Insel kreuz und quer. Besonders beeindruckt waren wir vom Naturschutzgebiet „Restinga", bei dem es sich um Wasserarme handelt, die von Mangroven gesäumt sind. Dort konnte man die unterschiedlichsten Wasservögel beobachten. Hier findet man auch die Perlenmuscheln, nach denen die spanischen Eroberer die Insel benannt haben, denn Margerita bedeutet auf spanisch Perle. Nachdem wir die Insel und ihre Strände ausgiebig genossen hatten, ging es mit der Fähre zurück zum Festland, wobei wir unser Mietauto mitnahmen.

Auf dem venezolanischen Festland angekommen, fuhren wir zuerst nach Ciudad Bolivar, um von dort am nächsten Tag nach Canaima zu fliegen, um in die unberührten Landschaften der Tafelberge und zum höchsten Wasserfall der Welt zu gelangen. Wir starteten in einer kleinen Cessna und erreichten in einem einstündigen Flug das Dschungelcamp Canaima. Der Nationalpark Canaima ist einer der größten der Welt und birgt fantastische Naturschönheiten. Zuerst beindruckte uns der Rio Churun mit seinen beiden gewaltigen Wasserfällen Salto hacho und Salto sapo. Eine Bootsfahrt mit einem peruanischen Führer wurde unternommen, der uns gefährlich nahe an die Wasserfälle heranruderte. Dann ruderte er in einen ruhigen Seitenarm, wir stiegen aus und er forderte uns auf, uns bis auf die Unterwäsche auszuziehen. Kleider und Fotoausrüstung wurden in Plastiksäcken verstaut. Er machte sich auf, kletterte mit uns über glitschige

Felsen, damit wir den Wasserfall im wahrsten Sinne des Wortes hautnah erleben konnten. Unter einem Felsvorsprung sahen wir den Wasserfall wie einen Schleier vor uns herunterrauschen. Dieses gewaltige Naturschauspiel hat uns tief beeindruckt und war unvergesslich.

Um den höchsten Wasserfall, den Salto Angel, in seiner ganzen Schönheit zu bewundern, mussten wir wieder eine Cessna nehmen, um ihn aus der Vogelperspektive wahrzunehmen. Nach diesen unvergesslichen Eindrücken flogen wir am nächsten Tag wieder zurück. Hier hatten wir unser Mietauto deponiert und die Abenteuerreise ging weiter. Doch auf dieser Fahrt verließ uns unser Glück. Auf einer einsamen Straße in der Dunkelheit blieb der Wagen einfach stehen. Nach längerer Zeit hatten wir doch wieder Glück im Unglück in Form eines Einheimischen, der mit seinen fünf Brüdern auf dem Weg nach Hause war. Wir wurden kurzerhand bis zum nächsten Motel abgeschleppt.

Am nächsten Tag bekamen wir ein Ersatzauto, welches aussah, wie ein Krankenwagen, aber fahrtüchtig war. Mit diesem konnten wir dann unsere Abenteuerreise fortsetzen. Es ging vorbei an Fluss- und Dschungellandschaften und dann weiter in die oberen Bergregionen. Dort haben wir in den herrlichsten Landschaften übernachtet. Am nächsten Tag ging die Tour wieder abwärts, denn an diesem Tag war unser Ziel die Guácharo-Höhle, für die sich schon Humboldt interessierte. Die nachtaktiven Vögel, die in dieser Höhle leben, existieren nur an diesem Ort. Dieser Vogel besitzt Barthaare, die ihm des nachts als Sensoren dienen. Er geht auf Futtersuche nach ganz bestimmten Beeren, die in der Nähe wachsen. Wir haben auf einer Höhlenwanderung diese Vögel mit unseren Taschenlampen in ihren Felsnischen beobachten können.

Beim Weiterfahren entdeckten wir das Hotel Poza Cristal. Direkt daneben lag ein Becken mit kristallklarem Thermalwasser, welches aus den unterirdischen Labyrinths der Guácharo-Höhle stammt. Es war ein besonderes Erlebnis, in diesem Wasser ein Bad zu nehmen. Ein Naturbecken mit klarem warmem Wasser, umgeben von üppiger tropischer Vegetation, das waren paradiesische Verhältnisse.

Schwer konnten wir uns von dieser Landschaft trennen, doch das Abenteuer musste weitergehen. Wir erreichten am Nachmittag den Strand von Colorado, einen der schönsten Strände Venezuelas. Hier reihte sich ein Traumstrand an den anderen. In einem schönen kleinen romantischen Hotel fanden wir eine Unterkunft. Wir haben ausgiebig die schönen Strände genossen, machten eine Bootsfahrt zur benachbarten Insel und konnten die bunte Unterwasserwelt bestaunen. Von hier aus war es nicht weit, um wieder in den Hafen zu gelangen, um von dort aus wieder mit der Fähre zur Isla Margarita zu gelangen, denn dort mussten wir das Mietauto abgeben, auch wenn es ein anderes war. Ein paar Tage waren uns noch auf der Insel vergönnt, dann ging es endgültig zurück. Zuerst ging es nach Caracas und von dort aus wieder auf unsere Insel Teneriffa. Noch ganz benommen von unseren Erlebnissen in Venezuela landeten wir nach einen sechsstündigen Flug wieder am Südflughafen Teneriffa.

Unsere Tochter holte uns mit ihrem Freund am Flughafen ab. Wir konnten feststellen, dass die beiden sich gut um unsere Finca gekümmert hatten. Für uns begann dann wieder der Alltag. Doch bald sollte dieser wieder unterbrochen werden, denn meine Schwägerin mit Mann kam auf Besuch. Das war wieder ein Anlass, schöne Ausflüge in die interessanten Ecken der Insel zu unternehmen. Wenn wir auch mit den Gästen und dem Grundstück viel Arbeit hatten, so nahmen wir uns immer wieder Zeit, auch die schönen Dinge zu erleben und die großartige Natur der Insel zu genießen.

Wenn uns nunmehr das Fernweh wieder nach fremdartigen Ländern gepackt hatte, so hatten wir doch schließlich auch immer noch das Heimweh. Das konnten wir gut stillen, indem wir die Gratisflüge nach Deutschland durch unseren Reiseveranstalter in Anspruch nahmen. So flog ich denn im Dezember nach Deutschland und verbrachte in unserem Häuschen in Holland schöne Stunden mit meinen Kindern. Auch vermittelte es mir ein schönes Gefühl, die Vorweihnachtsstimmung in Deutschland einzufangen. Es war kein langer Abschied von meinen Kindern, denn zum Weihnachtsfest und Jahreswechsel waren sie wieder auf Besuch bei uns auf Teneriffa.

So konnten wir denn das Weihnachtsfest nach alter Tradition mit der ganzen Familie feiern. Für uns war es inzwischen zur Selbstverständlichkeit geworden, dass wir zusammen bei über 20 Grad Tagestemperaturen auf der Terrasse weihnachtlich frühstücken konnten. Wir wurden oft von unseren Kindern und Verwandten darum beneidet, das ganze Jahr ohne winterliche Temperaturen leben zu können. Wir nahmen das einfach als selbstverständlich hin, denn was man immer hat, weiß man nicht mehr besonders zu schätzen.

Im Frühjahr 1994 planten wir wieder eine Venezuela-Reise. Das Land hatte uns dermaßen fasziniert, dass wir auch noch den Teil bereisen wollten, der uns beim letzten Mal verschlossen geblieben war. Wir waren wieder voll vom Fernweh gepackt und konnten es gar nicht erwarten, unseren Entdeckungshunger wieder zu stillen. Diesmal wurden wir durch unsere Tochter und unseren Sohn vertreten. Wir hatten wieder einen Flug von Teneriffa nach Caracas gebucht. Doch diesmal hatten wir eine Kreditkarte da bei, sodass es keine Schwierigkeit darstellte, ein Mietauto zu bekommen.

Doch kaum waren wir aus Caracas heraus, war schon ein Reifen zerfetzt. Das fängt ja gut an, dachten wir. Doch da wir noch nicht allzu weit von der Hauptstadt entfernt waren, konnte uns nach einiger Zeit ein Techniker der Mietwagenfirma mit einem neuen Reifen helfen. Das sind eben die Unwägbarkeiten, die man in Kauf nehmen muss, wenn man individuell reist. Da ist es ungemein wichtig, die Sprache des Landes zu beherrschen.

Wir ließen uns von solchen Pannen nicht entmutigen und setzten die Reise fort in Richtung Coro bis zur Halbinsel Paraguana. Hier befindet sich eine große Erdölraffinerie und gibt den Menschen Arbeit. Doch uns interessierte der Flughafen Punto Fijo, denn von dort sind es nur 20 Minuten Flugzeit, um nach Aruba zu gelangen. Wir ließen unser Mietauto am Flughafen stehen und flogen nunmehr zu den niederländischen Antillen. Auch dort mieteten wir uns wieder ein Auto, um beweglich zu sein.

Die Entdeckungsreise konnte losgehen. Wir stellten schnell fest, es ist Klein-Holland. Da wir auch die hollän-

dische Sprache etwas beherrschen, hatten wir auch dort
kein Sprachproblem. Hier suchten wir uns eine Privatun-
terkunft, da die Hotels sehr teuer waren. Da die Insel im
karibischen Trockengürtel liegt, war sie nicht so, wie man
sich landläufig eine Karibikinsel vorstellt. Im Landesinnern war sie trocken, steinig und mit vielen Kakteen und
Euphorbien bewachsen. Doch die Traumstrände luden
zum Baden und Schnorcheln ein.

Einzig die schönen Höhlen stellten unbedingt eine
Sehenswürdigkeit dar. Die Cueva Amor konnten wir mit
Lampen alleine erkunden. Sehr beliebt waren am Abend
die Promenaden und der Yachthafen mit zahlreichen Ca-
sinos bei Oranjestad, bevölkert von Amerikanern und
Holländern. Doch das ist eigentlich nicht unsere Welt.
Deshalb waren wir nach 3 Tagen froh, diese eigentlich
unwirtliche Insel wieder verlassen zu können, um unsere
Reise durch Venezuela fortzusetzen.

Wieder in Venezuela angekommen, führte uns unser Weg durch die Sierra San Luis in den Dschungel zu
wunderschönen Wasserfällen, herrlich gelegen, inmitten
tropischer Vegetation. Diesen Tipp hatten wir von Einheimischen erhalten, denn so etwas steht in keinem Reiseführer. In drei Etagen floss das Wasser über Felsen zu
Tal und auf jeder Etage bildeten sich natürliche Badebe-
cken, die herrliche Erfrischung boten.

Dann ging die Fahrt weiter nach Maracaibo durch
wüstenähnliche Landschaften, die sich mit saftigem Wei-
deland abwechselten. Marcaibo wiederum ist stark von
der Erdölindustrie geprägt. Hier stießen wir durch Zufall
auf eine Hotelanlage, die merkwürdig angelegt war. Offensichtlich war hier die Anonymität Trumpf. Mit dem

Auto ging es vorbei am Pförtner direkt zu einem der Bungalows in die Garage mit direktem Zugang zum Wohnbereich. Hier stellten wir fest, es ist ein Liebesnest, ausgestattet mit Whirlpool und Spiegeln überall. Essen oder Frühstück konnte man per Telefon bestellen. Dies wurde dann durch eine Klappe ganz anonym hineingeschoben. Eigentlich geht man hier nicht mit dem eigenen langjährigen Ehemann hin. Doch wir haben es trotzdem genossen, hier zwei Nächte zu verbringen und kamen uns ganz verrucht vor.

Von hier aus war es nicht weit, zur Lagune Sinamaica, wo die Guajiro-Indios leben. Sie wohnen in dieser herrlichen Lagune in ihren Pfahlhütten. Schon zu Entdeckerzeiten standen diese Pfahlbauten und Entdecker Vespucci ging hier als erster Europäer an Land. Weil ihn die ins Wasser gebauten Hütten an Venedig erinnerten, erhielt das Land den Namen Venezuela. Auch wir fühlten uns wie abenteuerliche Entdecker, als wir eine Bootsfahrt durch diese Lagune unternahmen, die uns unvergessliche Eindrücke vermittelte. Sehr abenteuerlich war es, mit dem Boot die schmalen Mangrovenkanäle zu durchstreifen.

Am nächsten Tag wollten wir vormittags den Flohmarkt von Marcaibo besuchen. Dort machten wir erstmals mit der hohen Kriminalität Bekanntschaft, die in den Städten Südamerikas besonders verbreitet ist. Der Besuch des Flohmarktes wurde mir gründlich verdorben, weil man mir meine Halskette von hinten versuchte, abzureißen. Diese landete jedoch nicht beim Dieb, sondern bei mir vorne im T-Shirt. Da die Kette starke Glieder hatte, war sie im Verschluss gerissen, hatte aber auch an meinem Hals blutige Spuren hinterlassen. Durch laute Hilferufe wurde dann mein Mann aufmerksam und der Bursche nahm Reißaus. Bei der Verfolgung hatte dieser plötzlich einen abgebrochenen Flaschenhals in der Hand und bedrohte meinen Mann. Ich war total geschockt, da es ja direkt ein Angriff auf meine Person gewesen war. Da ich noch Ohrringe im Ohr trug, dachte ich, jetzt kommt der nächste und reißt mir diese aus den Ohren. Aus dieser Begebenheit habe ich aber auch gelernt, niemals mehr auf einer solchen Reise Schmuck zu tragen, außer Modeschmuck.

Eigentlich war durch diese Attacke der Rest der Reise immer mit Angst begleitet. Doch sie musste trotzdem weitergehen, denn das nächste Ziel hieß Mérida, umgeben von hohen Andengipfeln. Hier befindet sich auch die längste Seilbahn der Welt, die auf über 4.700 m Höhe in die Gletscherregionen führt. Wir konnten diese Fahrt nicht machen, da die Seilbahn defekt war. Mérida das Dach Venezuelas, liegt auf über 1.600 m und bot uns viele interessante Eindrücke. Die Stadt ist wegen ihres ausgeglichenen Klimas bei Einheimischen und Touristen sehr beliebt. Sie ist von einer beeindruckenden herrlichen Bergwelt umgeben und zahlreiche Wildwasserbäche ergießen sich zu Tal. Hätte man nicht ab und an exotische Pflanzen gesehen, konnte man glauben, sich in den Alpen zu befinden.

Das lud uns natürlich ein, mit dem Auto die Umgebung zu erkunden, beispielsweise zu den Hochgebirgsseen, die in einer Höhe von über 3.000 m liegen. Die Straßen waren gut ausgebaut und man konnte noch weiter auf 4.000 m gelangen. Da der Aufstieg mit dem Auto in solche Höhenlagen zu schnell für den menschlichen Organismus vonstatten ging, bekamen wir oben Kreislaufprobleme und mussten uns wieder schnell in tiefere Regionen begeben.

Hier oben in den Bergen gab es phantastische Berghotels, deren Architektur sich komplett der Landschaft anpasste. Ein Gebirgsbach floss beispielsweise an einer Seite des Hotels hinein durch die Hotelhalle und auf der anderen wieder hinaus. Hier oben steht auch eine von Deutschen erbaute Sternwarte, eine der wenigen der Welt, die in Äquatornähe liegt. Wir konnten uns nach einigen Tagen sehr schwer von dieser überaus faszinierenden Bergwelt trennen. Doch wir wollten doch noch weiterhin dieses so vielfältige Land erkunden.

Der Weg führte uns zur Küste hinunter und Stück für Stück holte uns die tropische Hitze wieder ein. Als Kontrastprogramm zu der eben noch erlebten Bergwelt erwarteten uns hier die traumhaften palmengesäumten Strände. Wir mieteten uns in einem kleinen Hotel ein, unternahmen mit einem Boot Ausflüge zu den vielen vorgelagerten Inseln. Dort verträumten wir den Tag mit Faulenzen, Schwimmen, Schnorcheln und Picknick. Beim Schnorcheln konnten wir eine herrliche Unterwasserwelt bewundern.

Ein Einheimischer machte uns auf eine Sehenswürdigkeit aufmerksam, und zwar eine Höhle mit prähistorischen Zeichnungen, die nur mit einem Boot zu erreichen war. Das wollten wir unbedingt sehen. Wir schlossen uns mit anderen europäischen Touristen zusammen und mieteten uns ein Boot. Wir waren eine gemischte Truppe aus aller Herren Länder, meist Rucksacktouristen der jüngeren Generation. Da waren wir mit unseren 50 Jahren schon eine Seltenheit. Wir wurden für unseren Mut, eine solche Reise auf eigene Faust zu unternehmen, gebührend bewundert.

Doch nur, wenn man auf eine solche Art reist, kommt man zu Sehenswürdigkeiten, die in keinem Reiseführer stehen. So legte unser Boot dann an der Cueva des los Indios an, die mit mystischen Felseinritzungen versehen war, welche von den Ureinwohnern vor über 5.400 Jahren erstellt wurden. Es war eine Halbhöhle und bei Tageslicht konnten wir die rätselhaften Zeichen und Figuren erkennen. Es war eine besondere Atmosphäre an diesem Ort. Die heutigen christlichen Indios verehren diesen Ort noch immer und schmücken ihn nunmehr mit christlichen Symbolen.

Nach diesem besonderen Erlebnis kehrten wir zu unserem Hotel zurück, um am nächsten Tag unsere Reise fortzusetzen. Unser Ziel war der älteste Nationalpark Venezuelas. Dieser wurde in den 20er und 30er Jahren von einem schweizer Botaniker entdeckt und nach ihm benannt. Sagenhafte Vegetationsstufen mit bis zu 60 m hohen Bäumen, riesigen Bambusgewächsen, Farnen und Lianen erwarteten uns dort. Es war ein riesiger Bergnebelwald, der uns sehr beeindruckt hat. Als wir den Park durchfahren hatten, erwartete uns unten wieder das Meer mit einem schönen romantischen kleinen Ort, wo wir dann übernachtet haben.

Von dort ging die Fahrt wieder zurück nach Caracas, um das Mietauto abzugeben. Wir hatten die Rückgabe desselben so eingeplant, dass uns noch 4 Tage Restzeit verblieb. Diese wollten wir dann in der dominikanischen

Republik verbringen, die in einem zweistündigen Flug von Caracas aus zu erreichen war.

Nach diesem Flug landeten wir in der Hauptstadt Santo Domingo an der Karibikküste. Hier war es wieder notwendig, ein Auto zu mieten. Unser Spanisch half uns dabei, ein preiswertes Angebot zu ergattern und die Entdeckungsreise konnte losgehen. Unser erster Ausflug führte uns in den Park Altos de Chavón. Hoch über dem Flusstal des Chavón Flusses ist dieser Park mit vielen tropischen Pflanzen, einem Freilufttheater und anderen Kultureinrichtungen zu bewundern. Der Blick von hier oben in das Flusstal mit seinen tropisch bewachsenen Ufern war sehr beeindruckend und unvergesslich. Irgendwo unterwegs suchten wir uns ein kleines Hotel, um am nächsten Tag quer durch die Insel zu reisen. In einer vierstündigen Autofahrt gelangten wir auf die andere Seite der Insel, wo sich die Atlantikküste befindet. Auf dieser Fahrt waren wir immer wieder fasziniert von der überaus üppigen tropischen Vegetation. Schließlich kamen wir zum Strand von Puerto Plata, wo sich die sonnenhungrigen deutschen Touristen in Massen tummelten. Bei so viel Rummel zogen wir es vor, noch ein wenig weiter zu ziehen und fanden in einer herrlichen Lagune ein verstecktes ruhiges Hotel.

Da wir ja nur 4 Tage zur Verfügung hatten, ging es am nächsten Tag über eine andere Route wiederum zurück nach Santo Domingo. Hier gab es eine besondere Naturschönheit zu bewundern, tres Ojos genannt. Hierbei handelt es sich um drei nach oben offene Höhlen, deren drei Öffnungen wie Augen die Höhle beleuchten. Auf dem Grund befinden sich unterirdische Seen, in denen wir schwimmende Schildkröten beobachten konnten. Nicht weit von Sto. Domingo mieteten wir uns am Karibikstrand Boca Chica in einem kleinen schweizer Hotel ein. Damals war dieser Strandabschnitt noch nicht sehr vom Massentourismus berührt.

Dann galt es noch, die Stadt Sto. Domingo zu erkunden. Die Stadt hat einen sehr schön erhaltenen kolonialen Kern und strahlt die Atmosphäre der Zeit der Eroberer aus. Der älteste Sohn von Columbus hatte hier seine Residenz, die uns einen authentischen Eindruck dieser Zeit vermittelte. Das war nun unser letztes Abenteuer auf dieser überaus vielfältigen Reise.

Wir mussten wieder zurück nach Teneriffa, um uns dort wieder in die Arbeit zu stürzen und den Alltag zu bewältigen. Es gab so unheimlich viele Eindrücke zu verarbeiten, die mir im Nachhinein beim Bearbeiten meines Videofilmes so richtig wieder zu Bewusstsein kamen. Ein Land mit so vielen Facetten und unterschiedlichen Naturlandschaften hatten wir noch selten gesehen. Alle unsere Freunde waren schon gespannt auf diesen Film, der dann auch im deutschsprachigen Kulturkreis auf Teneriffa aufgeführt wurde.

Der Alltag hatte uns wieder und keiner freute sich mehr als unsere Hunde, dass wir wieder als Rudelführer zurück waren. Unsere Kinder hatten alles gut verwaltet und ihr Bestes gegeben. Trotzdem hatten sich, während wir weg waren, mit einigen Gästen Schwierigkeiten ergeben. Auch für uns war es immer schwer, es allen recht zu machen. Obwohl alle Kriterien exakt im Katalog angegeben waren, wurde die abseitige Lage, die kurvenreiche Strecke bemängelt. Es war keine Gaststätte, keine

Strandpromenade direkt vor der Haustür. Dafür hatten die Gäste mit im Pauschalangebot ein Auto. Die abseitige Lage garantierte dafür absolute Ruhe und keine Touristenmassen. Die meisten wussten das durchaus zu schätzen, doch es gab immer welche, die mit falschen Vorstellungen zu uns kamen. Wir zählten nicht zu den teuersten Anlagen, trotzdem wurden wir oft mit 5-Sterne-Anlagen verglichen. Oft erkannten die Gäste nicht das Preisleistungsverhältnis. Für uns war es immer schwierig, diplomatisch bei solchen Beschwerden mit den Gästen umzugehen. Deshalb habe ich der Arbeit mit den Gästen das folgende Kapitel gewidmet.

13 – Die Arbeit mit den Gästen

Der deutsche Reiseveranstalter, der unsere Ferienwohnungen vermarktete, saß in München. Er war einer der ersten Veranstalter, der auf Teneriffa Landhäuser anbot. Zum damaligen Zeitpunkt waren noch nicht sehr viele Fincas im Angebot. Wir konnten uns deshalb über Belegungsquoten nicht beklagen. Auch die Zusammenarbeit mit dem Reiseveranstalter gestaltete sich fair und problemlos. Auch, wenn wir immer noch um die Genehmigung für die touristische Nutzung unserer Anlage kämpften, wurden wir offiziell in den Reisekatalog aufgenommen. Wir meldeten unser Unternehmen beim Finanzamt als Gewerbe an, was auch merkwürdigerweise ohne den Segen der Tourismusbehörde möglich war. Das Finanzamt stufte uns als 3-Sterne-Anlage ein, und wir zahlten Jahr für Jahr brav unsere Steuern. Uns wurde mitgeteilt, dass danach die Genehmigung für die touristische Nutzung nur noch eine Formsache darstelle. Was wir damals nicht wussten, war, dass es total anders kommen sollte. Doch das steht auf einem anderen Blatt bzw. Kapitel.

Die meisten Gäste, die bei uns Urlaub machten, waren keine Pauschaltouristen, sondern Individualisten. Da wir abseits der großen Touristenzentren lagen, war hier besonders Eigeninitiative gefragt. Der nächste Ort ist 2,5 km entfernt und der Strand liegt in 4 km Entfernung. Der Reiseveranstalter bot deshalb diesen Landhaus-Tourismus inkl. Mietauto an, welches schon am Flughafen übernommen wurde. Mit einem guten Wegweiser ausgestattet, war es für die meisten kein Problem, die Finca Batista zu finden. Doch für Gäste, die das Kurvenfahren nicht gewohnt waren, weil sie in flachen Regionen wohnten, war die Bewältigung der Kurven schon schwierig. Zu uns führte ein sogenannter „Camino rural", ein landwirtschaftlicher Weg, der zwar asphaltiert war, doch an manchen Stellten sehr eng. So kamen denn die Gäste zuerst einmal genervt aufgrund der für sie schwierigen Zufahrt bei uns an.

Doch sie hatten sich, genauso wie wir, ganz schnell an diesen Zustand gewöhnt. Man findet nun einmal keine absolute Ruhe direkt an der Hauptstraße. Die Charakteristik der Landhäuser zeichnet deren abseitige Lage aus. Dafür hatten die Gäste bei uns unverfälschte kanarische Natur, Ruhe und einen herrlichen Ausblick auf das Meer und die Nachbarinsel La Gomera. Hier waren immer wieder herrliche Sonnenuntergänge zu beobachten. Auf dem großen Grundstück von über 5.000 qm standen für die Gäste zwei Studios, drei Appartements und ein Holzhaus zur Verfügung. Innerhalb kürzester Zeit hatten sich die Palmen, Sträucher und Kakteen zu einem richtigen grünen Paradies entwickelt und inmitten darin lag der 8 x 8 m große Pool.

Die meisten unserer Gäste wussten das durchaus zu schätzen. Besonders auch, weil sie durch die deutschsprachigen Besitzer wertvolle Tipps über die Sehenswürdigkeiten der Insel bekamen. Mit der Zeit kristallisierte sich eine Stammklientel heraus, die uns jedes Jahr besuchten. Hierbei wurden auch Freundschaften geschlossen, die bis heute andauern. Wir hätten durchaus zufrieden sein können, wenn da nicht die sogenannten Stinkstiefel gewesen wären, die an allem etwas zu meckern hatten. Schon als ich manche Gäste in Empfang nahm, wusste ich bereits durch ihr anfängliches Verhalten, dass sie schwierig waren. Schon beim Betreten der Ferienwohnung testeten einige mit dem Zeigefinger, ob auch alles staubfrei sei. Da wir eine deutsche Anlage waren, hatten wir auch deutsche Bettwäsche, also Oberbetten mit Bezügen und Federkopfkissen. Die Oberbetten waren waschbar, die Federkissen leider nicht. Es gab tatsächlich Leute, die die Kopfkissenbezüge aufknöpften und schauten, wie das Inlett aussieht. Das hat mich dann dazu veranlasst, darüber noch einmal waschbare Schutzüberzüge zu streifen. Manche kamen auch nur mit der Absicht, durch Beschwerden den Reisepreis zu mindern.

Der Pool war immer glasklar und gab zu Beschwerden eigentlich keinen Anlass. Weil wir auf dem Grundstück viele Eidechsen hatten, konnte es trotz unserer Aufmerksamkeit passieren, dass einmal eine Eidechse ins Wasser fiel und dort ertrank. Das wurde dann von diesen Gästen fleißig durch Fotos dokumentiert. Da die Gäste alle Selbstversorger und auch während des Aufenthaltes selbst für ihre Wohneinheit verantwortlich waren, hatten wir auf ihr Verhalten in Bezug auf Sauberkeit keinen Einfluss. Trotzdem haben wir die Gäste immer wieder darauf hingewiesen, draußen auf den Terrassen keine Essensreste zu hinterlassen, weil hierdurch Ungeziefer angezogen wird. Wenn dieser unser Hinweis nicht beherzigt wurde, wunderten sich unsere Gäste über Mäuse, die sich über die Reste hermachten. Unsere Mäuschen wurden gefilmt und fotografiert, um den Reisepreis zu mindern. Trotzdem, dass wir drei Katzen hatten, gab es nun einmal auf dem Land Feldmäuse. Die Katzen liefen naturgemäß frei auf dem Grundstück herum, wohingegen die Hunde zum Gästetrakt hin abgegrenzt waren.

Selbst die nachtaktiven Gekkos, die als kleine Eidechsen die Mücken in Schach halten, gaben Anlass zu Beschwerden. Sie laufen an Wänden und Decken, man sollte froh sein, wenn man einen solchen Glücksbringer in der Wohnung hat. Doch überzivilisierte Menschen, die in sterilen Wohnungen in den Städten leben, können sich damit nicht anfreunden. Da klingelte doch einmal abends um 22 Uhr ein Gast, der mit Frau und Baby bei uns Urlaub machte, an unserer Haustür. Sein Ansinnen war, den Gekko zu entfernen, der sich an der Decke des Schlafzimmers befand. Er befürchtete, dieser könne auf sein Baby herunterfallen. Wir mussten ihm dann lang und breit erklären, dass Gekkos eigentlich kein Ungeziefer sind und man sie auch nicht fangen könne, da diese sich sehr schnell bewegen. Selbst, wenn es uns gelänge, diesen zu fangen, so war das keine Garantie dafür, dass er nicht am nächsten Tag wieder an der Decke gelaufen wäre.

Gäste, die sich überhaupt nicht informiert hatten, was eine Finca eigentlich bedeutet und nicht wussten, dass diese immer abseits liegen, waren die schwierigsten. Obwohl im Katalog dieses alles eindeutig beschrieben war, hatten manche keine Ahnung. Aufgrund dessen konnten sie keine Regressforderungen stellen, doch sich beim Reiseveranstalter eine andere Unterkunft zuweisen lassen. Das war für uns dann der absolute Totalverlust, denn die Einheit konnte so schnell nicht wieder neu belegt werden.

Doch es gab auch Regressforderungen, die die Gäste nach ihrem Urlaub beim Veranstalter geltend machen wollten. Zu diesen Forderungen mussten wir dann Stellung beziehen. Da gibt es etliche kuriose Beispiele zu beschreiben. Es befanden sich in einem unserer Appartements im Schlafzimmer zwei Einzelbetten. Diese hatten wir der Optik und der Zweckmäßigkeit wegen zusammengestellt. Das ergab dann in der Mitte aufgrund der Lattenrostrahmen die sogenannte Besucherritze. Wir haben dann beim Polsterer Schaumstoffteile besorgt, die wir in diesen Zwischenraum gelegt haben. Darüber wurden dann die Bettlaken gespannt und fertig war eine einheitliche Liegefläche. Doch der betreffende Gast beschwerte sich, dass auf dem Bett nicht die passenden Matratzen gelegen hätten. Die dadurch entstandene 12 cm breite Ritze sei mit Schaumstoffkeilen ausgelegt gewesen. Beschwerden, die an Lächerlichkeit kaum zu überbieten waren, habe ich an unsere Infotafel geheftet und mit meinem humorvollen Kommentar versehen. Hier ein Beispiel: „Zeigst du im Bett besonderen Fleiß und sollte rinnen dann der Schweiß, der fließt in die Besucherritze, ist das nicht Spitze".

Trotzdem entwickelten sich zwischen uns und den meisten Gästen herzliche persönliche Kontakte. Wir organisierten Grillfeste auf unserem Grundstück oder unternahmen mit unseren Gästen Wanderausflüge. Doch leider gab es dann und wann auch Gäste, die uns Ablehnung entgegenbrachten. Hier bemühten wir uns besonders höflich und freundlich zu bleiben, auch wenn es schwerfiel. Wir fühlten schon, dass die kleinste Unregelmäßigkeit zu Beschwerden beim Veranstalter führen

könnte. Doch manchmal musste man sich sehr zurück-
nehmen, um hier nicht die Geduld zu verlieren. Bei solchen Gästen blieb mein Mann meistens im Hintergrund,
da er oft sehr emotional reagieren konnte. Da überließ er
das Feld gerne mir.

Es gab schon Urlauber, die uns wie Untergebene be-
handelten. Hier sei von einem Fall berichtet, bei dem es
sich um ein Ehepaar mit einem Baby handelte, ein relativ alter Vater und eine junge Mutter. Beim Veranstalter
war ein Studio gebucht und ein Baby nicht angegeben. In
den Studios ließ sich ein Babybett schwer unterbringen.
Das war im Katalog auch so vermerkt. Deshalb waren wir
auch sehr erstaunt, als die Gäste mit Baby anreisten. Es
gab auch keine Möglichkeit, sie woanders unterzubrin-
gen, da wir ausgebucht waren. So wurde dann schnell ein
Babybett aufgestellt, wodurch es dann im Studio sehr eng
wurde, sehr zum Ärger der Gäste.

Andere nette Gäste, die im Nachbarappartement
wohnten, machten uns darauf aufmerksam, dass mitten auf unserem Parkplatz eine gebrauchte Pampers
liegen würde. Als wir unsere neuen Feriengäste darauf
aufmerksam machten, meinten sie, es sei schließlich
unsere Aufgabe, diese zu entfernen. Die benachbarten
Gäste, die den Disput hörten, mischten sich ein und
meinten, dass dies ein unmögliches Ansinnen wäre.
Die Windel blieb liegen, bis wir sie schließlich selber
entsorgt haben. Von diesen Gästen wurden wir immer
von oben herab behandelt. Als sie schließlich abreisten,
sah die Wohnung aus, als hätte eine Bombe eingeschla-
gen. Die Wände und die Bettcouch waren mit Babybrei
beschmiert, der Herd eine einzige schmutzige Fläche.

Verpackungen und Papier befanden sich auf dem Boden und nicht im Mülleimer. Das unabgewaschene Geschirr türmte sich auf der Spüle. Als Krönung vom Ganzen kam dann auch noch eine schriftliche Beschwerde beim Veranstalter. Die Unterkunft sei zu klein gewesen, die Finca nicht kinderwagengerecht.

Da unser Anwesen hanglagig war, war es auch mit vielen Treppen und Stufen versehen, was in der Tat nicht kinderwagengerecht war. Diese Tatsache war aber klipp und klar im Katalog beschrieben. Die Kurven, die sie zur Anfahrt hätten bewältigen müssen, seien nur etwas für Todesmutige gewesen.

Sehr ärgerlich war es auch, wenn Gäste einen Schaden anrichteten, den wir erst nach Abreise feststellten. Im Wintergarten eines Appartements stand ein Tisch aus Chrom mit einer Glasplatte. Diese Glasplatte war den Gästen wohl beim Verrücken des Tisches heruntergefallen und zerbrochen, was auch einen Schaden an den Bodenfliesen nach sich zog. Damit das Ganze nicht so auffällt, hatten sie ein rostiges Blech, welches sie irgendwo aufgegabelt hatten, auf den Tisch und darüber die Tischdecke gelegt. Diese Gäste hatten sich auch nicht von uns verabschiedet und sich einfach davongeschlichen. Es kam schon manchmal vor, dass sich Gäste klammheimlich davonmachten, was meistens darauf schließen ließ, dass sie Regressforderungen stellten wollten. Wir hatten auch die Erfahrung gemacht, dass Menschen, die unsere Hunde nicht mochten, sehr mit Vorsicht zu genießen waren. Manchmal ging das sogar so weit, dass sie uns zum Abschied nicht die Hand reichen wollten, weil wir ja vorher die Hunde angefasst hätten. Eigentlich merkten die Hunde sehr schnell, wenn sie von jemand abgelehnt wurden und hielten sich dann meistens zurück.

Eine Begebenheit mit Gästen, ist es unbedingt wert, erwähnt zu werden. Wir hatten uns anlässlich einer Namibia-Reise ein kleines Schild mit einem Kaiseradler und der Aufschrift „Deutsches Schutzgebiet" mitgebracht. Wir fanden es originell, dieses im Innenbereich an der Haustür anzubringen. Wir ahnten natürlich nicht, was wir damit lostreten würden. Gäste, die sich uns gegenüber neutral verhielten, beschwerten sich im Nachhinein beim Reiseveranstalter. Es wurde behauptet, wir hätten ein Nazisymbol, nämlich einen Reichskriegsadler an der Haustüre. Offensichtlich würden hier Deutsche mit Nazigesinnung Tourismus betreiben. Man sollte uns aus dem Reisekatalog streichen, da man solchen Leuten keine Existenz geben sollte.

Wir waren total geschockt, besonders wegen der Hinterhältigkeit, denn der Gast hätte uns doch offen fragen können, was es mit dem Schild auf sich hat. Weiterhin waren wir sehr erstaunt über die Unkenntnis eines promovierten Akademikers, der einen Kaiseradler aus politisch unbelasteter Zeit nicht von einem Reichskriegsadler unterscheiden konnte. Doch ganz besonders erschüttert waren wir darüber, dass eigene Landsleute uns den Boden unserer Existenz unter den Füßen wegzuziehen drohten, weil wir ihrer Meinung nach nicht auf der richtigen politischen Seite standen. Ist das die Toleranz, die sich diese Menschen eigentlich auf die Fahnen geschrieben haben? Ich dachte mir damals, leiden die Deutschen an Verfolgungswahn und vermuten an jeder Ecke einen Rechtsradikalen?

Vom Rechtsradikalismus waren wir weit entfernt, lebten wir doch schon seit Jahren im Ausland. Das machten wir auch dem Reiseveranstalter klar, der aufgrund der Beschwerde angenommen hatte, an unserer Haustüre befände sich ein riesengroßes Schild mit rechtsradikaler Aussage. Wir haben aus Trotz das Schild nicht entfernt, aber an unserer Infotafel eine Erklärung formuliert, aus der hervorging, woher das Schild stammt und dass es mit rechtem Gedankengut nichts zu tun hat. Man sollte es einfach mit Schmunzeln betrachten.

Ich sah mich genötigt, dem Verfasser der Beschwerde einen Brief zu schreiben, in dem ich zum Ausdruck brachte, dass wir doch sehr verwundert seien, dass er uns nicht vor Ort nach dem Sinn dieses Schildes gefragt habe. Doch noch mehr verwundere uns die Tatsache, dass er als Akademiker einen deutschen Kaiseradler nicht von einem Reichskriegsadler unterscheiden könne. Auch den Inhalt des Hinweises an unserer Infotafel habe ich ihm zur Kenntnis gebracht. Damit war dann die Angelegenheit endgültig erledigt. Diese Sache aber hat mich noch lange beschäftigt und mich an der Toleranz und Redlichkeit meiner Landsleute zweifeln lassen. Doch trotz dieser Erlebnisse war grundsätzlich die Arbeit mit den Gästen positiv. Doch wie das so ist im Leben, bleiben die negativen Vorkommnisse irgendwie besser im Gedächtnis haften.

So nach und nach kamen auch die Ostdeutschen als Touristen zu uns. Sie waren in der Regel dankbare Gäste und freuten sich über die schöne kanarische Natur. Doch auch hier gab es Ausnahmen, nämlich die, welche früher schon in Kaderfunktionen ihre Landsleute drangsaliert hatten. Da gab es dann manchmal Aussagen wie

„Auf diese Couch setze ich mich nicht, wer weiß, welcher Westarsch schon vorher darauf gesessen hat". Oder sie behaupteten, das Preis-Leistungsverhältnis stimme nicht und rechneten mir vor, was sie für die Reise bezahlt hätten. Ich musste ihnen dann klarmachen, dass im Reisepreis der Flug, das Mietauto und die Provision des Veranstalters enthalten sind. Nur ein Bruchteil des Reisepreises fließt an uns als Übernachtungsentgelt. An dieser Verhaltensweise konnte man sofort erkennen, welcher Kategorie diese Menschen angehörten. Sie waren und blieben überheblich, auch in einem nunmehr völlig anderen Gesellschaftssystem.

Hätten wir nicht nette Stammgäste gehabt, die Jahr für Jahr wiederkamen und sich auf unserer Finca sehr wohl gefühlt haben, wären mir erhebliche Zweifel gekommen, was die Arbeit mit den Touristen betrifft. Manche haben sich so sehr für unsere Gartenanlage interessiert, dass sie nicht davon abzubringen waren, hier fleißig mitzuhelfen. Diese Gäste konnten wir dann dafür gewinnen, uns, wenn wir einmal zusammen verreisen wollten, zu vertreten. Sie waren dann für die ganze Anlage und die Gäste verantwortlich und haben alles mit Bravour erledigt.

Unser Reiseveranstalter, mit dem wir sehr gut und fair zusammen gearbeitet hatten, wurde von einem großen Veranstalter geschluckt. Dieser brachte einen gesonderten Landhauskatalog heraus. Die Belegungen blieben weiterhin gut, doch die Geschäftsbedingungen wurden härter. Sagte beispielsweise ein Tourist kurzfristig seine Reise ab, hatte er meistens schon einen Teil oder den ganzen Reisepreis bezahlt. Hier trat dann für ihn die Reiserücktrittskostenversicherung ein. Der Reiseveranstalter kassiert so den vollen Betrag ein, ohne jedoch die Rückerstattung unseres Übernachtungspreises zu berücksichtigen. Bei kurzfristiger Stornierung standen unsere Einheiten leer, denn wir konnten sie anderweitig nicht mehr belegen, denn wir hatten uns aufgrund der wenigen Einheiten nur mit einem Veranstalter vertraglich gebunden. Der Veranstalter stellte sich auf den Standpunkt, er bezahle nur das, was er auch belege, obwohl er vom Gast schon den vollen Reisepreis einkassiert hatte. Das war ein unfaires Geschäftsgebahren, welches man mit den großen Hotels praktiziert. Doch diese können für solche Fälle vorsorgen, indem sie Doppelbelegungen vornehmen, die sie vor Leerstand schützen. Als kleine Anlage konnten wir so nicht vorgehen.

Das versuchten wir dem Veranstalter klarzumachen, doch der sitzt immer am längeren Hebel. Sie wussten ganz genau, dass wir ohne sie schlecht vermieten konnten. Wir waren ihnen in dieser Hinsicht regelrecht ausgeliefert und mussten diese Ungerechtigkeit schlucken. Selbst wenn Gäste während ihres Aufenthaltes aus familiären Gründen die Reise abbrachen, mussten wir um unser Geld kämpfen. Der betreffende Gast hatte uns sogar ein Schriftstück unterschrieben, dass es nicht seine Absicht sei, wenn uns aus seiner verfrühten Abreise Schaden entstehen würde. Er hatte ja schließlich seine Reise voll bezahlt und war auf eigenes Risiko verfrüht abgereist. Auch hier stellte sich der Reiseveranstalter quer, was meines Erachtens schon an Betrug grenzt. Wenn von Gästen irgendwelche Beschwerden eingingen, wurden die Regressforderungen ohne eine Rücksprache mit uns befriedigt. Ohne, dass wir uns rechtfertigen konnten, wurde uns dann einfach der entsprechende Betrag bei der nächsten Rechnungsstellung abgezogen. So war man denn den Gästen, die ohne triftigen Grund Beschwerden vorbrachten, nur um einen preiswerten Urlaub zu ergattern, hilflos ausgeliefert.

Dem Gast ist bei seinen Forderungen überhaupt nicht bewusst, dass der Veranstalter alles auf den Hotelier abwälzt und dann bei seinen Kunden als kulanter Geschäftspartner dasteht. Die Reiseveranstalter gehen in dieser Hinsicht überhaupt kein Risiko ein. Aufgrund dieser Erfahrungen sehen wir heute den Tourismus aus einem ganz anderen Blickwinkel. Wenn man einmal auf der anderen Seite gestanden hat, bekommt vieles eine andere Bedeutung. Jedes Jahr nach der Urlaubszeit animieren die Medien den Verbraucher regelrecht über alles Mögliche Beschwerden loszulassen. Es existieren sogar Musterurteile, die festlegen, wie viel Kakerlaken auf einem qm zu Regressforderungen berechtigen. Für uns erscheint nunmehr das alles in einem anderen Licht, selbst wenn wir jetzt auch wieder zu den normalenTouristen zählen, wenn wir verreisen.

Zweimal im Jahr, zur Winter- und Sommersaison wurden mit dem Reiseveranstalter die Verträge abgeschlossen. Da mussten wir mit unseren Preisen hart kalkulieren. Zusatzvereinbarungen, die die kurzfristigen Stornierungen betrafen, wurden kurzerhand abgelehnt. Doch nach wie vor bekamen wir nach Verfügbarkeit Gratisflüge nach Deutschland. Das versöhnte uns dann mit unserem Schicksal. Wir mussten weiterhin sehr aufpassen, dass kein Gast einen Grund zur Beschwerde fand.

Egal, ob die Beschwerde berechtigt war oder nicht, beim Veranstalter warf dieses ein negatives Licht auf uns.

Mein Mann war deshalb immer bemüht, die bauliche Substanz der Anlage stets in Ordnung zu halten. Alles musste optisch einen gepflegten und sauberen Eindruck machen. Das war mit der kanarischen Bauweise überhaupt nicht so einfach. Die ganzen Materialien waren salzhaltig, weil Sand und Hohlblocksteine von der Insel stammten und in Verbindung mit Wasser, welches auch wieder salzhaltig war, Salpeterausblühungen verursachte. Ständig musste unansehnlicher Putz abgeschlagen und mit Spezialmittel neu verputzt werden. Um endlich Ruhe zu haben, wurden die Wände auf den Terrassen schließlich mit Schieferplatten verkleidet.

Da die Belegungen gut waren, entschlossen wir uns, noch eine Einheit zu erstellen. Auf der unteren Terrasse dicht beim Teich und Pool bot sich noch ein schönes Areal zu diesem Zweck an. Wegen der Salpeterprobleme sollte es diesmal ein Holzhaus sein. Wir fanden einen deutschen Handwerker, der in der Lage war, ein solches Holzhaus zu bauen. Im Norden der Insel konnten wir sogar für die Pfosten und Balken Holz aus den kanarischen Wäldern ergattern. Die Feder-Nut-Bretter kamen aus Honduras. So machten wir uns dann alle mit Vehemenz und Begeisterung an die Arbeit. Unser deutscher Handwerker erwies sich als Glücksstreffer. Das Gerüst des Holzhauses wurde nicht mit Winkeln verschraubt, sondern verzapft. Das ist eine alte Technik, die man schon seit Jahrhunderten bei Fachwerkhäusern angewandt hat. Die betreffenden Zapfen mussten mit der Hand ausgebeitelt werden. Das nahm dann schon einige Zeit in Anspruch.

Endlich stand das Gerüst aus dicken kanarischen Balken. Diese wurden dann innen und außen mit Holzbrettern verkleidet und der Hohlraum mit Glaswolle isoliert. Das gab dem Holzhaus ein schönes Raumklima. Damit man auch eine gesunde Atemluft hatte, wurden die Bretter innen mit Leinöl behandelt. Außen bekam das Holzhaus dann einen wetterfesten Holzanstrich. Eine überdachte Pergola mit großer Terrasse schlossen sich dem Holzhaus an. Hier konnte der Gast ganz in Ruhe inmitten der paradiesischen Natur abseits des Haupthauses Urlaub machen. Die ersten Gäste, die kamen, hatten schon einmal auf einer alten Finca auf den Kanaren Urlaub gemacht. Auch die alten kanarischen Gebäude haben im Dachbereich viele Holzkonstruktionen. Diese alten Holzbalken werden in Unkenntnis der Gesundheitsschäden mit giftigen Anstrichen versehen. Die betreffenden Gäste hatten hiervon Atemprobleme bekommen. Jetzt bildeten sie sich ein, auch das Holz in unserem Holzhaus sei mit dem Mittel behandelt worden. Wir konnten sie sehr schwer vom Gegenteil überzeugen. Besonders die Frau bildete sich ein, dass sie in der Nacht Atemprobleme hätte.

Was Einbildung so ausmacht, haben wir dann auch später öfters erleben können. Viele Stammgäste fanden das Holzhaus so schön und gemütlich, dass sie in Zukunft nur noch darin Urlaub machen wollten. Meistens waren die Stammgäste tierlieb, besonders was unsere Katzen betraf. Hatte besonders unsere Siamkatze Luna begriffen, dass sie bei den Gästen willkommen war, zog sie komplett um und ignorierte uns. Im Holzhaus wohnte sie besonders gerne. Das wiederum hat eine Familie aus Buxtehude dazu animiert, sich auf der Insel auch so eine schöne Siamkatze zu kaufen und mit nach Deutschland zu nehmen. Als sie im nächsten Jahr wieder auf Besuch waren, fanden sie dicht bei unserem Grundstück eine junge verwahrloste halb verhungerte Katze. Das ging ihnen zu Herzen und sie nahmen kurzerhand das Tier mit ins Holzhaus. Die Katze wurde desinfiziert und tierärztlich behandelt. So bekam dann ihre kanarische Siamkatze in Deutschland Gesellschaft.

Beim Auszug der Gäste haben wir das Holzhaus gut gesäubert und ausgesprüht. Als dann nach einer Woche neue Gäste ins Holzhaus einzogen, stellten sie fest, dass sich darin Flöhe befanden. Offensichtlich hatte das Sprühen zwar die lebenden Flöhe getötet, doch nicht ihre Eier. Das war uns dann natürlich sehr peinlich. Da half es auch nichts, dass wir ihnen erklärten, dass das Ungeziefer von einer wilden Katze stamme. Zum Glück war im Haupthaus noch eine Einheit frei und die Gäste konnten umziehen. Doch plötzlich bildeten sich alle anderen Gäste ein, in ihren Ferienwohnungen seien auch Flöhe. Einer steckte den anderen mit seiner Einbildung an. Wir konnten die Gäste kaum beruhigen und vom Gegenteil überzeugen. Wie hätten wir beim Reiseveranstalter dagestanden mit ungezieferversuchten Wohnungen. Uns blieb danach nichts anderes übrig, als zur Sicherheit einen Kammerjäger zu beauftragen, der dann aber auch feststellte, dass sich im Haupthaus kein Ungeziefer befand. Schließlich beruhigten sich die Gäste wieder.

Im Katalog wurden wir als Ferienanlage in einer ruhigen, abseitigen Lage beschrieben. In den Ferienzeiten kamen viele Lehrer zu uns. Sie waren in der Regel naturbewusste Individualisten und hatten ihre Wanderschuhe im Gepäck. Sie waren froh, von uns Tipps zum Erkunden der Insel zu bekommen. Auch zu anderen Zeiten fanden meistens hotelmüde Naturmenschen zu uns. So hatten wir auch niemals betrunkene oder lärmende Gäste. Sie waren abends müde vom Wandern und ihren Erkundungstouren.

Kontroversen gab es, wenn junge Eltern ihre erst wenige Monate alten Babys mitschleppten, weil diese keinen Flugpreis verursachten. Da man ja ein Mietauto hatte, wurde das kleine Würmchen bei größter Hitze im Auto auf Erkundungstour mitgenommen. Diese armen Kinder waren dann so durcheinander und verstört, dass sie ihren Protest nachts laut herausgeschrien haben.. Das wiederum störte die benachbarten Gäste, die ja bei uns Ruhe gesucht hatten. Die betroffenen Eltern hatten ja eigentlich auch nichts von ihrem Urlaub und waren total gestresst. Die Beschwerden der Nachbarn wegen Störung der Nachtruhe ließen sie nicht gelten. Das waren auch für uns schwierige Situationen und wir bemühten uns, es hier nicht zu Konfrontationen kommen zu lassen. Diplomatie, Vermittlung und Feingefühl waren hier immer gefragt.

Ganz besonders gerne hatten wir Gäste, die homosexuell waren. Hier zeigte sich, dass sie feinfühlig, sauber und zurückhaltend waren. Ich glaube, sie waren froh, in einer kleinen Anlage mit wenig Touristen ihre Ruhe zu haben. Beim Handtuchwechsel brachten sie uns die gebrauchten Handtücher gefaltet zurück. Beim Verlassen der Ferienwohnung war diese sauber und ordentlich. Doch wenn zwei Frauen bei uns Urlaub machten, verhielt sich die Sache merkwürdigerweise ganz anders. Anscheinend sind lesbische Frauen nicht so häuslich wie homosexuelle Männer. Bei ihnen sahen hinterher die Ferienwohnungen sehr unordentlich aus. Schmutziges Geschirr, Lebensmittelreste und volle Mülleimer waren die Regel.

Doch der Großteil unserer Gäste waren Eheleute im mittleren Alter und mit einem großen Hygienebedürfnis. Wenn sie während ihres Aufenthaltes selbst für ihre Ferienwohnung zuständig waren, konnten wir uns auch darauf verlassen, dass sie pfleglich mit allen Dingen umgingen. In den meisten Fällen wurden die Unterkünfte ordentlich verlassen. So waren denn unsere Ferienwohnungen auch nicht so schnell abgewohnt. Der Umgang mit den Gästen war aus diesem Grund meistens positiv. Uns war es vor allem wichtig, immer zufriedene Gäste zu haben.

Doch Zufriedenheit kann man nicht immer erreichen. Es gab unschöne Dinge, auf die wir keinen Einfluss hatten. Besonders störend und lärmintensiv wirkte es sich aus, wenn in der Nähe ein Tacker, ein sogenannter Pica-Pica-Felsen abtackerte. Dies wurde gemacht, um neue Pflanzterrassen zu gewinnen, obwohl es anderswo noch viele brachliegende Pflanzterrassen gab. Doch die EU stellte für die Landwirtschaft Gelder zur Verfügung, die verpulvert werden mussten. So leistete indirekt die EU einer Landschaftsverschandelung Vorschub. Hier wurden nicht die Pflanzungen dem bestehenden Gelände angepasst, sondern das Gelände den Pflanzungen. In monatelanger Arbeit hat man hier Felsen abgetragen, Stützmauern angelegt und Muttererde aufgefüllt. Es war die reinste Verschwendung von EU-Geldern. Wir und unsere Gäste waren die Leidtragenden.

Der Lärm war unangenehm bis unerträglich und schallte oft kilometerweit bis zu unserer Anlage. Wir konnten dann durchaus unsere Gäste verstehen, wenn sie sich beim Veranstalter um eine andere Unterkunft bemühten. Den vollen Schaden hatten wir, denn unsere Wohneinheiten standen leer. Da wir von oben das ganze Gelände überblicken konnten, gerieten wir schon in Panik, wenn wir ein solches Tackergefährt auf der Straße sahen und schauten voll Furcht, wo es sich dann letztendlich etablieren würde. Wenn es sich in der Nähe festsetzte, war das wie eine Naturkatastrophe für uns.

Doch Gäste, die sich mittels Katalog nicht richtig informiert hatten und mit ganz falschen Vorstellungen zu uns kamen, die konnte man einfach nicht zufrieden stellen. Sie musste man ziehen lassen, obwohl die Ferienwohnung dann so schnell nicht wieder belegt werden konnte.

Wir hatten jedoch unsere Freiflüge und konnten uns manchmal ganz spontan immer im Wechsel nach Deutschland begeben. Dort konnte ich mich dann in unserem Häuschen in Holland vom ganzen Gästestress erholen.

14 – Die Jahre eilen dahin

Mein Mann und ich waren ein gutes, eingespieltes Team. Sonst hätten wir die Arbeit, die auf der Finca anfiel, kaum bewältigen können. Er war für Technik, Reparaturen und Poolpflege zuständig. Im Laufe der Jahre hatte er sich viele Kenntnisse angeeignet, sodass wir nicht ausschließlich auf kanarische Handwerker angewiesen waren. Ich war für die Pflege der Ferienwohnungen und den riesengroßen Garten zuständig. Dabei muss ich sagen, dass mir die Arbeit mit den tropischen Pflanzen in der freien Natur besonders Freude bereitete. Wenn wir morgens aus dem Fenster schauten und es war bewölkt, fanden wir, dass wir gutes Wetter hätten. Da konnte man dann so richtig draußen arbeiten. Dauernd waren Palmen und Hecken zu schneiden. Es gab für die Vegetation keine Ruhepause, so wie im Winter in Europa. Einige unserer Pflanzen waren mit Vorsicht zu behandeln.

Ein Euphorbiengewächs, den sogenannten Korallenbaum, hatte ich als kleinen Ableger eingepflanzt. Er machte seinem Namen alle Ehre und reckte seine Zweige wie Korallen in den Himmel und war inzwischen zu einem wirklichen Baum herangewachsen. Um ihn in Schach zu halten, musste er öfters beschnitten werden. Seine Äste, die keine Blätter aufweisen, enthalten im Innern eine hochgiftige Milch. Wenn diese auf die Haut tropft, muss man die klebrige Flüssigkeit sofort abwaschen, sonst verätzt man sich Hände und Arme. Für die Augen ist dies besonders gefährlich, denn die Hornhaut kann Schaden nehmen. Selbst wenn man die Hände abgewaschen hatte und sich unbewusst die Augen rieb, brannten diese hinterher wie Feuer.

Bougeinvillas, die in vielen prächtigen, unterschiedlichen Farben auf unserem Grundstück gediehen, mussten auch dauernd zurückgeschnitten werden. Ihre Äste haben lange Stacheln und man zieht sich leicht Verletzungen zu. Doch dafür wiederum wuchs bei uns die Aloe-Vera, deren Saft gut für die Heilung von Verletzungen war. Am besten gediehen bei uns Kakteen aller Art. Aber auch die Fächerpalmen von der Gattung Washingtonia waren innerhalb weniger Jahre zu richtigen Prachtexemplaren herangewachsen. Auch hier mussten oft die trockenen abgestorbenen Wedel abgeschnitten werden. Diese benutzten wir dann, um damit unsere Sonnenschirme am Pool einzudecken.

Ein paar Mal habe ich versucht, eine Putzfrau für die Pflege der Appartements zu bekommen. Das nächste Dorf war 2,5 km entfernt und ich hätte die Reinigungskraft abholen und wieder hinbringen müssen. Damals konnte ich unter 8 Euro pro Stunde niemand auf die Finca locken. Die Kanarios waren zum damaligen Zeitpunkt sehr anspruchsvoll. Das hat sich heute total geändert, da auf den Inseln hohe Arbeitslosigkeit herrscht. Wie dem auch sei, für mich war es nicht erstrebenswert, unter diesen Bedingungen eine Hilfskraft zu engagieren. So machte ich denn die Arbeit alleine. Bei Engpässen, die entstanden, wenn mehrere Einheiten am gleichen Tage wieder belegt wurden, half mir mein Mann.

Nach unserer Venezuela-Reise im Frühjahr 1994 kam wieder die Schwester meines Mannes mit Ehepartner zu Besuch. Das war für uns immer eine Freude und eine willkommene Abwechslung. Ein paar Tage konnten uns Freunde vertreten und so flogen wir zur Nachbarinsel el Hierro. Wir mieteten uns dort in einem kleinen Hotel ein und erkundeten mit dem Mietauto auch diese kleine kanarische Insel mit herrlicher Natur. Wir kannten die Insel schon, hatten wir sie doch vor Jahren mit unseren Kindern erkundet. Doch ich konnte die Reise nicht so richtig genießen, denn mich hatte doch vorher eine starke Allergie befallen mit heftigen Nießattacken. Bei unserer Rückkehr stellte ich fest, dass unsere Mango- und Avocadobäume blühten und wenn ich in ihre Nähe kam, gingen die Attacken wieder von Neuem los.

In der Sommerzeit war es normal, dass die Wohnungen nicht voll belegt waren, denn zu dieser Jahreszeit war es auch an anderen Orten sonnig und schön. Seit jeher schon sind die Kanaren ein beliebtes Winterziel, bieten sie doch dem sonnenhungrigen Europäer in relativ kurzer Flugzeit, auch im Winter, ein angenehmes warmes Klima. Deshalb war die Hauptsaison für unsere Vermietung in den Monaten von November bis April zu finden. Aus diesem Grund haben wir auch meistens unsere Reisen in die Sommermonate gelegt. In diesem Jahr kam unser Sohn mit Arbeitskollegen auf Besuch und unsere Reise nach Deutschland war gesichert. So wie jedes Jahr fuhren wir auch wieder zu unseren Verwandten nach Halle. Wir stellten immer wieder fest, dass es ein Glück war, dass wir ein kleines Häuschen in Holland besaßen. Es war sozusagen das lose Band zu der alten Heimat. Durch unsere Aufenthalte dort mehrmals im Jahr wurden wir auch nie so sehr von Heimweh geplagt. Damals dachten wir, wir hätten hiermit die perfekte Lebensform erreicht.

Liebe Menschen aus der Heimat kamen gerne zu uns auf die Insel zu Besuch, wie beispielsweise meine Kusine mit Mann und Kindern. Zu Weihnachten und zum Jahreswechsel war mal wieder die ganze Familie komplett, denn Bianca mit ihrem damaligen Freund und Martin kamen auf Besuch. Der kleine weiße Malteserhund Balu war auch mit dabei und freundete sich sofort mit unseren Hunden an. Das schönste an Teneriffa war das Wandern in die herrliche Natur. Das haben wir, besonders, wenn wir Besuch hatten, sehr genossen. Doch vor allem die Hunde waren ganz aus dem Häuschen, wenn es wieder auf Wanderschaft in den kanarischen Kiefernwald ging.

Im Frühjahr 1995 waren wieder unsere Verwandten aus Halle zu Besuch. Wir hatten vorher eine Anzeige in der deutschsprachigen kanarischen Zeitung gelesen, dass noch Passagiere für eine Kreuzfahrt zu den anderen kanarischen Inseln, Madeira und Marokko im Hafen von Sta. Cruz zusteigen könnten. Das wollten wir uns nicht entgehen lassen, denn der Preis war günstig. Damit überraschten wir unsere Verwandten, die sofort Feuer und Flamme waren. Die Fahrt sollte eine Woche dauern und gute Freunde von uns machten die Vertretung auf der Finca. Es war eine sehr schöne Kreuzfahrt bei ruhiger See. Die Landausflüge haben wir selber mit einem Mietauto organisiert, was wesentlich preiswerter war als die organisierten. Besonders hat es uns dabei die Insel Madeira angetan. Das, was wir in kurzer Zeit gesehen hatten, machte

Lust auf mehr. Wir beschlossen, diese Insel im gleichen Jahr noch einmal zu besuchen.

Da inzwischen unser Reisefieber wieder voll ausgebrochen war, kannte die Lust nach fremden Ländern keine Grenzen. Im Sommer sollte es deshalb direkt von den Kanaren aus nach Kuba gehen. Wir wollten wieder, wie gewohnt, nur einen Flug buchen, vor Ort ein Mietauto nehmen und dann auf Hotelsuche gehen. Doch das funktionierte auf Kuba nicht ganz. Wir mussten mindestens für eine Woche ein Hotel buchen. Für die restliche Woche waren wir jedoch frei in unseren Entscheidungen. Gerade auf Kuba wollten wir uns frei bewegen können, konnten wir uns doch auf spanisch verständlich machen.

Zum Besitzer unserer Ferreteria (kleiner Baumarkt) hatten wir einen freundschaftlichen Kontakt. Dieser hatte auch schon eine Kubareise unternommen und meinte, dass man dort nicht mit der eigenen Frau hinfahren würde. Als wir dann in den Flieger stiegen, wussten wir auch warum, denn viele alleinstehende Kanarios flogen nach Kuba. Bei der Ankunft in Havanna wurden sie alle schon von hüschen jungen Kubanerinnen erwartet. Also waren die meisten nicht zum ersten Mal auf der Insel und kamen der Liebe wegen dorthin. Hier findet anscheinend auch der hässlichste noch eine ansehnliche Freundin. Die Kubaner sind ein Mischvolk zwischen Afrikanern und Südeuropäern, was mitunter sehr schöne Menschen hervorbringt.

Von Havanna aus ging es dann in unser Hotel in Varadero. Es war eine moderne und komfortable Hotelanlage, direkt am weißen Traumstrand gelegen. Nach zwei Tagen faulenzen im Hotel, plagte uns schon wieder die Neugier und wir wurden unruhig. Für Touristen stellt es kein Problem dar, ein Auto zu mieten. Es hatte ein besonderes Nummernschild, welches uns als Touristen kennzeichnete. Damit konnten wir uns im ganzen Land frei bewegen. Und schon ging die Fahrt los in Richtung Havanna. Die Stadt mit ihrem morbiden Charme nahm uns gefangen. Die schönen gepflegten spanischen Patios in historisch bedeutsamen Gebäuden stehen im krassen Gegensatz zu den übrigen vom Verfall gezeichneten Bauwerken Havannas. Wir kamen auch in Gespräche mit Einheimischen und diskutierten mit ihnen über die Lebensprobleme im sozialistischen System Fidel Castros. Es wurde mir sogar gestattet, dieses Interview mit meiner Videokamera festzuhalten. Im Abendlicht ging dann die Fahrt von Havanna wieder zurück zu unserem Hotel in Varadero. Sehr wichtig war es immer, noch vor Einbruch der Dunkelheit wieder das Hotel zu erreichen. Auf der vierspurigen Autobahn aus den 50er Jahren tummeln sich Ochsenkarren, Fahrräder und freilaufendes Vieh. Da könnte man in der Dunkelheit einmal schnell eine Kuh oder einen Radfahrer übersehen.

Am nächsten Tag unternahmen wir einen Ausflug nach Pinar del Rio. Die Kalkfelsen im Tal von Vinales werden von einem Labyrinth von Spalten und Höhlen durchzogen. Wir besichtigten eine Höhle, die von einem Fluss durchflossen wird. Auf diesem Fluss konnten wir mit einem Boot die Höhle komplett durchqueren. Höhlen haben es mir besonders angetan. Sie strahlen etwas Geheimnisvolles und Urtümliches aus. In der Nähe befanden sich gigantische prähistorische Zeichnungen, die sich dem Betrachter auf einer riesigen Felswand darboten. Eigentlich hat Kuba nicht mehr ursprüngliche Landschaften. Sie wurden hauptsächlich durch Tabak- und Zuckerrohrpflanzungen verdrängt. Doch es gibt noch Restbestände des tropischen Bergnebelwaldes und wir konnten eine Wanderung durch diese unberührte Natur genießen.

Dann wurde es langsam wieder Zeit, den Rückweg anzutreten. Am darauffolgenden Tag ging die Fahrt bei heftigem tropischen Regen in Richtung Trinidad. Trinidad ist eine kleine Stadt und sieht aus wie ein Freilichtmuseum. Die Häuser im Kolonialstil und die Straßen haben sich im Laufe der Jahrhunderte nicht verändert. Im Patio eines privaten Hauses im Kolonialstil war es möglich, sehr preiswert zu essen. Das Menü bestand aus leckeren Vorspeisen, Langusten mit Frijoles, das ist eine Mischung aus Reis und braunen Bohnen. Wir waren dort ganz alleine und fühlen uns wie die privaten Gäste der ganzen Familie. Inzwischen wurden von der Regierung solche Eigeninitiativen geduldet, damit sich die Bevölkerung einen Nebenverdienst gestalten konnte. So war es denn möglich, dass auch die einfachen Kubaner direkt vom Tourismus partizipieren konnten.

Doch schließlich mussten wir uns wieder mit dem Auto auf die Tour zurück zu unserem Hotel machen. Die Woche unseres Aufenthaltes in Varadero ging schnell zu Ende. Wir verließen das Hotel, um in der zweiten Woche frei und flexibel zu sein. Wir flogen weiter zum 900 km entfernten Santiago de Cuba an die Karibikküste. Hier wurde wieder ein Auto gemietet und die Entdeckungsreise konnte weitergehen.

In Santiago de Cuba fanden wir ein gemütliches Hotel von einem tropischen Garten umgeben. Nun galt es, die Stadt zu erkunden. Sehr beeindruckend war die Festung el Morro, die hoch auf einem Kalkfelsen liegt, um die Hafeneinfahrt zu schützen. Von diesem wuchtigen, trutzigen Bauwerk hatten wir einen phantastischen Blick auf die schöne Bucht von Santiago de Cuba und das gegenüberliegende Fischerdorf. Die Stadt nimmt einen wichtigen Platz in der Geschichte Kubas ein. Hier landete im 15. Jhd. Columbus und gründete die Stadt, die bis ins 16. Jhd. Hauptstadt von Kuba war. Hier hat Manuel Céspedes die Unabhängigkeit von den Spaniern erkämpft. Auch die Revolution Fidel Castros nahm hier ihren Anfang. Leider war die Bucht permanent durch die dort befindliche Ölraffinerie verschmutzt. Unser Vorhaben, mit einem Boot die gegenüberliegende Fischerinsel zu erkunden, haben wir schnell aufgegeben, als wir das ölverschmutzte Wasser gesehen haben.

Am nächsten Tag verließen wir die Stadt, um nach El Cobre, einem beliebten Wallfahrtsort, zu fahren. Unterwegs wunderten wir uns immer wieder über die vielen Pferdefuhrwerke, die in Ermangelung von Treibstoff ein beliebtes Transportmittel waren. Trotz Atheismus und Sozialismus werden der in der Basilika befindlichen Madonna Geschenke gebracht. Beispielsweise Hemingway hat dort seinen 1954 erhaltenen Nobelpreis deponiert. Auch Fidel Castro hat hier seinen Talisman aus Weißgold, ein Geschenk seiner Mutter, geopfert. Die in der Nähe befindlichen Kupferminen, die heute stillgelegt sind, haben dem Ort ihren Namen gegeben.

Unsere Fahrt ging weiter, bis wir zu den Stränden von Sta. Lucia kamen. Auch hier hat sich inzwischen der Tourismus breitgemacht und es war leicht, eine Unterkunft zu bekommen. Doch uns hält es ja bekanntlich nicht lange an einem Ort. Deshalb ging es direkt am nächsten Tag in die Lagunenlandschaft Cayo Sabinal. Dieses Gebiet war für Kubaner gesperrt. Wegen der Nähe zu Florida hatten in der Vergangenheit viele Kubaner mit selbst gebastelten Booten Kuba verlassen. Uns dagegen, die wir aufgrund des Nummernschildes als Touristen erkennbar waren, ließ man passieren. Mit Übernachtungsmöglichkeiten hier in der herrlichen Lagunenlandschaft hatten wir eigentlich nicht gerechnet.

Doch wir stießen auf die Cabanos de Pinos, 5 Bambushütten am einsamen Strand. Das war genau nach unserem Geschmack. Ganz klar, hier ließen wir uns nieder. Wir waren die einzigen Touristen und Frederico, der das dazugehörende Restaurant bewirtschaftete, verwöhnte uns nach Strich und Faden. Das Restaurant wurde am Tag für ein paar Stunden von Ausflugsbooten aus den umliegenden Hotels besucht. Als diese dann wieder weg waren, hatten wir die Lagune ganz für uns alleine. Frederico fing extra für uns Langusten, die er dann ganz lecker zubereitete. Wir hatten ganz schnell zu ihm ein freundschaftliches Verhältnis entwickelt. Er nahm uns mit zu einer Bootsfahrt zum nahegelegenen Korallenriff. Derweil wir schnorchelten und die herrliche Unterwasserwelt bestaunten, schaute er nach seiner Fischreuse. Zurück am Strand herrschte große Aufregung, denn der kubanische Tourismusminister war gekommen. Er nahm uns als die einzigen Touristen in Beschlag. Als er hörte, dass wir auf den Kanaren auch im Tourismus tätig waren, wurde er hellhörig. Er versuchte uns zu überzeugen, dass wir auf Kuba in diesem Metier auch große Erfolgschancen hätten. Die Regierung würde uns auf jede erdenkliche Weise unterstützen, denn man brauche kompetente Menschen aus Europa. Einerseits war die Idee verlockend, doch andererseits gab es zu bedenken, dass im Augenblick in Kuba noch vieles im Argen lag, besonders die Infrastruktur betreffend. Da waren wir auf Teneriffa doch besser aufgehoben. Schließlich konnten wir uns sehr schwer von Frederico und seinem Paradies trennen.

Doch Guantanamo stand noch auf unserem Programm. Aber zu der amerikanischen Enklave mitten auf Kuba wurden wir nicht vorgelassen. Doch die Atmosphäre rings herum konnten wir sehr gut einfangen. So allmählich ging unsere Reise zu Ende. Von Santiago de Cuba brachte uns der Flieger wieder nach Havanna, um von dort aus nach Teneriffa weiterzufliegen.

Wir kamen mit unbeschreiblichen Eindrücken und einem tollen Videofilm im Gepäck wieder auf Teneriffa an. Das bewies wieder einmal, wie wundervoll es ist, einen Partner zu haben, mit dem man all dies erleben konnte. Einen Partner, der genau wie ich neugierig auf die große weite Welt war und Mut und Risikobereitschaft mitbrachte, die Wunder der Welt auch zu entdecken. Die Art und Weise, mit denen wir diese Reisen individuell durchführten, machte es so zum richtigen Abenteuer. Wir waren in der glücklichen Lage, bedingt durch die guten Einnahmen der Vermietungen auch in finanzieller Hinsicht diese Reisen zu verwirklichen.

Wir waren noch nicht lange wieder auf unserer Insel, da zog es uns zu einer anderen Insel, und zwar nach Madeira. Bei unserer Schiffsreise im Frühjahr hatten wir uns geschworen, diese Insel noch einmal zu besuchen.

Eine Unterkunft, die für uns in Frage kam, hatten wir damals schon entdeckt. Der Besitzer des kleinen Hotels holte uns vom Flughafen ab. Wir mieteten uns in der Hauptstadt Funchal ein Mietauto. Es wurden herrliche Ausflüge über die Insel mit ihren beängstigenden kurvenreichen und engen Straßen gemacht. Dafür wurden wir aber auch durch tolle Ausblicke belohnt.

Auf Madeira war Wandern angesagt, wie beispielsweise zu den 25 Quellen an den Levadas von Rabacal. Levadas sind breite große Wasserkanäle, die das Wasser zu den Feldern transportieren. An diesen Kanälen entlang konnte man herrlich wandern und die Blütenpracht der Insel bewundern. Doch unterhalb dieser Wege sind steile Felshänge zu erkennen, da ist Schwindelfreiheit angesagt. Viele Kilometer sind wir oft durch den sonnendurchfluteten Wald an diesen Kanälen entlang gewandert. Wären die steilen Hänge nicht dicht bewaldet, so würde in kürzester Zeit der Hang durch Erosion abgetragen werden. Unser nächster Ausflug führte uns in ein Dorf, das inmitten eines sehr tiefen Tales lag und umgeben war von unheimlichen dunklen steilen Felswänden. Die Häuser der Einheimischen lagen meistens dicht gedrängt an den Hängen und machten alle einen gepflegten Eindruck. Unsere Woche auf Madeira verging wie im Flug und ein kurzer Flug führte uns wieder zurück nach Teneriffa.

Im Oktober war dann wieder ein Aufenthalt in Deutschland angesagt. Dabei besuchten wir wie jedes Jahr unsere Verwandten in Halle. Trotz Teneriffa und anderer diversen Reisen versäumten wir es nie, einmal im Jahr die Schwester meines Mannes zu besuchen. Danach ging dann auf Teneriffa wieder die Arbeit mit den Gästen los. Im Winter bedeutete dies für uns ein ständiges Kommen und Gehen. Doch trotz der vielen Arbeit waren wir zufrieden mit unserem Leben, konnten wir es doch ganz nach unseren Wünschen einrichten und gestalten. Besonders unsere lieben Stammgäste machten uns die Arbeit angenehm. Anfang des Jahres 1996 besuchten uns mal wieder Waltraud und Walter, die bis März bei uns wohnten.

Meine Schwägerin mit Mann machte diesmal auf Mallorca Urlaub. Das war für uns ein Grund, uns dort zu treffen, derweil wir von unseren Stammgästen vertreten wurden. Wir hatten die Insel schon einmal vor vielen Jahren mit unserem Sohn im Kindergartenalter besucht. Mit dem Mietauto stellten wir fest, dass sich Mallorca nicht nur auf die Strände beschränkt, wo Massentourismus herrscht. Das Landesinnere mit den Bergdörfern vermittelte schöne Eindrücke. Besonders im Frühling bot sich uns die Insel mit ihren blühenden Mandelbäumen in ihrem schönsten Kleid. Auf der Insel haben wir zusammen schöne Stunden verbracht und auch den Geburtstag meines Mannes gefeiert. Doch trotzdem waren wir froh, nicht hier, sondern auf Teneriffa zu leben, da die Kanaren im Winter einfach ein viel milderes Klima haben. Deshalb spielt sich auch auf den Balearen touristisch im Winter wenig ab.

Im Frühsommer 1996 flog ich alleine mit einem Gratisticket nach Deutschland, derweil mein Mann die Finca versorgte. Doch auch ich hatte einiges in unserem Haus in Holland zu tun, denn dort wurden neue Fenster eingebaut. In dieser Zeit war auch noch ein Klassentreffen in meiner alten Heimat an der Ahr geplant. Natürlich hatte ich den weitesten Weg von allen, um zu diesem Treffen zu kommen. Es war mal wieder sehr schön, meine alte Heimatstadt zu sehen und die alten Schulkameraden zu treffen. Diese Treffen finden bis heute alle 5 Jahre statt und fast keines dieser Treffen habe ich versäumt.

Wieder zurück auf Teneriffa konnte ich mich schon wieder auf den Besuch von Schwager und Schwägerin aus Halle freuen. Sie hatten dieses Mal ihre 16-jährige Enkeltochter mitgebracht. Auch alte Freunde aus Deutschland mit ihren gleichaltrigen Kindern machten bei uns Urlaub. Schließlich kam dann auch noch unsere Tochter. Da war die Finca voller junger Leute und mit viel Leben erfüllt. Mein Mann unternahm in dieser Zeit mit seinen Verwandten mit der Fähre eine Fahrt zur Nachbarinsel Gomera.

Bei der Rückfahrt muss er total im Durchzug gesessen haben und hatte sich schwer erkältet. Doch das war nicht das Schlimmste. Plötzlich hing seine linke Gesichtshälfte einschließlich Mund nach unten. Auch das Auge konnte er nicht mehr schließen. Ich habe ihn dann sofort in die Klinik gebracht, weil Verdacht auf Schlaganfall bestand. Nach eingehender Untersuchung stellte man aber fest, dass der siebte Gehirnnerv, der die Mimik steuert, entzündet war und eine Gesichtslähmung hervorgerufen hatte. Er wurde in der Klinik stationär intensiv mit Cortison behandelt. Da er Diabetiker ist, war das natürlich die total falsche Behandlung, denn Cortison treibt den Zuckerspiel extrem hoch. Außerdem hatten wir eine Neuseelandreise geplant. Diese drohte aufgrund der Erkrankung zu platzen. Mein Mann ließ sich auf eigene Gefahr aus dem Krankenhaus entlassen, damit der Zuckerspiegel nicht noch mehr durcheinander geriet.

Wir kannten auf der Insel einen deutschen Neurologen, den wir dann aufsuchten. Dieser konnte nur den Kopf schütteln über die falsche Behandlung im Krankenhaus. Das Cortison konnte nicht sofort abgesetzt werden, sondern musste langsam ausschleichen. Da das Auge nicht mehr schloss, musste mein Mann eine Augenklappe tragen und sah auch sonst wegen des schiefen Gesichts zum Fürchten aus. Unser Neurologe riet ihm dann zu einem anderen Medikament und zur Elektromassage im Gesicht. Sehr wichtig war es, die Mimik, also die Gesichtsmuskeln, wieder in Schwung zu bringen. Jetzt war Fratzenschneiden angesagt, denn das stärkt die Gesichtsmuskeln. Ich wollte unter diesen Umständen die Neuseelandreise absagen. Doch mein Mann war so verrückt darauf, diese Reise ans Ende der Welt zu machen, dass er alle Bedenken beiseiteschob.

Unsere Tochter, deren Freund später nachkam, sollte uns während dieser Zeit vertreten. So flogen wir denn trotz der Erkrankung nach Neuseeland. Ich hatte bei dieser Sache ein total mulmiges Gefühl. Schon beim Hinflug stand die Reise unter keinem guten Stern. Bedingt durch die lange Sitzerei im Flieger hatten sich bei mir Blähungen gestaut. Das führte dann dazu, dass ich auf dem Weg zur Toilette mitten im Flugzeug ohnmächtig wurde. Als ich wieder zu mir kam, hatte ich über mir eine Sauerstoffmaske und der Stewardess einen mächtigen Schrecken eingejagt. Mein Mann, der während dieser Zeit geschlafen hatte, wunderte sich allerdings, als ich vom Flugpersonal begleitet wieder den Weg zu meinem Sitz fand.

Unser Ziel hieß Auckland auf der Nordinsel. Dort bekamen wir unser Wohnmobil. Es kam uns schon komisch vor, dass aufgrund des Linksverkehrs das Lenkrad an der anderen Seite angebracht war. Ich muss meinen Mann da wirklich bewundern, dass er sich ohne große Probleme auf das große Gefährt und den Linksverkehr umstellen konnte. Unser erster Weg führte uns durch den Stadtverkehr zu einem Supermarkt, um uns mit Lebensmitteln einzudecken. Als wir dann eingekauft hatten, wurden wir plötzlich so müde, dass wir beide fest einschliefen. Als wir aufwachten, standen wir immer noch auf dem Parkplatz und wussten nicht, was die Stunde geschlagen hatte. Doch mit Kaffee und einem guten Frühstück gestärkt, konnte die Reise losgehen.

Unser erstes Ziel war das Vulkangebiet Rotorua. Hier ist die Erdkruste so dünn, wie sonst nirgends auf der Welt. Die Kräfte, die im Erdinnern herrschen, konnten wir hier besonders spüren. Überall roch es nach faulen Eiern und Geysire sprudelten aus der Erde. Einheimische hatten uns einen Hinweis gegeben, dass in der Nähe ein Fluss sei, der von heißen Quellen gespeist würde. An diesem Fluss fanden wir einen herrlichen Standplatz für unser Wohnmobil. Der Fluss hatte glasklares, angenehm warmes Wasser und lud zum Baden ein. An einem kleinen Wehr ließ sich mein Mann immer wieder das Thermalwasser auf seine kranke Gesichtshälfte fließen. Außerdem hatte er ein kleines, handliches Reizstromgerät mitgenommen. Immer wieder wurde das Gesicht damit behandelt. So war letztendlich doch die Reise nach Neuseeland zu den heißen Quellen ein Segen für seinen Gesundungsprozess geworden. Man konnte tagtäglich sehen, wie sich das Gesicht wieder normalisierte.

Es wurden viele Ausflüge in die tropische Natur gemacht, wo wir urzeitliche Farnbäume bewundern konnten. Wo es uns gerade gefiel, stellten wir für die Nacht unser Wohnmobil ab. Beim Vulkan Tongariro sahen wir oben heiße Quellen dampfen und dachten, dort müssen wir unbedingt hin. Auf dem Parkplatz des Tongariro-Nationalparks stand unser Wohnmobil sicher, als wir den Aufstieg wagten.

Als wir im unteren Bereich durch dichten Wald wanderten, merkten wir nicht, wie kalt der Wind war. Erst als wir in die Bereiche über der Baumgrenze kamen, wurde es schon sehr kalt. Doch wir waren mit unserer Kleidung gut gerüstet. Die Ketetahi-Hotsprings waren zum Greifen nahe, doch das täuschte gewaltig. Erst nach Stunden hatten wir diese erreicht. Dann begann ein heftiger Schneesturm und ich bekam Angst, dass wir den Abstieg nicht schaffen würden. Doch Sigi sah das alles ganz souverän, denn wir hatten ja die heißen Quellen. Deren Wasser sammelte sich in Felsmulden wie in einer Badewanne. Dort konnte man inmitten des Schneesturms sitzen, ohne befürchten zu müssen, dass man erfriert. Das war auch die Meinung meines Mannes, der gelassen blieb, falls wir aufgrund der Witterungsverhältnisse den Abstieg nicht schaffen könnten. Doch schließlich ließ das Unwetter nach. Wir hatten uns inzwischen tüchtig aufgewärmt und konnten den Abstieg wagen.

Der Schnee auf den Wegen war matschig und drang in unsere Wanderschuhe ein. Doch trotz der Nässe blieben unsere Füße warm. Diese waren durch die Thermalquellen so sehr aufgeheizt, dass uns die Durchblutung vor kalten Füßen schützte. Endlich waren wir dann erschöpft, aber glücklich über das soeben bestandene Abenteuer an unserem Wohnmobil angekommen. Wir mussten die Gasheizung anschmeißen, denn es wurde kalt in dieser Nacht.

Unser letztes Ziel auf der Nordinsel war die Stadt Wellington. Von dort mussten wir dann über die Cap. Cook Street mit der Fähre samt Wohnmobil übersetzen. Nun waren wir also auf der Südinsel und das Abenteuer konnte weitergehen. Hier genossen wir die schönen Strände, die aber nicht zum Baden einluden, da es zu kalt war. Unser Ziel war der Milford-Sound, und die Fahrt dorthin führte uns durch herrliche Wald- und Gebirgslandschaften. Als wir in einen Waldweg einbogen, fanden wir an einem kleinen See einen wunderschönen einsamen Stellplatz für die Nacht. Die Stimmung am See frühmorgens, als die Natur erwachte, wird uns immer im Gedächtnis bleiben. Von Minute zu Minute veränderte der See sein Gesicht, bis die Sonne vollkommen das Wasser zum Glitzern brachte. Dann wurde es Zeit, weiter zum Fjord zu fahren, denn dieser sollte mit einem Schiff durchquert werden. Auf dieser Schiffsfahrt boten sich dann wiederum unvergessliche Eindrücke. Wasserfälle rauschten von den Felsen in das türkisfarbene Wasser. Berge und Wälder säumten das Wasser. Am Rande dösten viele Robben. Nach diesem Erlebnis ging die Fahrt mit dem Wohnmobil weiter, bis wir in die Gletscherlandschaften kamen.

Der Tasman-Gletscher hatte es uns angetan. Deshalb unternahmen wir mit einem Schneeflugzeug einen Flug mitten in die Gletscherlandschaft hinein. Auch dieses Unternehmen stellte ein unvergessliches Erlebnis dar. Mit Schneekufen ausgerüstet, landete der Flieger direkt im ewigen Eis des Gletschers. Wir befanden uns in der Region Mount Cook, welches ein beliebtes Wintersportgebiet ist. Bei unserer Weiterfahrt kamen wir an dem riesigen Gletschersee Pukaki vorbei. Unser letztes Reiseziel in Neuseeland war Christ Church, wo wir auch wieder unser Wohnmobil abgeben konnten. Doch damit war die Reise noch nicht zu Ende.

Wir flogen von Christ-Church nach Auckland und von da aus weiter zu den Fidji-Inseln, wo wir noch einige Tage verbringen wollten. Es ging zur Insel Viti Levu, wo wir am Abend ankamen. Dort kümmerten wir uns am Flughafen um eine Unterkunft und ein Mietauto. Die polynesischen Einwohner waren sehr freundlich, begrüßten uns mit einem breiten Lächeln und dem Gruß „Bulla bulla". Es war tintenschwarze Tropennacht, als wir mit dem Mietauto losfuhren. Nur in den Ortschaften waren einige Lichter zu sehen. Deshalb war es sehr schwer, unsere Unterkunft zu finden, an der wir schon ein paar Mal vorbeigefahren waren. Es gab zu dieser Zeit weder Handys noch Navis. Doch schließlich hatten wir unser kleines Hotel gefunden, welches direkt an der Straße lag. Auf der anderen Straßenseite sahen wir am nächsten Morgen das Meer glitzern. Hier gab es traumhafte tropische Strände, wo man auch mit Schildkröten schwimmen konnte.

Leider machte meine Videokamera auf der Insel schlapp. Der Videokopf war verschmutzt und es konnten nur noch fehlerhafte Aufnahmen gemacht werden. So blieben uns denn zur Erinnerung nur die Dias, die aber längst nicht so aussagekräftig sind, wie ein lebendiger Film. Bei dieser Reise hatte ich gerade angefangen, meinen Film vor Ort mit Kommentaren zu versehen. So konnte ich vor Ort direkt einfangen, welche Gefühle bei einer solchen Reise entstehen. Die traumhaften Landschaften mit dem Sigatoka-Fluss und die Begegnungen mit den Einheimischen sind nun leider nicht in bewegten Bildern vorhanden.

Wie schon in einem vorherigen Kapitel beschrieben, bekamen wir einen mächtigen Schreck, als wir am Telefon erfuhren, dass unsere Tochter nach einem Streit von ihren Freund Hals über Kopf verlassen wurde und nach Deutschland zurückgeflogen war. Danach konnten wir den Aufenthalt nicht mehr richtig genießen, da uns die Sorgen plagten. Doch da unsere Tochter eine starke Persönlichkeit ist, ließ sie sich nicht unterkriegen und hielt tapfer auf der Finca durch, bis wir wieder zurück waren. Als wir dann wieder auf unsere Insel Teneriffa zurückgekehrt waren, mussten wir zuerst unsere Tochter moralisch wieder aufrichten. Doch das Leben geht weiter. Wir kehrten wieder in den Finca-Alltag zurück, und unsere Tochter flog zurück nach Deutschland.

15 – Behördliche Ausländerfeindlichkeit

Durch unsere negativen Erfahrungen im Baugenehmigungsverfahren vermuteten wir schon, dass die kanarischen Behörden ausländerfeindliche Tendenzen zeigten. Diese meine Vermutung wurde noch unterstützt durch einen Artikel in der deutschsprachigen Zeitung, die ein Porträt des damaligen Inselpräsidenten vorstellte. Dieser Artikel hat mich zu folgendem Leserbrief veranlasst: „Mit Interesse habe ich das Porträt unseres Inselpräsidenten Melchior gelesen. Ich kann mich als Deutscher, der ich schon seit 1984 auf der Insel lebe, nur freuen, wenn wir einen Präsidenten haben, dessen Vorfahren auch einmal von Deutschland hier eingewandert sind. Auch seine naturbezogene umweltfreundliche Einstellung habe ich als sehr positiv empfunden. Doch die Einstellung uns EU-Bürgern gegenüber, die angeblich wesentlich zur Überbevölkerung Teneriffas beitragen würden, ist mir unverständlich. Wenn tatsächlich eine Überbevölkerung der Inseln zu befürchten ist, sollten die kanarischen Statistiker differenzieren zwischen Menschen aus der EU oder Südamerika, Osteuropa und Afrika. Man sollte unterscheiden zwischen Zuwanderern, die der Insel Nutzen bringen und solchen, die das Sozialnetz belasten oder durch billige Schwarzarbeit den Kanarios die Arbeitsplätze wegnehmen. In der Regel bringt der EU-Bürger eigene finanzielle Mittel mit auf die Insel, die er hier investiert und oder Fachkenntnisse in den verschiedenen beruflichen Bereichen. Das sind Fakten, von denen die Inseln nur profitieren. Wenn man jetzt hingeht und Zuzugsstopp für alle Ausländer fordert, dann geht die Angst um unter den Zuwanderern und die ersten, die in ihre Ursprungsländer zurückkehren, sind die EU-Bürger, denn in ihrer alten Heimat haben sie immer noch eine Chance auf eine gesicherte Existenz. Doch die Zuwanderer, die aus wirtschaftlicher Not aus Drittländern hierhergekommen sind, werden bleiben und das sind meistens die, die man eigentlich nicht haben wollte. Mit einer solchen Politik sägt man sich tatsächlich den Ast ab, auf dem man sitzt. Die kanarische Bevölkerung, die uns bisher immer offen und freundlich entgegengekommen ist, wird durch solche pauschalierte Angstmacherei vor Überfremdung aufgehetzt und sich eines Tages gegen uns wenden."

An diesen deutschstämmigen kanarischen Präsidenten, der sogar in Aachen studiert hatte, habe ich später, als unsere Schwierigkeiten unüberwindlich schienen, viele Briefe gerichtet. Besonders, als sichtbar wurde, dass die Genehmigung für eine touristische Nutzung von Landhäusern in der Regel nur Ausländern verwehrt wurde. In diesen Briefen habe ich zum Ausdruck gebracht, dass Landhäuser keine Konkurrenz zu den großen Hotels darstellen, da der Individualist immer solche Landhäuser bevorzugt. Dass er aber auch, da meistens der spanischen Sprache nicht mächtig, vor Ort einen Ansprechpartner in seiner Landessprache brauche. Auch an den Tourismusminister habe ich ähnliche Schreiben gerichtet. Auf alle meine Briefe habe ich nie eine Antwort erhalten.

Doch zuerst muss ich wieder zu unseren Anfängen zurückgehen. Als wir unser Landhaus bauten, um es später touristisch zu nutzen, ahnte ich nicht, mit welchen Schwierigkeiten ich in Zukunft konfrontiert werden würde. Ein sehr netter Sachbearbeiter, der speziell für den Landhaustourismus zuständig war, besichtigte mit seiner Sekretärin nach Fertigstellung persönlich unsere Ferienanlage. Nachdem er die offizielle Baugenehmigung und das ganze Objekt begutachtet hatte, bestätigte er uns, dass eine touristische Nutzung kein Problem darstellen dürfte. Falls irgendwelche Schwierigkeiten auftauchen sollten, würde er uns immer hilfreich zur Seite stehen.

Doch wir sollten in Zukunft eines Besseren belehrt werden. Am Anfang, wie naiv, glaubte ich noch an die Gerechtigkeit der Gesetzesmühlen. Die Tourismusbehörde überprüfte 1996 verschiedene Landhäuser von Ausländern auf deren Legalität. Wir wurden dann im März aufgefordert, bis zum Juli alle erforderlichen Genehmigungen zu beantragen und die entsprechenden Unterlagen beizubringen, damit das Objekt legalisiert werden könne, da dies im Interesse aller sei. Der nette Sachbearbeiter, Herr Regalado, der unser Objekt kannte und uns Hilfe angeboten hatte, zeigte sich auch anfangs recht kooperativ. Doch als sich später die Schwierigkeiten häuften, konnte und wollte er uns nicht mehr helfen und meinte, das Ganze sei ein Politikum und würde von oben gesteuert.

Die Liste der Behörde umfasste 12 Dokumente, die ich beizubringen hatte. Von diesen fehlten mir nur zwei, und zwar eine Lizenz der Gemeindeverwaltung für eine touristische Nutzung und die steuerliche Anmeldung der Vermietung, die vierteljährlich zu zahlen ist. Also meldete ich mein Gewerbe beim zuständigen Finanzamt an und versuchte, bei der Gemeinde die nötige Lizenz zu bekommen. Doch da biss ich schon auf Granit. Obwohl ich inzwischen schon die Steuern bezahlt hatte, verweigerte mir die Gemeinde die Lizenz mit der Begründung, dass ich zuerst eine Nutzungsgenehmigung für touristische Zwecke bei der kanarischen Regierung beantragen müsse. Dies leitete ich dann in die Wege und wurde nach einiger Zeit aufgefordert, die Genehmigungsgebühren zu zahlen, was auch dann umgehend geschah. Doch die erforderliche Genehmigung ließ auf sich warten und somit konnte ich auch nicht die erforderliche Lizenz der Gemeinde erhalten. Inzwischen war bei der Tourismusbehörde die Frist für die Beibringung der erforderlichen Unterlagen verstrichen. Ich bat daraufhin um Fristaufschub, da ich ja schuldlos aufgrund der schlampigen Bearbeitung der kanarischen Regierung, die erforderlichen Unterlagen nicht beibringen könne. Diese Fristverlängerung wurde mir ohne Angabe von Gründen verwehrt. Da kam mir so langsam der Verdacht, dass man mich mit voller Absicht im Kreis laufen ließ.

Ende September kam dann ein Bescheid des Tourismusministeriums, dass eine touristische Nutzung meiner Anlage gegen öffentliche und soziale Interessen verstoße und nicht die minimalsten Voraussetzungen für eine touristische Nutzung vorlägen. Womit man die Kriterien dieser Voraussetzungen erfüllen könne, wurde nicht näher erläutert. Daraufhin schickte mir die kanarische Regierung sechs Monate, nachdem ich die touristische Nutzungsgenehmigung beantragt hatte, einen ablehnenden Bescheid, obwohl die Genehmigungsgebühren schon bezahlt und ich beim Finanzamt schon als Steuerzahler angemeldet war. Auch hier lief ich wieder wie der Hamster im Kreis, denn diese Ablehnung resultierte aus der negativen Beurteilung des Tourismusministeriums. Auf meine Anfrage wurden die schon bezahlten Genehmigungsgebühren kurzerhand in Bearbeitungsgebühren umgewandelt. Gegen diesen Bescheid habe ich umgehend Einspruch erhoben. Man wollte uns offensichtlich mürbe machen und zum Aufgeben zwingen.

Doch da wir ja von etwas leben mussten, denn unser ganzes Kapital steckte in unserer Finca, waren wir gezwungen zu vermieten, auch ohne Genehmigung. Wir hatten dabei auch kein schlechtes Gewissen, da wir ja für die Vermietung ordnungsgemäß unsere Steuern zahlten. Doch trotzdem wollten wir unsere Existenz nicht in der Illegalität lassen. Zu diesem Zeitpunkt hatte ich immer noch nicht den Glauben an die Gerechtigkeit verloren. Deshalb wandte ich mich hilfesuchend im März 1997 an den Bürgermeister von Guia de Isora, in dem Glauben, dass eine Gemeinde, die sonst nicht viel Profit vom Tourismus hat, ein Interesse daran haben müsste, den Landhaustourismus zu fördern. Doch ich hatte ja keine Ahnung von der verqueren Logik der Kanarios, die lautet, Touristen ja, aber keine ausländischen Betreiber.

So hatte denn dieser Bürgermeister mich schon im Februar bei der Tourismusbehörde denunziert und dieser mitgeteilt, dass ich heimlich an Touristen vermieten würde. Mein Widerspruch lief noch und er griff hier in ein laufendes Verfahren ein. Durch dieses hinterlistige Vorgehen des Bürgermeisters meiner Gemeinde war mein Vertrauen in die kanarischen Behörden endgültig erschüttert. Es handelte sich hier um einen anderen Bürgermeister aus einer anderen Partei als jener, welcher uns im Baugenehmigungsverfahren solche Schwierigkeiten gemacht hatte. Anscheinend waren sich alle, egal aus welcher politischen Richtung einig, wenn es um Diskriminierung von Ausländern ging.

Aufgrund dieser Denunzierung durch den Bürgermeister der Gemeinde Guia de Isora erschien der Inspektor der Tourismusbehörde mit einem Assistenten auf unserem Grundstück und stellte fest, dass wir illegal vermieten würden. Da half es auch nichts, dass wir unsere Steuererklärung vorlegten und die Unterlagen, die dokumentierten, dass wir schon mit allen Mitteln versucht hatten, zu legalisieren. Nun hörte ich mit eigenen Ohren, was ich bisher kaum wahrhaben wollte. Tourismus rural, also Landtourismus, sei eine Möglichkeit, um kanarischen Bauern eine zusätzliche Verdienstquelle zu erschließen. Davon sollten Ausländer möglichst ihre Finger lassen. Dem Assistenten war diese Äußerung sichtlich peinlich. Es gibt also noch Kanarios mit einem Gerechtigkeitssinn, dachte ich so bei mir. Doch auch er konnte hier nichts ausrichten, außer als mir in einer ruhigen Minute, in der wir alleine waren, sein Missfallen über diese Äußerung kundzutun. Dass der Inspektor mit seiner Äußerung gegen geltendes EU-Recht verstieß, focht diesen nicht an. Es handelte sich ja nur um eine mündliche Feststellung, die er jederzeit hätte abstreiten können. Wir aber wussten nun endgültig Bescheid, warum wir immer gegen Windmühlen ankämpften und trotz EU-Recht der Willkür der kanarischen Behörden ausgesetzt waren.

Doch es sollte ja noch viel schlimmer kommen. Um uns endgültig den Boden unter den Füßen wegzuziehen, kam aufgrund der Inspektion ein Bußgeldbescheid, der sich auf Euro 36.000,--belief. Hier war die Höchstgrenze angesetzt worden. Sehr oft kam es vor, dass Hotelbauten ohne Baugenehmigung hochgezogen und dann ohne Lizenzen mehrere hundert Zimmer vermietet wurden. Für solche Fälle war normalerweise diese Höchstgrenze vorgesehen. Bei uns aber handelte es sich um 6 Einheiten in einem offiziell genehmigten Projekt. Also war die Höhe der Strafe völlig unverhältnismäßig. Dies wiederum bewies, dass man uns unsere Existenz bewusst total zerstören wollte.

Danach war es unumgänglich, dass wir einen Anwalt einschalteten, der gegen die Höhe der Strafe Widerspruch einlegte. Wir fanden in der Hauptstadt Sta.Cruz einen Anwalt, der vom spanischen Festland stammte und eine deutsche Schule besucht hatte. Die Behörden fingen nun an zu feilschen, was die Höhe der Strafe anging und boten an, nunmehr nur noch die Hälfte zu verlangen. Doch das war dem Anwalt immer noch zu hoch. So wurde dann Klage eingereicht, die sich gegen die Festsetzung der Strafe, aber auch gegen die Ablehnung der touristischen Nutzung richtete.

Zu dieser Zeit gab es eine merkwürdige Vorschrift zum Vermieten von Landhäusern, die die meisten nicht erfüllen konnten, denn das Objekt musste mindestens 50 Jahre alt sein. Um dem Widerspruch ein Fundament zu geben, habe ich fleißig recherchiert. Beim Cabildo, also der kanarischen Regierung, Abteilung „tourismo rural" lagen offizielle Prospekte von Objekten aus, die ländlichen Tourismus betrieben. Viele dieser Objekte erfüllten die Kriterien nicht, da sie neueren Datums waren. Die zwingend vorgeschriebenen Voraussetzungen, wie öffentlicher Strom- und Wasseranschluss waren meistens nicht gegeben. Natürlich wurden alle diese Anlagen von Einheimischen betrieben. In den Prospekten der Reiseveranstalter kam ich zu dem gleichen Ergebnis. Dies alles dokumentierte ich und brachte es meinem Anwalt. Hier machte er mir richtig Hoffnung, was die Lizenz zur Vermietung anging, denn es könne ja nicht sein, dass mit zweierlei Maß gemessen würde. So gewann ich wieder Zuversicht, denn letztendlich siegt doch immer die Gerechtigkeit, dachte ich ganz blauäugig.

Aber eine Untugend der kanarischen Behörden kam mir in diesem Fall zugute, weil hier die Gesetzesmühlen sehr langsam arbeiten. In dieser Zeit des schwebenden Verfahrens wurden wir in Ruhe gelassen und das dauerte immerhin über vier Jahre. Ende des Jahres 2001 kam dann die gerichtliche Entscheidung, die die touristische Nutzung ablehnte mit der fadenscheinigen Begründung, dass solche Genehmigung nur in Ausnahmefällen erteilt würden. Was man in die Wege leiten sollte, um diese Ausnahmekriterien zu erfüllen, wurde nicht näher erläutert. Die Strafe wurde nunmehr auf Euro 5.000,-- herabgesetzt, was immer noch viel zu hoch war. Da ich aber immer noch von meinem Gerechtigkeitswahn befallen war, wollte ich mich noch nicht geschlagen geben. Ich schlug dem Anwalt vor, in Revision zu gehen. Doch der stellte zu meinem Erstaunen fest, dass die vorliegende Entscheidung schon von der letzten Instanz gefällt worden sei und somit eine Revision nicht möglich war. Also wurde das Urteil rechtskräftig.

Trotzdem ist es bis zum heutigen Tag nie zu einer Aufforderung der Behörden gekommen, diese Strafe zu zahlen. Aber das wusste ich in diesem Moment noch nicht. Vielmehr hatten mein Mann und ich nun endgültig die Motivation und Lust verloren und keine Kraft mehr zum Kämpfen. Wir sahen die Schönheiten der Insel nicht mehr, wollten nur noch weg und boten unser Landhaus zum Verkauf an. Aber so schnell findet man für ein so großes Objekt keinen Käufer.

Wir mussten wohl oder übel bleiben und in der gewohnten Form weitermachen, obwohl wir uns manchmal vorkamen, als ob wir auf einem Schleudersitz säßen, der uns jederzeit aus unserer Existenz hinauskatapultieren würde. Wir haben weiterhin die Pressemitteilungen verfolgt, die über den grünen Tourismus berichteten. Es machte mich immer sehr wütend, zu lesen, dass die kanarischen Inseln in Sacher grüner Tourismus gut im Rennen seien. Deshalb müsse dieser gehätschelt werden, da er der Insel naturbewusste und umweltfreundliche Touristen beschere. Das konnte doch nicht wahr sein, da ich ja genau von Seiten der Behörden das Gegenteil erlebt hatte. Im Sommer 2002 war dann in der Zeitung zu lesen, dass über 40% der ländlichen Unterkünfte weder ordnungsgemäß registriert, noch genehmigt seien. Es würden jetzt umgehend Maßnahmen ergriffen, um diese Unterkünfte zu legalisieren und dem bestehenden Angebot anzuschließen. Aufgrund von Unkenntnis der gültigen Normen über die touristische Nutzung würden diese

Landhäuser noch nicht über eine Genehmigung verfügen. Diese Einschätzung kam von der Tourismusbeauftragten Pilar Parejo im Rahmen der Vorstellung einer Studie über diesen Tourismussektor. Welch eine Farce.

Im September 2002 erschien wieder einmal der Inspektor auf unserem Grundstück. Es wurde eine sogenannte „acta de inspeccion" angefertigt. die wir innerhalb von 15 Tagen bei der Inselregierung abgeben sollten. Das wurde dann auch umgehend erledigt, aber bei der Behörde wusste eigentlich niemand Bescheid, was man damit anfangen sollte. Auch die für diesen Bereich zuständige Beauftragte, die in der Zeitung so großmundig versprochen hatte, die Landhäuser aus der Illegalität zu holen, war nicht anwesend. Ich wollte sie beim Wort nehmen und hatte den Artikel der Zeitung mit, in dem sie dieses Versprechen zum Ausdruck brachte. Um nur ja keine Fristen zu versäumen und nicht wieder mit einer Strafe belegt wurden, haben wir die ganze Sache unserem Anwalt übergeben. Doch bei mir war nun endgültig das Maß voll.

Ich habe einen Aufruf in der deutschsprachigen Presse zur Bildung einer Interessengemeinschaft gestartet mit folgendem Inhalt: „Da nunmehr wieder die Inspektoren der Tourismusbehörde unterwegs sind und jedes auch noch so kleine Landhaus ausfindig machen, welches eine touristische Nutzung vornimmt und dann Strafen bis zu Euro 30.000,-- festlegen, können und wollen wir nicht mehr länger unserem Untergang untätig entgegensehen. Deshalb wollen wir eine Interessengemeinschaft bilden, die sich der schon bestehenden anschließt, betreffend touristische Nutzung von Wohnungen in Appartementhäusern. Allein schon die Tatsache, dass die Strafen an der obersten Ermessungsgrenze liegen, zeigt, dass die Behörden unsere Existenz systematisch zerstören wollen. Nicht selten ist es schon passiert, dass ausländische Landhausbesitzer in Panik und unter Preis ihre Fincas verkauft haben. Der kanarische Gesetzgeber gibt uns keine Möglichkeit, unsere Landhäuser zu legalisieren. Gegen diese Ablehnung habe ich vor einem kanarischen Gericht geklagt und nach mehreren Jahren einen negativen Bescheid erhalten. Das wollen wir nicht länger hinnehmen und fordern eine Gesetzesänderung, die auf die besonderen Belange des Landhaustourismus zugeschnitten ist und auch neuen Landhäusern eine touristische Nutzung ermöglicht. Wir wollen keinen illegalen Landhaustourismus, wir wollen Steuern zahlen und wollen vor allem im Einklang mit dem Gesetz die Früchte unserer Arbeit ernten, denn wir alle haben viel Kraft und Geld in unsere Landhäuser investiert. Nur gemeinsam sind wir stark und haben die Kraft, mittels einer Verfassungsklage gegen diese unhaltbaren Zustände anzugehen. Also wehren wir uns, und je mehr wir sind, desto gewichtiger ist unsere Stimme. Wenn Sie auch meiner Meinung sind, melden Sie sich."

Ich habe wohlweislich die offensichtliche Ausländerfeindlichkeit der Behörden nicht erwähnt, um an die Vernunft zu appellieren und nicht auf Widerstand zu stoßen. Wir waren in der Tat nicht die einzigen Vermieter, die mit Schwierigkeiten umgehen mussten, aber bezeichnenderweise immer Ausländer, keine Einheimischen. Ich weiß von einem Landhaus im Nachbarort, welches auch von Deutschen betrieben wurde, dass diese aus Angst vor der hohen Strafe ihr Objekt Hals über Kopf verkauft haben. Es haben sich viele deutsche Besitzer gemeldet und es wurde die Interessengemeinschaft „ASTURCAN" „Verein zur Förderung des internationalen Tourismus auf den Kanarischen Inseln" gegründet. Dieser Verein gab mir wieder Hoffnung, hier zu unserem Recht zu kommen. Es wurde sogar geplant, eine Eingabe beim europäischen Gerichtshof zu machen.

Durch unsere Initiative und die Pressemitteilungen hat eine vielgelesene deutschsprachige Zeitung einen großen Artikel über das Problem veröffentlicht mit dem Titel „Wenn die Finca zum Tatort wird." Gekrönt war der Artikel von einem Foto mit mir auf unserem Grundstück. Im Artikel wurde bemängelt, dass die Fincabesitzer kriminalisiert würden. Es wurden weitere Schicksale, ähnlich wie meines, in diesem Artikel dokumentiert, aber aus Angst blieben alle anonym. Nur ich hatte den Mut, mit meinem vollen Namen und Foto in der Zeitung zu erscheinen. Dieser Artikel erschien im Dezember 2002. Zur gleichen Zeit weilte auf der Insel ein Fernsehteam des NDR, um von weihnachtlich eingestimmten Residenten und Touristen zu berichten. Dieser Artikel schien dem Fernsehteam interessante Aspekte zu bieten, über die es sich zu berichten lohnt. Der Redakteur des Zeitungsartikels fragte mich, ob ich bereit sei, bei einem Interview mit dem NDR über meine Probleme zu berichten. Ich hatte mich inzwischen so weit aus dem Fenster gelehnt, dass ich mich dem Fernsehteam mit Rede und Antwort zur Verfügung stellte. Dabei nahm ich auch kein Blatt vor den Mund, was die hinterlistige Haltung meines Bürgermeisters und die offensichtliche ausländerfeindliche

Handlungsweise der Behörden anging. Die Tourismusbe-auftragte war sogar zu einem Interview mit dem Fernseh-team bereit, doch als es dazu kam, schickte sie eine Ver-treterin, die versprach, sich der Sache anzunehmen. Doch danach hat sich nichts geändert. Wir blieben weiterhin in der Illegalität. Etliche Gäste, die unsere Finca besuch-ten, konnten sich an diesen Fernsehbericht erinnern und wunderten sich über die Vorgehensweise der Behörden.

Was hatte ich mit meinem öffentlichen Protest er-reicht? Gar nichts, im Gegenteil, jetzt, wo die ganze Sache an die Öffentlichkeit gelangte, bekam unser Rei-severanstalter kalte Füße und wir mussten uns einen anderen suchen. Letztendlich sei gesagt, dass ich alles versucht habe, was möglich war, um zu legalisieren. Doch egal, wo ich mich hinwandte, ich wurde immer blockiert. Bezeichnend ist, dass die meisten Denunzierungen von Landhäusern aus der Gemeinde Guia de Isora kamen. Andere Gemeinden der Insel lassen ihre Bürger in Ruhe, auch wenn es Ausländer sind. Sie können ohne Probleme vermieten, Hauptsache sie zahlen ihre Steuern. Ich ken-ne Fälle, die auch heute noch illegal vermieten, ohne von den Schwierigkeiten heimgesucht zu werden, die wir aus-halten mussten. Was lag also näher, als dieser Gemeinde schnellstens den Rücken zuzukehren, indem wir einen Käufer suchten. Wir fühlten uns rausgeekelt und auf der schönen Insel nicht mehr willkommen. Doch es sollte noch bis 2004 dauern, bis wir einen Käufer fanden.

16 – Die kanarische Natur

Um unseren Ärger und Stress zu kompensieren, begaben wir uns oft zum Wandern in die kanarische Natur. Diese Zeit mussten wir uns nehmen, um wieder Ruhe zu finden und die negativen Gedanken zu verscheuchen. In der herrlichen Natur Teneriffas konnte uns das immer gelingen. Hier konnten wir die Seele baumeln lassen und uns ganz dem Einfluss dieser unverfälschten Natur hingeben. Mit der Zeit kamen uns die Strände nichtssagend und langweilig vor. Viel lieber zog es uns in die Berge oder Wälder Teneriffas.

Es waren immer wieder schöne Erlebnisse, uns mit Freunden zu treffen, um dann gemeinsam zu wandern. Hierzu ist zu sagen, dass Teneriffa ein Kontinent im Kleinformat ist. Man hat alle Landschaften und ganz verschiedene Klimazonen. Mit zwei ganz verschiedenen Gesichtern bietet sich diese Insel dem Wanderer dar. Der Norden ist aufgrund häufiger Regenfälle tropisch und üppig grün. Der Süden ist staubig und karg, aber sonnensicher, was für die meisten Touristen den Reiz ausmacht. Diese kommen hauptsächlich im Winter wegen des milden Klimas und der Sonne wegen. Deshalb ist auch der Süden mehr als der Norden touristisch geprägt.

Der Touristenort Playa de las Americas ist ein aus dem Boden gestampfter Touristenort mit vielen Hotels in Hochhausarchitektur und deshalb kein besonders reizvoller Ort. Die Touristen bleiben meistens in ihren Hotelanlagen, machen höchstens einmal eine Tour mit dem Bus über die Insel. Ansonsten sehen die meisten nicht viel von der Insel und ihrer phantastischen Natur und verpassen so das Schönste der Insel.

Da wir das ganze Jahr auf der Insel weilten, konnten wir wettermäßig, besonders im Gebirge, die unterschiedlichsten Klimaverhältnisse und Vegetationsstufen erleben. Die hohe Gebirgskette ist auch der Grund, warum der Norden feucht und der Süden karg ist. Die feuchtigkeitsspendenden Passatwolken verbleiben im Norden, weil sie das Gebirge nicht überwinden können. Sie regnen sich meistens an den bewaldeten Hängen des Nordens ab.

Gehen wir einmal von Anfang an durch das Jahr. Im Januar oder Februar fällt im Gebirge in höheren Lagen meistens Schnee. Der erste Schnee ist immer ein großes Ereignis. Es bot sich ein grandioses Bild, wenn wir von unserer sonnendurchfluteten Finca in den klaren blauen Himmel schauten und konnten das Gebirgsmassiv im weißen Kleid bestaunen. Von uns aus konnte man den 3.800 m hohen Teide nicht direkt erkennen, denn er wurde vom Berg Chinyero teilweise verdeckt. Bei Schnee machten wir uns samt Schlitten und Langlaufskiern auf den Weg in die Berge. Oft waren die Hunde mit dabei. Als sie noch jung waren und zum ersten Mal mit Schnee in Berührung kamen, kugelten sie sich darin und waren Weltmeister im Fangen von Schneebällen.

Von Jahr zu Jahr war die Schneemenge unterschiedlich. Doch mitunter war die Landschaft so dick zugeschneit, dass man die Wege nicht mehr erkennen konnte. Hohe Bäume, die uns hätten den Weg weisen können, gab es hier oben nicht. Die Ginsterbüsche, welche die Wege säumten, waren total im Schnee versunken. Die Verkehrsstraßen, die über das Gebirge in den Norden führten, waren im Winter oft gesperrt, weil die Schneepflüge mit dem Räumen nicht nachkamen. Dann waren die Schneewände rechts und links der Straße meterhoch. Es machte riesengroßen Spaß, im Gebirge den Winter zu erleben mit dem Bewusstsein, dass man unten wieder in sommerliche Temperaturen eintauchen konnte. So kam man dann mit dem Auto Stück für Stück wieder in die wärmeren Regionen.

Im Süden gab es dann Ende oder Anfang des Jahres die heiß ersehnten Regenfälle, die auch oft in Unwetter ausarteten und zu Überschwemmungen führten. Die ansonsten trockenen Barrancos waren dann donnernde reißende Bäche und nahmen alles mit, was im Wege stand. Oft waren Straßen, besonders in den Bergen, unpassierbar, weil Felsbrocken den Weg versperrten. Obwohl es im Winter auch im Süden regelmäßig starke Regenfälle gab, waren die Kanarios mit ihren Häusern darauf absolut nicht eingerichtet. Die früheren alten kanarischen Häuser hatten Satteldächer mit Dachstühlen aus Holz und mit Tonziegeln eingedeckt. Doch die neuen Häuser in den Dörfern waren hässliche viereckige Kästen mit Flachdächern aus Beton, die nicht gegen Feuchtigkeit isoliert waren. Bei Regen tropfte es dann überall durch, was den gleichgültigen Kanario überhaupt nicht aus der Ruhe bringen konnte.

Wir hatten natürlich ein schönes wasserfestes ziegelgedecktes Satteldach, so dass uns die Regenfälle nichts anhaben konnten. Auf unserem hanglagigen Grundstück waren die Wege weder betoniert noch gepflastert, sondern mit Picon belegt. Das sind kleine vulkanische sehr saugfähige Steine, die man auch zum Abdecken der Felder benutzt. Sie nehmen das Wasser auf und speichern es. Deshalb gab es bei uns selten Land unter bei starken Regenfällen. Nach solchen Regenfällen ging ich gerne mit den Hunden in der Nähe unseres Hauses auf Wanderschaft. Die Natur atmete auf.

Bei den Pflanzen kam es mir oft vor, als ob sie lachen würden. In den Trockenperioden sahen sie immer sehr traurig aus. Jetzt blühten die Wolfsmilchgewächse wie Tabaiba und Cordon zusammen mit wilden Margeriten und Lavendel um die Wette. Zwischen der Steinwüste war das Leben erwacht. Auch die stacheligen Opuntien zeigten mit ihren gelben und roten Blüten, dass sie sich wohlfühlten. Auch auf unserem Grundstück blühten der Christdorn und die Weihnachtssterne, die ja auch Euphorbiengewächse sind, in voller Pracht. Selbst die gelb und orange blühende Aloe rankte ihre Blütenstängel in das Sonnenlicht hinein. Am Zaun rankte die Kletterpflanze Bignonie, die nun ihre schönen orangefarbenen Blüten entfaltet hatte. Die Mango-, Avocado- und Mispelbäume entwickelten in dieser Zeit auch ihre Blüten und man konnte schon sehen, ob wir im Sommer reiche Obsternte zu erwarten hätten.

Natürlich spross in dieser Zeit auch das Unkraut reichlich. Besonders eine Pflanze verbreitete sich rasend schnell. Sie hatte helle stark wasserhaltige Blätter, mit denen man sich sogar die Hände waschen konnte. Drückte man die Blätter zusammen, floss das Wasser nur so daraus heraus. Der Winter, der im Gebirge als solcher zu spüren war, hatte unten in den Tälern ein anderes buntes Gesicht. Die Temperaturen fielen selten unter 20 Grad, jedoch konnten sie am Abend oder in der Nacht gerade einmal 10 Grad betragen. Das ist in Häusern ohne Zentralheizung dann doch etwas kühl, besonders an regnerischen Tagen.

Doch ganz schnell geht dann der Winter in den Frühling über und das ist eigentlich die schönste Jahreszeit auf der Insel. Es war die Zeit, in der die menschlichen Zugvögel wieder zurück in ihre angestammte Heimat flogen. Viele unserer Freunde gehörten zu diesen Zugvögeln. Deshalb waren unsere sozialen Kontakte in der Winterzeit am intensivsten. Im Frühjahr ist dann auch die Insel nicht mehr so überlaufen. Für uns war es die Zeit, in die Wälder oder ins Gebirge zu wandern.

Besonders nach einem feuchten Winter konnte man hier einen riesigen bunten Steingarten bewundern, der in den Farben gelb, blau, weiß, rosa und rot mit dem Blau des Himmels wetteiferte. Besonders beeindruckend ist die Taginaste, der Natterkopf oder Teidekerze genannt. Hier handelt es sich um eine solche spektakuläre Pflanze, dass man nur noch staunend davor stehen kann. Im Winter ist sie ohne farbige Blütenkerze eine unauffällige Pflanze, deren Blätter, die behaart sind, um sich vor Kälte zu schützen, dicht am Boden wachsen. Doch in der Blütezeit wächst die Pflanze im wahrsten Sinne des Wortes über sich hinaus. Die Blütenkerze ragt meterhoch in den stahlblauen Gebirgshimmel und ist mit unzähligen roten Blüten geschmückt. Ringsherum blüht gleichzeitig der weiß-rosa Ginster und verbreitet seinen angenehmen Duft. Um dieses Naturschauspiel eingehend zu bewundern, muss man das Gebirge zu Fuß erkunden. Das machten wir oft und gerne. Besonders konnten wir die Natur auf uns einwirken lassen, indem wir inmitten dieser Pracht ein Picknick veranstaltet haben.

Einmal habe ich meine Malutensilien mitgebracht und die ganze Pracht mit Farbe und Pinsel festgehalten. Dieses Bild betrachte ich mir auch heute immer noch sehr gerne. Wenn man Glück hatte, begegnete man so einer Art Rebhühner, deren Hähne ein buntes Gefieder haben. Ansonsten gibt es auf den Inseln keine größeren Säugetiere. Im Gebirge existieren Mufflons, die vor vielen Jahren dort angesiedelt wurden, damit die Jäger etwas zum Schießen haben. Da die ganze Gebirgsregion Naturschutzgebiet ist und dort viele schützenswerte, seltene endemische Pflanzen wachsen, ist die Existenz der Mufflons sehr umstritten, da sie viele dieser Pflanzen fressen. Sie sind keine natürlichen Bewohner der Bergregion und haben sich stark vermehrt. Aus diesem Grund hat es eine Aktion von Naturschützern gegeben, die diese Tiere dezimieren oder gar ausrotten wollten. Doch dann hätten die Jäger nichts Nennenswertes mehr zum Schießen gehabt und haben deshalb wiederum protestiert. Wir haben selbst oben im Gebirge eine solche Protestaktion der Jäger miterlebt, wo sie sich als Tierschützer aufspielten. Dabei haben die kanarischen Jäger alles andere im Sinn, als die Natur und die Tiere zu schützen.

Wie schon erwähnt, achten sie die Kreatur nicht, und ihre Hunde, die sie zur Jagd mitnehmen, führen ein elendes Dasein. So sehr uns auch das Schicksal der kanarischen Hunde berührt hat, so haben wir trotzdem die kanarische Natur zu allen Jahreszeiten genossen. Von Guia de Isora aus fuhren wir vor allem im Frühling oft auf der Landstraße in Richtung Norden. Nach nicht langer Fahrzeit hatten wir dann die Region el Tanque erreicht. Dort gab es herrliche unberührte Wälder und Landschaften zu entdecken. Wiesen mit zahlreichen pinkfarbenen Fresien erfreuten im Frühjahr das Auge. Die Wälder waren oft geheimnisvoll, weil feuchte Passatwolken die Kiefern in einen dichten Nebel hüllten. Aus diesem Grund gab es dort immer eine saftig grüne Landschaft zu bewundern.

Wie schon erwähnt, sind diese Passatwolken wichtig für die Insel, denn sie sind der Wasserlieferant. Nicht weit davon entfernt kommt man nach Tierra el Trigo. Dort gibt es eine Talmulde, in der sich das Wasser der umliegenden Berge sammelt und einen See bildet, der das ganze Jahr über Wasser hat. Unser Hund Tobi ging dort besonders gern zum Schwimmen. Ringsherum blühten Wiesen mit rotem Klatschmohn. Als wir noch unser Wohnmobil besaßen, haben wir dort übernachtet und die herrliche Natur genossen.

Der Wechsel der Jahreszeiten vollzieht sich in Küstennähe unmerklich, doch im Gebirge und in den Wäldern ist er deutlich zu spüren. Da immer eine frische Brise weht, sind auch die Sommer in der Regel erträglich, außer, der Schirokko sucht die Insel heim. Das sind heiße afrikanische Wüstenwinde mit viel Sand in der Luft. Diese Witterungsverhältnisse sind sehr unangenehm, da auch am Abend die Luft nicht abkühlt. Selbst im Gebirge, auch in höheren Lagen, wütet dann die Hitze. In dieser Situation ließ es sich nur im Pool aushalten.

Im Sommer sehen die Pflanzen im Süden, die eigentlich sehr genügsam sind, trocken und traurig aus. Es fällt in dieser Jahreszeit auch im Norden so gut wie kein Regen. Die Wälder leiden unter extremer Trockenheit. Das wiederum erhöht die Feuergefahr. Sehr oft entstehen in den kanarischen Wäldern zu dieser Jahreszeit große Waldbrände, die man kaum in den Griff bekommt. Doch eine gesunde, kräftige kanarische Kiefer ist durch so einen Brand nicht kleinzukriegen. Hier hat die Natur Vorsorge getroffen. Diese Bäume besitzen eine extrem dicke Borke, die sie vor der völligen Vernichtung schützt. In den seltensten Fällen gelingt es dem Feuer bis zum Herzen des Stammes vorzudringen. Nur die Äste und die äußere Hülle sieht schwarz und verkohlt aus. Wenn man nach solch einer Feuersbrunst durch den Wald geht, sieht alles schwarz aus und man glaubt, der Wald werde sich nie wieder erholen. Zuerst wird es auf dem Boden wieder grün und wenn man genau hinschaut, sieht man, dass die Kiefer wieder zaghaft versucht, ihre Triebe auszustrecken. Natürlich dauert es eine ganze Zeit, bis der Wald wieder so aussieht, wie er einmal war. Doch eigentlich ist er unzerstörbar. Doch oft breiten sich die Brände so stark aus, dass sie ganze Dörfer bedrohen. Die Feuerwehr muss hier oft machtlos der Vernichtung zuschauen. In der Vergangenheit ist es schon vorgekommen, auch auf anderen Inseln, dass Feuerwehrleute vom Feuer eingeschlossen, umgekommen sind. Das Feuer ist im Sommer der Feind der kanarischen Inseln. Deshalb wird auch auf Warnschildern auf dem Wege in die Bergregionen immer auf die Feuergefahr hingewiesen, die in verschiedene Gefahrenzonen eingeteilt ist.

Auch der Sommer geht im Süden und in Küstennähe unmerklich in den Herbst über. Einen Herbstwald mit bunt gefärbten Blättern findet man recht selten. Einzig im Norden, wo einige Laubbäume wachsen, verlieren die Bäume ihre Blätter. Dazu gehören der Feigenbaum, die Rebe, der Mandelbaum und auch der Esskastanienbaum. Im Herbst kann man den jungen Wein trinken, der dann zusammen mit gerösteten Maronen genossen werden kann. Zu solchen Festen wurden wir auch desöfteren von unseren kanarischen Nachbarn eingeladen.

Wenn der Herbst schon fast in den Winter übergeht, war im Norden der Wald voller Pilze. Auf Teneriffa gibt es einige endemische Pilze, doch ansonsten wachsen auch die Sorten, die wir von Europa her kennen. Die meisten werden alle viel größer als die in unseren Heimatregionen. Es wächst kein Pilz, der tödlich giftig ist, was eine gewisse Beruhigung beim Pilzsammeln darstellte. Wir hatten uns im Laufe der Zeit als richtige Pilzspezialisten gemausert. Beim Pilzesuchen brauchte man den richtigen Pilzdurchblick. In Anbetracht der langen Nadeln, die die kanarischen Kiefern tragen, ist auch der Waldboden dicht damit bedeckt. Unter dieser dichten Nadelschicht halten sich Wärme und Feuchtigkeit und die Pilze haben ein ideales Klima. Doch man sieht sie nicht auf Anhieb, man muss stochern, wenn man kleine Erhebungen erkennt. Wir haben dann immer die Wälder, besonders den Esperanza-Wald, wie die Trüffelschweine durchkämmt. Wenn man einmal eine Pilzstelle entdeckt und die Nadelschicht entfernt hatte, kamen unzählige Pilze zum Vorschein, die über- und untereinander wuchsen. Für die Menge Pilze, die wir hier an einer einzigen Stelle fanden, hätten wir in Deutschland Stunden gebraucht. Wir haben einmal an einem Nachmittag 45 kg Pilze aus dem Wald geholt. Was macht man mit so viel Pilzen? Wir haben diese in feine Scheiben geschnitten und auf unserer Tischtennisplatte zum Trocknen ausgelegt. So hatten wir Pilze das ganze Jahr über. Doch einen negativen Aspekt hatte das Ganze. Nach dem Genuss der Pilze überfiel meinen Mann eine heftige Allergie. Nach Studieren etlicher Pilzbücher hatten wir schnell den Übeltäter, nämlich den Butterpilz oder Maronenröhrling. Dieser kann laut Beschreibung allergische Reaktionen hervorrufen. Wir haben dann diesen Pilz weiterhin gesammelt, doch separiert, damit mein Mann ihn nicht aus Versehen isst. Doch die Allergie hatte sich so weit gesteigert, dass die Ausdünstungen beim Trocken oder nur das Anfassen schon eine weitere Allergie auslösten. So haben wir uns denn in Zukunft nur auf die anderen Pilze beschränkt, denn davon gab es mehr als genug. Ich bin nie wieder in meinem Leben als solch erfolgreicher Pilzsammler unterwegs gewesen.

Wenn im Dezember die Adventszeit kam, waren am Strand und auch bei uns in ca. 400 m Höhe die Tagestemperaturen mild. Eine richtige adventliche Stimmung konnte da nicht aufkommen. Doch dem konnte man abhelfen, denn dann ging es in die Berge zum Wandern. Warme Wintersachen, die wir sonst das ganze Jahr nicht brauchten, kamen dann zu ihrem Recht. Die Hunde, die sich bei diesen Temperaturen wohlfühlten, waren dann außer Rand und Band. In den Canadas, also der vulkanischen Kraterlandschaft, pfiff uns dann ein kalter Wind um die Ohren. In den Wäldern sammelten wir dann Tannenzapfen, die auf den Kanaren riesengroß werden, wenn sie von sehr alten Bäumen stammen. Wenn wir genügend Winter geschnuppert hatten, stellte sich die

Adventsstimmung ein. Doch dann freuten wir uns schon wieder auf die milderen Temperaturen in unserem tropischen Garten, der zu dieser Jahreszeit in voller Blütenpracht stand. Das Weihnachtsfest konnte kommen und unsere Kinder auch, die jedes Jahr die Festtage auf Teneriffa verbrachten.

17 – Kanarisch kulinarisch

Ein wichtiger Bestandteil der kanarischen Küche ist die Mojo-Soße. Es gibt sie in rot oder grün und darf bei keiner Mahlzeit fehlen. Jede kanarische Hausfrau hat für diese Soße ihr eigenes Geheimrezept. Die Basis dieser Soße ist Olivenöl, Knoblauch, Wein und verschiedene Gewürze. Die grüne Soße enthält Kardamom-Blätter, dort Silantro genannt. Silantro ist vom Aussehen her leicht mit der Petersilie zu verwechseln und hat in der kanarischen Küche einen festen Platz. Die rote Mojo-Soße erhält ihre rote Farbe durch Paprika-Gewürz. Die kanarische Küche ist nicht besonders vielfältig, doch in der heutigen Zeit sehr deftig. Haben sich die Menschen auf den Inseln früher sehr spartanisch ernährt, so essen sie heute sehr viel Schweinefleisch. So große und dicke Koteletts habe ich nur auf den Kanaren gesehen. Grillfeste auf den dafür vorgesehenen Grillplätzen in der kanarischen Natur sind für die Einheimischen die schönste Freizeitbeschäftigung. Hier trifft sich die Großfamilie und es werden Mengen von Fleisch vertilgt. Dazu isst man sogenannte „Papas arrugadas", das sind kleine Kartoffeln, die mit einer Salzkruste überzogen sind. Besonders gut schmecken diese, wenn sie mit „Papas bonitas" hergestellt sind. Das sind kleine, mit vielen Ausbuchtungen behaftete Kartoffeln, die der Urkartoffel aus Südamerika sehr nahe kommen.

Auch wir haben uns oft auf diesen Grillplätzen eingefunden und die Kanarios merkten sehr schnell, dass
wir keine Touristen waren. Wir haben uns immer wieder
gefreut, wie unvoreingenommen und gastfreundlich uns
die Einheimischen gegenübertraten. Das waren wir von
deutschen Grillplätzen nicht gewohnt. Da will jeder sein
eigenes Ding machen und keiner soll ihn dabei stören.
Doch so nicht die Kanarios, sie waren neugierig auf uns
und unsere Meinung über die Insel mit ihren Menschen
war ihnen wichtig. Bei einem kanarischen Wein ließ es
sich denn gut plaudern oder radebrechen mit Händen
und Füßen. Wenn wir auch mit der Zeit auch schon vieles
verstanden, so war es doch schwierig, unsere Gefühle immer korrekt in der fremden Sprache auszudrücken. Die
Kanarios ließen uns gern hinter die Kulisse ihres Insel-
lebens schauen. Wir mussten dann natürlich auch alles
kosten, was so auf den Grillteller passte. Alles schmeckte uns prima, außer Gofio. Das Erbe der Guanchen, also
der Ureinwohner der Inseln, ist das Gofio. Hier handelt
es sich um Mehl, welches aus gerösteten Weizenkörnern
hergestellt ist. Das Mehl wird angefeuchtet, etwas gewürzt und zu kleinen Klößen geformt. Man isst es zum
Fleisch oder als Nachtisch mit Honig gesüßt. Gofio darf
in keiner Linsensuppe fehlen. Unsere Tochter wollte diese Suppe nie ohne Gofio essen.

Früher, in nicht so üppigen Zeiten, war dieses Mehl
die Hauptnahrung. Man aß es auch zum Frühstück ver-
mischt mit Ziegenmilch. Ziegen waren in der Vergangenheit hauptsächlich der Milch- und Fleischlieferant.
Auch heute noch gibt es auf der Insel wenig Kühe, die
Frischmilch liefern. In den Supermärkten findet man

meistens H-Milch oder Milchpulver. Deshalb gab es auch keinen Quark- oder Buttermilch zu kaufen. Frischmilch zu bekommen, war nicht überall möglich. Wenn ich dann einmal einen Quarkkuchen backen wollte, brauchte ich dazu drei Liter Frischmilch. Diese ließ ich dann sauer werden und die Molke durch einen Kaffeefilter abtropfen, dann hatte ich meinen Quark. Wenn es auch Quark nicht zu kaufen gab, so bekam man doch „Queso blanco" also frischen Ziegenkäse, der ganz hervorragend schmeckte. Diesen gab es auch mit Mandelschalen geräuchert, dann schmeckte er besonders würzig. Ziegenkäse mit Feigen war eine beliebte Vorspeise.

Unsere Tochter wollte manchmal echt kanarisch kochen, denn das hatte sie bei ihrer Freundin gesehen. Also ließ ich sie gewähren. Da gab es manchmal Tortilla. Das ist so eine Art Bauernfrühstück mit Kartoffeln, Schinken, Zwiebeln und vielen Eiern. Kleine Schweinefleischstücke, sogenannte „Carne picada", in viel Olivenöl knusprig gebraten, konnte sie sehr lecker zubereiten. Die kanarische Küche kennt nur kurzgebratenes Fleisch ohne Soße, da der Bratenfonds nicht abgelöscht wird. Die Backofenröhre nutzt die kanarische Hausfrau vorwiegend zum Kuchenbacken. Doch da gab es Einschränkungen, denn Hefeteig stellte nur der Bäcker her.

Im Supermarkt konnte ich deshalb keine Frischhefe kaufen. Diese musste ich mir beim Bäcker besorgen. Der war dann ganz interessiert, was ich denn damit backen wollte. Es sollte ein Streuselkuchen werden. Kanarischer Kuchen schmeckte uns nicht, denn er war sehr süß und meistens mit viel fettiger Creme hergestellt. Selbst der Bäcker mochte seinen eigenen Kuchen nicht. Doch er erzählte mir, dass seine Kunden nur Kuchen bevorzugen, der sehr süß sei. Ihm selber würde das auch nicht schmecken, doch Geschäft ist Geschäft. Die Geschmacksnerven der Einheimischen sind auf diesen überdimensionalen Zuckergenuss eingestellt. Deshalb war alles für unsere Begriffe total übersüßt. Ich habe Marmeladen aus diesem Grund immer selbst hergestellt, denn die gekauften waren so süß, dass man den Fruchtgeschmack nicht mehr erkennen konnte.

Wenn man im Restaurant einen sogenannten Cortado bestellte, bekam man einen Kaffee in einer kleinen Glastasse, auf deren Boden als weiße Schicht die „Leche condensada" schimmerte. Das war kondensierte übersüße Milch, die eine Konsistenz wie Honig hatte. Wir bestellten uns diesen Kaffee immer mit normaler Milch, dann war er trinkbar.

Mit der Zeit sprach es sich bei den Residenten herum, wo man gut und preiswert essen konnte. Nach dem Wandern in der kanarischen Natur sind wir gerne in einfachen Gaststätten eingekehrt, in denen man eine gute „Sopa de garbanzas" essen konnte. Das ist ein kanarischer Eintopf aus Kichererbsen und Schweinefleisch. Ganz in unserer Nähe gab es ein Restaurant, wo wir uns gerne mit Freunden trafen. Dort waren die Vorspeisen fast das Beste. Kleine grüne gegrillte Parikaschoten mit grobem Salz „Pimientons el Padron", frische Champignons oder „gambas el ajillo", Garneelen in einer heißen Tonschale gereicht, waren Spezialitäten. Sehr beliebt waren auch die „Salchichas", kleine Bratwürstchen, die flambiert zum Tisch gebracht wurden. Oft war man schon von den Vorspeisen satt. Dann gab es da noch eine Blutwurst, die mit

Zucker und Zimt gewürzt war, doch nichts für unseren Geschmack. Ich habe sie wegen des Zimtgeschmackes immer Weihnachtswurst genannt.

Ansonsten waren Wurstwaren nicht besonders schmackhaft auf den Kanaren. Eine Ausnahme machte der Serrano-Schinken. Unsere Tochter mochte sehr gerne „Chorizo", eine luftgetrocknete Dauerwurst mit großen Fettstücken darin, die aber nicht unser Geschmack war. Doch es gab ja einen deutschen Metzger, wo wir unseren Hunger auf deutsche Wurst stillen konnten. Die kanarischen Metzger verkaufen nur einheitliche Fabrik-Wurstwaren und deshalb gibt es auch keine Vielfalt. Beim deutschen Metzger hingegen war die Auswahl groß.

Wir sind schon viel gereist und haben immer wieder festgestellt, dass es auf der ganze Welt nicht so ein umfangreiches Angebot an Wurstwaren gibt wie in Deutschland. Genauso verhält es sich mit Brot. Auch da war es notwendig, den deutschen Bäcker aufzusuchen, der direkt neben der deutschen Metzgerei war. Für uns waren dafür 25 km hin und wieder zurück in Kauf zu nehmen. Da musste man schon einen geräumigen Gefrierschrank haben, um die Vorräte zu horten. Deutsche Produkte auf den Kanaren zu kaufen, war natürlich teuer. Dafür waren die kanarischen Brötchen recht preiswert. Sie waren im frischen oder aufgebackenen Zustand knusprig und lecker. Im Restaurant wurden diese Brötchen zu jeder Mahlzeit gereicht.

In den Bergen gab es eine Gaststätte, die eine herrliche Avocado-Soße herstellte, mit der man dann das Brot bestreichen konnte. Kaninchen- oder Ziegenfleisch mit Paprika, Zwiebeln und Knoblauch gebraten, stellte den

Hauptgang dar. Es war eine urige Gaststätte, deren Wände mit Bildern geschmückt waren, die aus verschiedenen Körnern bestanden. Viele Gaststätten waren gemütlich mit viel Holz und alten kanarischen Ackergeräten gestaltet. Oft aber waren die Gaststätten kahl mit einer schrecklichen Akkustik. Wenn wir einen Ausflug zum Esperanza-Wald gemacht hatten, besuchten wir gerne eine gemütliche Gaststätte, die viele Fleischgerichte anbot. Hähnchen, Lamm und Schweinekoteletts wurden auf urigen Holzbrettern serviert. Nach soviel Fleischgenuss, denn die Portionen waren riesig, wollten wir uns in den nächsten Tagen nur noch vegetarisch ernähren. Doch man konnte ja besonders gut auf Fisch ausweichen.

Bei den Fischern in Playa San Juan kauften wir des öfteren Tunfisch. Es handelte sich hier um Bonito eine kleine Tunfischart. Wir kauften diesen direkt vom Boot der Fischer. Zu Hause wurde er zerteilt und eingefroren. Meine besondere Spezialität war dann Tunfischgulasch. Wenn ich Gäste zum Essen einlud, war dies immer ein beliebtes Gericht. Ansonsten bereitete ich zu Haus selten Fischgerichte zu. Da gingen wir dann lieber ins Restaurant unten am Strand. Ein preiswertes Fischgericht war „Choco", ein im ganzen gebratener Tintenfisch, der zwar etwas knorpelig war, mir aber immer sehr gut schmeckte. Besonders lecker waren „Chipirones", das sind ganz kleine Tintenfische. Der Tintenfisch wurde oft auch als Pulpo-Salat verarbeitet und mit Rotwein abgeschmeckt. Das aß mein Mann besonders gern. Wenn wir in ein Fischrestaurant kamen, fragten wir zuerst nach „Lapas",das sind kleine Halbmuscheln, die von den Felsen gepflückt werden. Sie werden als Vorspeise serviert, beträufelt mit grüner Mojo-Soße. Der Fischreichtum im Atlantik ist immer noch groß und man kann viele Arten von Fisch in den Restaurants bekommen. Als wir noch im Süden wohnten, besuchten wir gerne ein kleines Fischrestaurant in einem kleinen Küstenort. Die „Hama de casa" also die kanarische Hausfrau werkelte dort in der Küche. Man wird als Gast gerne in die Küche eingeladen, um sich dort den gewünschten Fisch aussuchen zu können. Dieser wird dann nach Gewicht berechnet. In der Küche stellt man dann fest, dass alles sauber und hygienisch ist. Das Angebot an Fischen war oft unterschiedlich, je nachdem, was die Fischer aus dem Meer geholt hatten. In diesem Restaurant schmeckten die panierten Tintenfischringe besonders gut, da sie frisch zubereitet wurden. Auch die kleinen Sardinen, die im ganzen gebraten wurden, schmeckten dort hervorragend.

Da wir hier öfters einkehrten und auch Freunde mitbrachten, entwickelte sich zu den Betreibern ein persönliches Verhältnis. Wir kannten mit der Zeit die ganze Familiengeschichte einschließlich diverser Krankheiten. Wenn wir kamen, wurden wir schon freundlich und emotional begrüßt. Auch, als wir schon im Südwesten auf der Finca wohnten, hielten wir diesem Restaurant die Treue. Doch nun waren es immerhin über 30 km, die wir dorthin zurücklegen mussten. Das verbanden wir dann immer mit einem Strandaufenthalt am El-Medano-Strand oder verbanden es mit dem Einkauf beim Metzger und Bäcker. Wir stellten dann auch fest, dass allgemein in den Restaurants für Touristen andere Preise berechnet wurden, als für uns. Wenn wir unseren Gästen auf der Finca ein Restaurant empfahlen, baten wir sie zu erwähnen, dass sie auf unsere Anregung hin das Restaurant aufsuchten. Nach diesem Hinweis mussten sie auch nicht die höheren Touristenpreise zahlen. Irgendwann waren die Besitzer des Restaurants alt und krank und konnten es nicht mehr betreiben. Der Sohn übernahm nun die Gaststätte der Eltern. Doch er wollte anscheinend schnell reich werden, denn die Preise wurden drastisch erhöht, obwohl die Qualität des Essens nachließ. Wir haben daraufhin dieses Lokal nicht mehr besucht. Auch alle unsere Freunde, die dort regelmäßig zum Essen waren, blieben weg. Das mit dem reich werden, hatte auf diese Weise nicht geklappt, denn wir hörten irgendwann, dass das Lokal schließen musste. Das, was sich die Eltern mühsam aufgebaut hatten, wurde von der nachfolgenden Generation zerstört.

Wenn wir in der Hauptstadt Sta. Cruz etwas zu erledigen hatten, kehrten wir gerne mitten in der Altstadt in einen Imbiss ein, der auch vielfältige tropische Säfte anbot. Diese wurden vor unseren Augen dort von frischen Früchten hergestellt. Zum Essen bestellten wir dann immer einen Spezialteller mit Hähnchenfilet, der wunderbar garniert war. Dort fand man die verschiedensten Früchte, Avocadocreme und andere Soßen zum Dippen. Ein knuspriges, frisches Baguettebrötchen gehörte auch dazu. Für den Hunger zwischendurch gab es in allen kanarischen Imbissbuden sogenannte „Bocadillas". Das war das eben genannte Brot, entweder belegt mit Käse, Salami, gekochtem oder Serrano-Schinken. Besonders lecker war es belegt mit Tortilla oder Lomo. Das war mariniertes Schweinefilet, in Scheiben geschnitten. Auch zu Hause habe ich dieses Lomo gerne zubereitet mit Kartoffeln und Sauerkraut. So kam es dann zu einer kanarisch-deutschen Menüvereinigung.

In den kanarischen Restaurants gab es als Beilage niemals gekochtes Gemüse, sondern immer Salat mit Tomaten, Zwiebeln und wenn man Glück hatte, Avocados. Diesen musste man dann selber mit Öl beträufeln und würzen. Die Tomaten waren in den Anfangsjahren sehr würzig und schmackhaft. Doch die Bauern waren dazu übergegangen, die sogenannten Longlife-Tomaten anzupflanzen, weil sie eine längere Haltbarkeit hatten. Die Schale war aus diesem Grund sehr hart und das Aroma der Tomate total verlorengegangen. Wir waren deshalb dazu übergegangen, unsere eigenen Tomaten anzupflanzen, deren Samen aus Deutschland stammte. Da hatten wir sie wieder das ganze Jahr, die würzigen von der Sonne Teneriffas geküsste Tomaten.

Zum Ort Adeje gehören die großen Touristenzentren im Süden mit ihren Hotelanlagen. Dort sind die Gaststätten nur auf den Geschmack der Touristen eingestellt, besonders der englischen. Deshalb sind die Preise hoch und die Qualität niedrig. Der Ort Adeje hingegen hat im Kern etliche kleine Gaststätten, die sich den kanarischen Charme bewahrt haben. In diese Gaststätten verirren sich selten Touristen. Diese Lokale sind meistens von Überwinterern oder Residenten frequentiert. Da sei nun von einem Restaurant berichtet, welches keine beondere Atmosphäre hat. Die Tische und Stühle stehen eng in einem schmucklosen Raum und auf dem Bürgersteig befinden sich auch Sitzgelegenheiten. Trotzdem ist das Lokal jeden Tag rappelvoll, warum? Hier wird nur ein Gericht angeboten, nämlich „Muslo de Pollo", das sind nach Hausrezept marinierte Hühnerbeine, knusprig gebraten mit Pommes und Salat. Nirgendwo anders gibt es solch gut gewürzte Hühnerschenkel, die auch noch zu einem guten Preis angeboten werden. Das sprach sich schnell herum, und so macht dieses Lokal mit einem einzigen Gericht schon seit Jahren gute Geschäfte.

Wenn wir einmal einen schönen Tag erleben und uns unter die Menschen mischen wollten, gingen wir nicht etwa im Süden in den Touristenzentren bummeln. Wir fanden diese aus dem Boden gestampfte Touristenhochburg wenig anziehend. Wir fuhren stattdessen in den Norden nach Puerto de la Cruz. Es geht nichts über einen alten kanarischen Ort mit gewachsener Bausubstanz und einem schönen Ortskern. Hier hatte ja eigentlich der Tourismus seinen Anfang genommen, bis er sich in den Süden verlagerte, weil dort das Wetter beständiger ist. Wir fanden es immer wieder schön, an der Strandpromenade zu bummeln und im schönen deutschen Restaurant mit Konditorei einzukehren. Dort fanden wir ihn dann den deutschen Kuchen, der unserem Geschmack entsprach. Die deutschen Geschmacksnerven lassen sich nicht immer belügen. Hier konnten wir zu den deutschen kulinarischen Wurzeln zurückkehren. Es gelüstete uns noch immer nach Bratkartoffeln mit Leberkäs, Brathering oder Matjesfilet mit Pellkartoffeln. Diese Gelüste wurden hier vollauf befriedigt, zum Nachtisch gab es dann Schwarzwälderkirsch. Diese Gaststätte wimmelte nur so von internationalen Touristen und war nicht nur bei Deutschen beliebt. Doch der Brotstand, der vielfältiges leckeres Brot im Angebot hatte, war nur von Deutschen belagert. Wir hörten oft so nebenbei, wie sich die Touristen unterhielten, die Insel priesen und bedauerten, dass sie nach gewisser Zeit diese wieder verlassen mussten. Bei dieser Gelegenheit fühlten wir uns sehr privilegiert, dass wir dauernd auf dieser schönen Insel leben durften.

Doch nicht immer wollten wir unseren deutschen Geschmack befriedigen. Manchmal suchten wir uns ein kanarisches Restaurant mit wunderschön gestaltetem Innenhof aus, in dem man eine hervorragende Fischplatte essen konnte, die alles aufbot, was der Atlantik so hergab. Die Inseln, die mitten im Atlantik liegen, können mit einer großen Vielfalt an Fischen aufwarten. Wenn wir auch für die Fahrt in den Norden anderthalb Stunden brauchten, so lohnte sich die Fahrt immer und war für uns ein besonderes Erlebnis. Wenn man sich im Winter der Stadt näherte, thronte der schneebedeckte Teide hoch über der Stadt, die unten im grünen Tal lag. Von der Nordseite ist der höchste Berg Spaniens noch einmal gewaltiger anzuschauen, als von der Südseite, die wir dauernd vor Augen hatten. Waren wir auf der Hinfahrt durch die Berge in den Norden gefahren, so nahmen wir für die Rückfahrt die Autobahn, deren Strecke zwar kilometermäßig weiter ist, doch eben schneller und ohne Kurven. Fuhren wir denn im Süden von der Autobahn ab, so mussten wir uns wieder auf eine kurvenreiche Strecke begeben, um wieder nach Hause zu gelangen. Doch wir brauchten doch ab und an solche Ausflüge, um Abwechslung zu haben und unter Menschen zu kommen.

18 – Wir halten die Stellung

Gehen wir wieder zurück ins Jahr 1997. Wir hielten trotz behördlicher Schwierigkeiten die Stellung. Die kostenlosen frei verfügbaren Tickets unseres Reiseveranstalters halfen uns über vieles hinweg. In diesem Jahr stellten wir fest, dass unser Hund Netti von einem dauernden Husten geplagt wurde. Da war es dann nötig, einen Tierarzt aufzusuchen. Eine spezielle Blutuntersuchung ergab, dass Netti von Filiarosis, dem sogenannten Herzwurm befallen war. Das ist ein Parasit, der ausschließlich in warmen Regionen vorkommt und ausschließlich Tiere befällt. Von einem infizierten Insekt gestochen, entwickeln sich in der Blutbahn des Lebewesens Eier, aus denen dieser Herzwurm entsteht. Der Tierarzt zeigte uns ein solches präpariertes Exemplar in einem Glas, das wie ein Klumpen Spaghettis aussah. Es sitzt dann am Herzen oder in der Lunge und führt bei Nichtbehandlung unweigerlich zum Tod. Da waren wir schon sehr erschrocken und ließen auch die anderen beiden Hunde testen, doch sie waren nicht infiziert. So einem Parasiten in der Blutbahn ist nur mit einer Chemotherapie beizukommen, die ihn dann zerstört. Doch anders als bei Parasiten im Darm, kann sich dieser nicht absorbieren. Der zerstörte Parasit kann die Blutbahn blockieren und führt dann zu einer Embolie. Das arme Tier war schon arg mitgenommen von der Behandlung und musste dann noch einige Monate blutverdünnende Mittel nehmen, genau wie ein Herzinfarktpatient. Dabei musste immer beobachtet werden, ob sich Lähmungserscheinungen einstellten. Doch unser armer Hund hat letztendlich alles gut überstanden.

Im Juni bin ich dann alleine nach Deutschland geflogen und habe mit meinen Kindern schöne Stunden in unserem Häuschen in Holland verbracht. Inzwischen hatten wir auch nette Gäste gefunden, die bereit waren, uns in den Sommerferien zu vertreten. Ganze vier Wochen wollten wir wegbleiben und alle Bekannten und Verwandten besuchen.

Doch zuerst war eine Reise nach Ungarn angesagt. Von Freunden, die auf Teneriffa überwinterten, war uns wärmstens der Badeort Zalakaros, ca. 25 km vom Plattensee entfernt, empfohlen worden. Dort fuhren wir mit dem Auto hin, doch nicht, ohne vorher bei guten Freunden in Bayern Zwischenstation zu machen. In Zalakaros stellten wir zuerst einmal fest, dass der Ort wunderschön eingebettet in einer hügeligen Landschaft liegt. Wir genossen ausgiebig das Heilbad mit dem sehr wirksamen Heilwasser. Sehr bald war ich von meinen Rückenbeschwerden befreit. Mein Mann als Diabetiker stellte fest, dass sich das Wasser auch stimulierend auf seine Bauchspeicheldrüse auswirkte und diese dann mehr Insulin produzierte, sodass er kaum Medikamente nehmen musste. Wir waren schon sehr erstaunt, dass solch ein Wässerchen so etwas bewirken konnte. Nur so aus Neugierde und Langeweile schauten wir uns die Immobilienangebote an und stellten fest, dass man für wenig Geld schöne Häuser kaufen konnte. Ein ganz besonderes Schnäppchen stellte ein Haus dar, dessen Besitzer in der Schweiz lebten und es aus familiären Gründen schnell verkaufen wollten. Das Haus war solide gebaut, erst 6 Jahre alt und zum Teil mit Möbeln versehen. Es besaß zwei komplette Ferienwohnungen und eine dritte konnte im Untergeschoss ausgebaut werden. Zu dieser Zeit ließen sich in Ungarn Ferienwohnungen noch sehr gut vermieten.

Das Haus sollte nur DM 70.000,-- kosten. Wir waren hin- und hergerissen. Gesundheit ist alles, dachten wir und eine gute Geldanlage ist es auch. Nachdem wir festgestellt hatten, dass einmal pro Woche ein Flug von Teneriffa nach Budapest ging, waren wir verrückt genug, uns für den Kauf dieses Hauses zu entscheiden.

Ich musste wieder zurück nach Teneriffa, denn die Zeit der Vertretung war zu Ende. Mein Mann blieb noch und fuhr mit dem Auto samt unserer Tochter noch einmal nach Ungarn, um den Kaufvertrag unter Dach und Fach zu bringen. Diesen Entschluss haben wir bis heute nicht bereut. Wir freuen uns, jedes Jahr einige Monate in Ungarn zu verbringen und unsere Gesundheit zu fördern.

Wieder zurück auf Teneriffa zehrten wir lange von den positiven Auswirkungen des Heilwassers. Im Dezember freuten wir uns wieder auf den Besuch von Schwager und Schwägerin, die die Insel und unsere Finca sehr liebten. Auch unsere Kinder liebten es, ihren Weihnachtsurlaub bei uns auf der Finca zu verbringen. Denn es war ja, trotz aller Schwierigkeiten ein Paradies.

Im März 1998 stellten wir bei unserem armen Hund Netti fest, dass er außen am Oberschenkel eine Geschwulst hatte, die immer größer wurde. Diese musste dann mittels einer Operation entfernt werden. Nun hatte Netti dort eine riesige genähte Wunde. Meistens laufen dann die armen Hunde mit einem Trichter am Kopf herum, damit sie sich nicht die Wunde aufschlecken. Das wollten wir unserem Hund ersparen. Ich entdeckte bei alten Sachen unserer Tochter Radlerhosen, die Netti sehr gut passten. Mit einem Loch für den Schwanz und Hosenträgern sah nun unser Hund total niedlich aus. Er hat auch niemals versucht, sich diese Verkleidung herunterzuziehen. Wie sich herausstellte, war der Tumor gutartig. Doch der Tierarzt meinte, er könne wiederkommen, wenn es nicht gelungen wäre, das kranke Gewebe total zu entfernen. Wir brauchten schon mehrere Radlerhosen, denn Netti hob trotz Hose das Bein und pinkelte hinein. Doch manchmal machte er mich darauf aufmerksam, dass er mal musste, denn er hatte festgestellt, dass eine nasse Hose unangenehm war.

Danach habe ich dann mal wieder mit einem Freiticket Deutschland besucht. So lernte ich dann auch Biancas neuen Freund kennen, den sie vom Studium kannte und mit dem sie noch heute glücklich verheiratet ist. Danach ging es wieder zurück nach Teneriffa.

Von dort bin ich dann alleine nach Budapest geflogen, um in unserem Haus in Ungarn nach dem Rechten zu sehen. Zu diesem Zweck stand am Flughafen ein Mietauto bereit, mit dem ich dann nach Zalakaros gefahren bin. Ich liebte schon jetzt dieses Haus. Aber es stellte sich heraus, dass wir dort dauerhaft ein Auto brauchten, um beweglich zu sein. Unser Lada-Geländewagen, den wir auf Teneriffa hatten, sollte deshalb dorthin gebracht werden.

Er wurde mit einem Containerschiff nach Rotterdam verschifft. Mein Mann flog nach Deutschland und holte den Wagen dort ab. Ich kam dann mit dem Flieger nach, denn dann sollte der Wagen mit dem Autoreisezug nach Ungarn transportiert werden. Wir und unser Sohn waren mit dabei. Der Wagen war vollgestopft mit Gegenständen, die wir in Ungarn brauchen konnten. Es war eine bequeme und schöne Art, so zu reisen. Das Ziel der Reise war Siofok und von dort war es für uns nicht weit bis zu unserem Haus. Unser ungarisches Haus war zu diesem Zeitpunkt von Feriengästen belegt, so dass wir nur unsere Sachen im Keller deponieren konnten. Das Haus wurde von einem ungarischen Ehepaar verwaltet.

Wir hatten uns mit deutschen Freunden für die ersten Tage zum Weinfeist in Balaton Boglar verabredet. Dort mieteten wir uns für ein paar Tage ein Haus und feierten mit unseren Freunden ausgiebig Weinfest. Anschließend wollten wir alle zusammen unsere Ferien in unserem Haus verbringen. Wir waren alle schon sehr gespannt. Zusammen mit unserem Sohn und den Freunden haben wir herrliche Ferientage in Ungarn verbracht. Doch alles Schöne geht einmal zu Ende und wir fuhren mit dem Autoreisezug von Siofok wieder zurück, doch diesmal ohne Auto, denn das blieb in Ungarn. Wir stiegen in Frankfurt aus und Martin fuhr weiter nach Hause. Reiselustig wie wir sind, hatten wir noch eine Woche Hongkong gebucht. Der Flug ging von Frankfurt aus, wo wir einmal übernachtet haben.

Hongkong mit seinen 6,5 Mill. Einwohnern ist eine der am dichtesten besiedelten Städte der Welt. Wir wurden von einem chinesischen Reiseleiter abgeholt, dessen Einführung in die Geschichte der Stadt bei mir Lachkrämpfe verursachte. Er erklärte uns, dass es in Hongkong kein Lauschgift und die größte Lolltleppe der Welt gäbe. Doch ansonsten waren wir uns selbst überlassen. Vom Hotel aus war es möglich, mit öffentlichen Verkehrsmitteln das Geschäftszentrum Hongkongs zu erreichen. Im 24. Stockwerk des Hotel Peninsula konnten wir am Abend das Lichtermeer von Hongkong bewundern.

Am nächsten Tag machten wir eine Stadt- und Hafenrundfahrt, bewunderten die vielen bunten exotischen Tempel und stürzten uns ins Getümmel. Doch asiatische Fisch- und Fleischmärkte zu besuchen, ist nichts für europäische Nasen und Gemüter. Meistens werden lebende Tiere angeboten. Dafür bot aber der Jademarkt schöne Anblicke. Sehr schön und erholsam war es, mit der Fähre nach Lamma Island zu fahren. Dort herrschte Ruhe und man konnte wunderbar im südchinesischen Meer baden. Auch auf dem Victoria-Peak hoch oben über Hongkong konnte man die umtriebige und laute Stadt vergessen und die tropische Vegetation genießen. Schließlich und endlich machten wir noch eine Fahrt mit dem Luftkissenboot hinüber zum ehemals portugiesischen Macau. Dort konnte man im Zentrum viele mediterran anmutende Gebäude und Kirchen entdecken, die das portugiesische Erbe hinterlassen hatte. Schließlich ging der Flug wieder zurück, um kurz danach wieder in den Flieger nach Teneriffa zu steigen. Die Familie Blumenrath, nette Stammgäste von uns, hatten die Finca samt Tieren gut verwaltet und versorgt.

Im November kamen dann wieder unsere guten Freunde zum Überwintern nach Teneriffa, mit denen wir so schöne Ferien in Ungarn verbracht hatten. Sogleich haben wir uns zum Wandern verabredet und besuchten die Masca-Schlucht. Dann freuten wir uns, wie jedes Jahr, auf den Besuch von Schwager und Schwägerin. Wenn wir Besuch hatten, war Wandern in der herrlichen kanarischen Natur unsere Lieblingsbeschäftigung

Dann stellten wir im Dezember fest, dass Nettis Tumor wieder gewachsen war. Das arme Tier musste erneut operiert werden. Jetzt war wieder die Hundekleiderordnung mit Radlerhosen angesagt. Ich hatte diese wohlweislich aufgehoben. Nun bekam Netti eine Sonderstellung. Er durfte ins Haus und mit Hose auf dem Sofa sitzen. Diese Sonderstellung hat er stolz genossen. Ansonsten waren die Hunde immer draußen auf der Terrasse oder auf dem Grundstück. Nachts schliefen sie auf ihren Decken in der Garage. Dann kamen zu Weihnachten und Silvester wieder unsere Kinder auf Besuch. Da wurde Netti auch von ihnen gebührend bedauert und verwöhnt.

Ganz schnell war schon das Jahr 1999 gekommen. Im Januar besuchten wir mit unserem Sohn die Pyramiden von Guimar. Wir interessieren uns alle brennend für antike Geschichte. Davon gibt es eigentlich auf Teneriffa nicht viel zu sehen. Doch die Guanchen haben uns dort ihre vor langer Zeit errichteten Kultstätten hinterlassen. Es sind Stufenpyramiden aus dunklen Vulkansteinen, welche nicht als Grabstätten genutzt wurden. Sie waren lange in Vergessenheit geraten, doch Thor Heyerdal, der auf Teneriffa lebte, hat sie wieder entdeckt, restauriert und für den Tourismus zugänglich gemacht. Es gab andernorts noch mehrere solcher Pyramiden auf Teneriffa. Doch die Bevölkerung geht mit ihrer Geschichte sehr nachlässig um, hat viele davon als Steinbruch benutzt oder um Zuge von Straßenarbeiten zerstört. Doch es gab einen deutschen Geologen auf Teneriffa, der diese vor dem Bagger retten wollte. Er hat die Pyramiden vor der Zerstörung fotografiert, vermessen und wollte die Behörden von dem Wert der Erhaltung überzeugen. Das Ergebnis war, dass in einer Nacht- und Nebelaktion Pyramiden, die dem Straßenbau im Wege standen, platt gemacht wurden. Nun sind sie unwiederbringlich für alle Zeiten zerstört. Ich habe einmal einem seiner Vorträge beigewohnt, wo man diese Pyramiden nur noch auf Dias bewundern konnte.

19 – Wir suchen einen Käufer

Wir schreiben das Jahr 1999 und hatten nun endgültig beschlossen, aufgrund der massiven behördlichen Schwierigkeiten, unser Landhaus zum Kauf anzubieten. Falls sich schnell ein Käufer gefunden hätte, wollten wir samt Hunden nach Ungarn übersiedeln. Zu diesem Zweck sollte unser Umzugsgut per Schiffscontainer nach Triest gebracht werden. Von dort ist es über Slowenien nach Ungarn nicht mehr sehr weit. Mehrere Makler wurden beauftrag und diverse Zeitungsannoncen geschaltet. Doch der Verkauf gestaltete sich schwierig. Da wir keine öffentliche Lizenz zum Vermieten hatten, war unser Objekt in der Form, wie wir es betrieben, nicht an den Mann zu bringen. Andererseits war es für eine private Nutzung viel zu groß, denn es hatte 500 qm Wohnfläche. Es kamen etliche Kaufinteressenten, doch letzendlich blieb keiner hängen. Wir mussten weiter warten.

Im Februar 1999 hatten wir einen gewaltigen Wintereinbruch auf der Insel. Das Gebirge war dicht verschneit. Wenn wir von unserer Finca aus nach oben über Guia de Isora hinaus über die Berge schauten, stachen diese mit ihrem leuchtenden Weiß sehr kontrastreich vom blauen Himmel ab. Bis hinunter in die Täler konnte man kühle Temperaturen spüren. Auch wir in 400 m Höhe hatten, besonders in den Morgen- und Abendstunden, mit kühler Witterung zu kämpfen. Dann wird es in den Häusern auf den Kanaren recht ungemütlich, da sie keine Heizungen besitzen. Wir hatten zwar einen offenen Kamin im Wohnzimmer, der aber eigentlich nur wegen der Optik dort gemauert war. Er funktionierte mal mehr mal weniger und qualmte manchmal tüchtig. So stellten wir denn im Wohnzimmer einen Ofen auf, der mit einer Gasflasche betrieben wurde. Eingehüllt in Decken, mit dem Gasofen dicht vor uns, wurde uns dann allmählich warm. Auch die Gäste verlangten mehr und mehr einen kleinen Gasofen für die Abendstunden. Man musste sich am morgen nach dem Zwiebelprinzip warm anziehen und konnte sich dann im Laufe des Tages so langsam wieder entblättern. Jede Hundert Meter machen in solchen Situationen ein bis zwei Grad niedrigere Temperaturen aus.

Deshalb werden Häuser, die in höheren Lagen liegen, von den Maklern nicht gerne im Winter angeboten. Der unbedarfte Europäer kann es sich nicht vorstellen, dass es in höheren Lagen im Winter auf der Sonneninsel recht kühl werden kann. Nur in Küstennähe sind die Temperaturen auch im Winter mild. Wir werden heutzutage oft gefragt, ob wir denn im Winter in Deutschland nicht frieren würden, da wir doch so lange auf der Sonneninsel gelebt hätten. Doch eigentlich ist es umgekehrt, auf Teneriffa haben wir im Winter oft gefroren, weil wir uns in ungeheizten Räumen aufhalten mussten. In Deutschland dagegen ist im Winter jeder Raum angenehm temperiert. Wenn man dann das Haus verlässt, zieht man sich warm an.

Dass in Deutschland aufgrunddessen höhere Energiekosten anfallen, ist eine andere Sache. Elektrizität war auf Teneriffa genauso teuer wie in Deutschland. Unsere

Küche war mit einem Elektroherd ausgestattet. Die Umwälzanlage des Pools und die Pumpe für die Bewässerung wurden elektrisch betrieben und verursachten hohe Energiekosten. Die Ferienwohnungen waren dagegen mit Herden und Durchlauferhitzern ausgestattet, die von Gasflaschen gespeist wurden, die draußen installiert waren. Das hingegen war eine preiswerte Energie, da sie vom Staat subventioniert wurde. Die meisten Kanarios nutzen diese Tatsache. Die Wirtschaft war darauf eingestellt und der Handel mit den Gasflaschen blühte. Es gab sie in verschiedenen Größen. Man musste nur den Lieferanten anrufen und diese wurden bis vor die Haustüre geliefert und angeschlossen. Natürlich brauchte man aus Sicherheitsgründen für die Erstbestellung der Gasflaschen eine Lizenz. Dann wurde überprüft, ob in den Räumlichkeiten, in denen der Gasofen stehen sollte, genügend Frischluftzufuhr war. In regelmäßigen Abständen wurden auch die Anschlüsse der Schläuche überprüft und festgestellt, ob der Schlauch erneuert werden musste. Es war ja trotz allem eine saubere, aber unberechenbare Energie, die mit Recht kontrolliert werden musste. Auch bei der Stromversorgung stellen die Kanarios hohe Sicherheitsanforderungen. So durfte beispielsweise mein Mann, der ja eigentlich Elektriker ist, die Installationen im Haus nicht vornehmen. Die Abnahme musste ein vom Energiekonzern Unelco autorisierter Elektriker wahrnehmen. Doch da haperte es dann doch gewaltig, da niemand eine richtige Berufsausbildung hat. Unsere Elektroleitungen waren so chaotisch verlegt, dass mein Mann lange suchen musste, bis er wusste, wo welche Leitungen hinführten. Eines Tages hatten wir in der Küche dauernd Kurzschluss und mein Mann konnte die Ursache nicht finden. Im großen Verteilerkasten hörte er eines Tages ein beständiges Knistern. Auf den ersten Blick konnte man keine Ursache erkennen, doch bei näherer Betrachtung stellte er fest, dass der sogenannte autorisierte Elektriker die Drähte ohne Klemmen und Isolation einfach so zusammengefrickelt und dann in das Leerrohr gesteckt hatte. Hier lag also die Ursache; mal berührten sich die nackten Drähte, mal nicht. Was hätte da alles passieren können. Wie man sieht, gab es zwar gute Sicherheitsvorschriften, die aber am Unvermögen des jeweiligen Handwerkers scheitern mussten.

Nichtsdestotrotz planten wir für den Sommer wieder einen längeren Deutschlandaufenthalt und wurden von unseren Kindern abwechselnd vertreten. Dieses Mal war eine Reise nach Südafrika und Namibia geplant. Der Flug ging von Düsseldorf über London nach Kapstadt. In London war die Umsteigezeit so knapp, dass wir zwar den Anschlussflug schafften, doch nicht unser Gepäck. In Kapstadt hatten wir ein kleines Wohnmobil für die Rundreise gemietet, um von Südafrika aus weiter nach Namibia zu gelangen. Da unser Gepäck nicht mit uns in Kapstadt ankam, waren wir gezwungen, uns erst einmal auf einem Campingplatz nahe bei Kapstadt einzumieten. Das gab uns dann die Zeit und die Gelegenheit, die Umgebung auszukundschaften.

In Stellenbosch deckten wir uns erst einmal mit südafrikanischem Wein ein. Dann gingen wir auf Entdeckungsreise zum Kap der guten Hoffnung, wo uns ein kalter Wind um die Ohren pfiff. Ein besonders schönes Erlebnis war, mit der Seilbahn zum Tafelberg hochzufahren und von oben die ganze Stadt zu überblicken. Zahlreiche Klippschliefer bevölkern den Tafelberg, krochen in unsere Taschen, um Futter zu stibitzen. Dann ging die Tour nach Simonstown, wo wir am Strand tausende Brillenpinguine mit ihren halbwüchsigen Jungen beobachten konnten. Das war ein sehr beeindruckendes Erlebnis. Nach vier Tagen hatten wir dann endlich unsere Koffer und die Reise konnte Richtung Namibia fortgesetzt werden. Bei den heißen Quellen von Ai-Ais fanden wir einen schönen Campingplatz mit Schwimmbad, welches von den heißen Thermalquellen gespeist wurde.

Dann ging die Fahrt weiter auf gut ausphaltierten Straßen, bis wir den Fischriver-Canyon erreicht hatten, ein tief eingeschnittenes gewaltiges Flusstal. Es war Ferienzeit und viele Südafrikaner waren auch mit dem Wohnmobil unterwegs. Sie waren sehr freundlich und kontaktfreudig. Sie hatten in etwa die gleiche Reiseroute wie wir. An den jeweiligen Campingplätzen wartete man schon auf uns und wir wurden mit lautem Hallo begrüßt, so auch in Lüderitz. Lüderitz hat einen unverwechselbaren deutschen Charakter.

Auf den Campingplätzen haben wir abends oft mit den Südafrikanern beim „Brai" zusammengesessen. Brai ist Grillen auf afrikanisch und deren liebste Beschäftigung. Ganz in der Nähe war der Ort Kolmannskop mit seinem maroden Charme. Der Ort versinkt so allmählich im Wüstensand und wurde seinerzeit von Deutschen für die Angestellten der Diamantenmine errichtet. Unser nächstes Ziel war Schloss Duwisib. Hier hatte seinerzeit ein deutscher Adeliger mitten in der Wüste ein burgenähnliches Gebäude errichtet und dort Pferde gezüchtet.

Der Weg dorthin war so schlecht, dass wir uns einen Platten zugezogen hatten. Doch beim Reifenwechsel ließen uns die netten Südafrikaner nicht hängen und waren sehr hilfsbereit. Dann war auch noch die Benzinleitung defekt und wir kamen mit letzter Kraft zum Campingplatz Sossusvlei. Dort fanden wir eine herrliche Dünenlandschaft mit orangefarbenem Sand vor.

Das Highlight der ganzen Reise war eine Ballonfahrt über diese Dünen, beginnend im Morgengrauen, wo wir über den Dünen die Sonne aufgehen sahen und das Licht- und Schattenspiel unsere Sinne betörte. Hier sind herrliche Filmaufnahmen entstanden. Oft sind wir über die Sandpisten gefahren, die eine waschbrettartige Oberfläche hatten. Die haben wir dann immer Tellertanzstrecke genannt. Es war schwierig, diese Strecken zu bewältigen, da wir kein Allradfahrzeug hatten.

Am Strand von Swakopmund konnten wir uns dann endlich ausruhen und wieder war die deutsche Kolonialarchitektur zu bewundern. Auch Einkaufen in den Supermärkten machte riesigen Spaß, da man dort alles bekam, was der deutsche Gaumen so bevorzugt. Um zu den tausende Jahre alten Felsgravuren von Twelvfontain zu gelangen, mussten wir wieder huckelige Strecken bewältigen. Hier konnten wir sehen, was die Buschmänner vor langer Zeit an Tierdarstellungen in den Felsen geritzt hatten.

Dann war unser Ziel der Etosha-Park, eine sogenannte Salzpfanne, in der viele Tiere leben. An den Wasserlöchern konnten wir die verschiedensten Tiere sehen. Manche Wasserlöcher waren nachts angestrahlt, und man konnte dann besonders viele Tiere beim Trinken beobachten. Unsere Reise ging dann weiter nach Windhuk, um dort unser Wohnmobil abzugeben. Auch Windhuk ist sehr deutsch geprägt. Dort haben wir dann noch einige Tage in einem kleinen Rundalow zugebracht, der direkt an einem Stausee lag. Auch hier haben wir viele Tierbeobachtungen machen können. Dann ging der Flug über Johannesburg zurück nach Düsseldorf. Doch als wir dort ankamen, waren unsere Koffer wieder nicht mit uns geflogen. Sie wurden uns dann später nach Teneriffa nachgeschickt.

Wieder zurück auf Teneriffa hatten wir etliche Interessenten, die sich die Finca anschauten. Doch es war ein Objekt, welches sich sehr gut für junge Leute geeignet hätte, welche noch den Elan hatten, die ganze Anlage zu bewirtschaften. Leute im mittleren Alter, die im Gegensatz zu jüngeren Leuten die finanziellen Mittel hatten, scheuten sich vor allem vor dem großen Arbeitsaufwand auf dem großen Grundstück. Falls wir einen Käufer finden würden und wir ganz schnell nach Ungarn umziehen müssten, entschloss sich mein Mann im Sommer alleine nach Ungarn zu reisen und alles für den evtl. Umzug vorzubereiten. Das Appartement im Untergeschoss sollte ausgebaut und ein Carport errichtet werden. Besonders wichtig erschien es uns, wegen der Hunde das Grundstück ringsherum einzuzäunen. So blieb er denn 6 Wochen und überwachte die Bauarbeiten. Da in der Sommerzeit die Belegungen nicht so stark waren, konnte ich die Arbeiten auf der Finca ganz gut alleine bewältigen.

Anfang November flog ich dann mit einer Freundin, die auch zeitweise auf Teneriffa wohnte, direkt nach Budapest. Von dort sollte es mit dem Zug weiter nach Zalakaros gehen. Wir hatten uns am Bahnhof eingefunden, uns nach dem Gleis erkundigt und warteten auf den Zug. Inzwischen hatte sich das Gleis geändert, welches zwar durch Lautsprecheransage angekündigt wurde, wir aber nicht mitbekamen, da es in ungarisch war. Exakt zur gleichen Zeit, in der unser Zug fahren sollte, kam auf dem ursprünglichen Gleis ein Zug an, den wir für den unseren hielten und einstiegen. Doch bald stellten wir fest, irgendetwas stimmt hier nicht. Als wir dann den Schaffner fragten, machte der uns klar, dass wir in der falschen Richtung unterwegs seien.

So mussten wir dann wieder nach Budapest zurückfahren. Auf diesem Bahnhof fuhr an diesem Tag kein Zug mehr in unsere Richtung. Aber auf einem anderen Bahnhof in Budapest ging noch um Mitternacht ein Zug. Mit dem Taxi ging es dorthin. Als der Taxifahrer erfuhr, was uns widerfahren war, machte er uns ein günstiges Angebot, uns direkt nach Zalakaros zu fahren. Da wir uns die Kosten teilen konnten, haben wir sofort zugestimmt und sind noch am gleichen Tag in unserem Haus in Zalakaros angekommen. Dort haben wir dann die Einrichtung des neuen Appartements vorgenommen. Es war Anfang November noch herrliches Wetter in Ungarn, sodass wir im Badeanzug im Freibad sitzen konnten. Beim Rückflug nach Teneriffa waren wir schwer bepackt mit ungarischem Schinken und Gänsen, damit der Weihnachtsbraten sichergestellt war. Unsere Tochter verbrachte die Feiertage bei ihren zukünftigen Schwiegereltern, aber unser Sohn war wie jedes Jahr auf Besuch. In unserem Holzhaus wurde mit Freunden der Jahrtausendwechsel gefeiert.

20 – Kein Käufer,
doch viele Reisen

Das neue Jahrtausend war gekommen. Was würde es bringen? Konnten wir endlich den heißersehnten Käufer finden? Zuerst einmal unternahmen wir wieder schöne Wanderungen in die kanarische Natur. Da ist beispielsweise Chamorga zu nennen, ein Ort im Norden, der hoch über Sta. Cruz liegt und herrliche Ausblicke auf den Atlantik bietet. Auch unsere netten Stammgäste Waltraud und Walter waren wieder für längere Zeit bei uns. Walter bastelte mir lebensgroße Wassertiere, wie Flamingo, Reiher, Pelikan und Löffler. Den letzten Schliff bekamen sie von mir, denn ich habe sie bemalt. Es war überhaupt mein Hobby, auf Teneriffa Steine zu sammeln, die eine gewisse Tierform hatten und sie dann zu bemalen. Dies gab unserem Garten eine ganz besondere Note. Waltraud und Walter hatten sich auch mit unseren kanarischen Nachbarn angefreundet, trotzdem dass sie nicht spanisch sprachen. Wir wurden von unseren Nachbarn nach deren Namen gefragt, den sie aber unverständlich fanden. Der Einfachheit halber nannten sie fortan die beiden Walda und Waldo.

Im Sommer ging es dann wieder nach Deutschland, wo wir zuerst unsere Verwandten in Halle besuchten. Danach war wieder eine große Reise geplant, die uns nach

Mauritius, Reunion, Mayotte und Madagaskar führte. Wir konnten es einfach nicht lassen, das Reisen. Wir hatten uns einen Flug nach Mauritius gekauft und direkt vor Ort die verschiedenen Anschlussflüge gebucht. Es macht uns immer besonderen Spaß, unsere Reisen selbst zu organisieren. Zuerst mieteten wir uns ein Auto, damit wir beweglich waren. Auf Mauritius herrscht Linksverkehr, was aber meinem Mann nichts ausmachte.

Zuerst musste aber eine Unterkunft gesucht werden, die wir in einem privaten Haus auch schnell fanden. Dann konnten wir an die Entdeckung der Insel gehen. Gerade waren die Zuckerrohrfelder abgeerntet. Im Vorbeifahren sahen wir, dass mitten auf diesen Feldern exakt die gleichen Pyramiden standen, die auch auf Teneriffa existierten. Drei Stück haben wir davon entdeckt, aber die Existenz dieser Pyramiden wurde in keinem Reiseführer erwähnt. Mauritius besitzt traumhafte Beachresorts mit ausgedehnten tropischen Gärten und Stränden. Dort sind wir immer frech hineinspaziert, als ob wir dort Gäste wären und haben den Tag mit Schwimmen und Faulenzen verbracht.

Doch da wir nicht lange still sitzen können, haben wir in den Bergen den heiligen See bewundert, der mit einem indischen Tempel geschmückt ist. In der herrlichen Berglandschaft waren Wasserfälle zu bewundern, die sich wie Schleier in die Tiefe stürzten. Auch das bunte Markttreiben von St. Louis hat uns sehr fasziniert. Da konnten wir auch feststellen, dass die verschiedensten Volksgruppen und Religionen offensichtlich friedlich miteinander lebten. Hinduistische Tempel, Moscheen und christliche Kirchen konnte man hier auf kleinstem Raum entdecken.

Menschen mit indischen, afrikanischen und europäischen Vorfahren sprachen alle neben englisch auch das Patua, ein französisch eingefärbter Dialekt. Auf Mauritius blieben wir fünf Tage, dann führte uns der Flug zur Insel Reunion.

Dort waren vier Tage eingeplant, die wir intensiv nutzen wollten. Hier wurde es für uns schon schwierig mit der Verständigung, denn natürlich war hier die Landessprache französisch. Wir beherrschen zwar englisch und spanisch, aber leider nicht französisch. Da Reunion zu Frankreich gehört und somit auch zur EU, konnten wir dort in Euro zahlen. Die EU-Zugehörigkeit war auch überall zu spüren. Die bekannten europäischen Supermarktketten waren vertreten und das Straßennetz sehr aufwändig gestaltet. Doch besonders hat uns das grüne Gesicht der Insel beeindruckt. Überall waren die Hänge mit dichtem Grün bewachsen, dazwischen stürzten sich zahlreiche Wasserfälle in die Tiefe. Ganz großartig war es, durch die Vulkanlandschaften zu wandern und aus der Ferne den Vulkan zu bewundern, der auch in jüngerer Zeit durch Vulkanausbrüche von sich Reden macht.

Doch es ging weiter mit unserem Abenteuer. Wir flogen auf die Komoreninsel Mayotte, die auch französisch ist. Doch dort angekommen, wurden die Sprachschwierigkeiten fast unüberwindlich. Am Flughafen wollten wir uns ein Auto mieten. Niemand verstand unsere Frage nach „Rent a Car", geschweige denn nach einem Zimmer. Selbst in der Touristinformation am Flughafen verstand man kein englisch. Bis dahin hatten wir gedacht, dass wir mit spanisch und englisch in der ganzen Welt zurechtkämen, doch so nicht in einem französischsprachigen Land.

Doch da kam uns der Zufall zu Hilfe. Eine Frau am Flughafen bemerkte unsere vergeblichen Bemühungen und vermittelte uns an einen Belgier, der eine kleine Unterkunft betrieb und der auch unsere Sprache verstand. So hatten wir denn ein Zimmer mit Jugendherbergscharakter, Gemeinschaftsküche und Dusche und Klo auf dem Flur. Doch in Ermangelung einer Alternative waren wir trotzdem froh, dort unterzukommen. Wir stellten fest, dass es auch anderen Deutschen so ergangen war, beispielsweise Technikern einer deutschen Firma, die dort eine Anlage betreuen sollten. Mayotte war damals für den Tourismus noch schlecht gerüstet. Einige vergammelte, ausgeflippte Europäer trieben sich dort herum. Wir aber machten uns mit unserem Mietauto auf Entdeckungsreise, um die großartige tropische Landschaft oder die Traumstrände zu genießen. Ganz besonders hat uns die Begegnung mit halbzahmen Lemuren berührt, von denen wir annahmen, dass es sie nur auf Madagaskar gäbe. Wir begegneten ihnen auf dem Weg zum Strand in einem Bambuswald. Sie waren sehr neugierig und verfressen. Nach vier Tagen haben wir Mayotte wieder verlassen.

Der Flug ging diesmal nach Madagaskar. Dort hatten wir wieder fünf Tage eingeplant, was eigentlich für so eine große Insel viel zu wenig ist. Doch mehr Zeit stand uns nicht zur Verfügung. Wir kamen in der Hauptstadt Antanarivo an und hatten Glück, dass wir dort eine Unterkunft mitten in der Altstadt in einem schönen kolonialen Gebäude fanden. Die Besitzerin konnte leidlich englisch und nahm sich unserer liebevoll an. Wir bekamen dort viele Tipps, wie wir in dieser kurzen Zeit möglichst viel von Madagaskar kennenlernen konnten.

Sie kannte einen Geologielehrer, ein sehr belesener Mann, der ein Auto besaß. Er war bereit, uns ins Landesinnere zu fahren. Dieser Mann war ein Glücksgriff. Er erläuterte uns unermüdlich die Natur, die Geschichte und die Lebensweise der Insel. Antsaribe im Landesinnern war unser Ziel. Dort haben wir dann in einem kleinen gemütlichen Hotel übernachtet. Auf sein Anraten hin haben wir den dortigen Markt besucht. Wir waren erstaunt über den Einfallsreichtum der Bevölkerung, mit denen sie durch Reparaturen und Umgestaltung Gebrauchsgegenständen zu neuem Leben verhalfen. In Ermangelung von Gütern blühte hier das, was wir Recycling nennen. Wir wurden immer begleitet von einem Einheimischen, der uns mit seinem Pusch Pusch, eine Rikscha, die durch menschliche Kraft gezogen wurde. Da wir ihm eine Verdienstmöglichkeit bieten wollten, haben wir seine Dienste gerne in Anspruch genommen. Doch trotzdem erschien es uns menschenverachtend, wenn uns ein Mensch und dann auch noch ohne Schuhe, durch die Gegend schob. Oft sind wir bei ansteigenden Straßen abgestiegen. Doch zuerst einmal haben wir ihm Schuhe gekauft, denn bei gerade einmal 12 Grad barfuß zu laufen, erschien uns dann doch etwas zu hart. Doch die wohlhabenden Einheimischen kümmerte das nicht, sie ließen sich dick und fett von solchen armseligen Gestalten auch den Berg hinaufziehen. Wieder zurück in der Hauptstadt besichtigten wir noch den Sommerpalast der ehemaligen Königin, denn Mauritius war einmal ein Königreich. Dieser Sommerpalast war einige hundert Jahre alt und ganz aus Holz gebaut. So haben wir denn die wenigen Tage auf Madagaskar so gut es ging ausgenutzt.

Doch wir waren bestürzt über die bittere Armut, die uns an allen Ecken Madagaskars begegnet ist. Das war dann die letzte Station unseres Abenteuers, denn von dort ging es wieder zurück nach Mauritius und von dort weiter nach Frankfurt.

Wieder zurück in Deutschland haben wir die restliche Zeit noch bei den Verwandten in Halle zugebracht. Dann wurde es endgültig Zeit, nach Teneriffa zurückzukehren. Im September flog mein Mann für zwei Wochen in unser Haus nach Ungarn. Nach seiner Rückkehr wechselten wir uns ab und auch ich konnte die heilende Wirkung des Heilwassers genießen. Auch unser Sohn verbrachte in dieser Zeit einige Urlaubstage in Ungarn, sodass ich nicht alleine war. Von Ungarn kamen wir immer wieder total bepackt mit ungarischen Spezialitäten nach Teneriffa zurück.

Im November stand für mich ein Familienereignis an, denn der Bruder meiner Mutter, der einzige Verwandte aus meiner Kindheit, feierte goldene Hochzeit in Ahrweiler, meiner Heimatstadt. Ich hatte zu diesem Anlass eine Festtagszeitung gestaltet mit alten Erinnerungsfotos aus meinem und meiner Kusinen Fundus. Es war ein schönes und gelungenes Fest in meinem alten Heimatort. Es war auch wieder eine Gelegenheit, in unserem Häuschen in Holland mit meinen Kindern zusammenzutreffen.

Jetzt gehörte der Freund unserer Tochter schon fest zur Familie, und ich hatte den Eindruck, dass die beiden sehr glücklich waren. Von Ungarn und Deutschland hatten wir uns wieder ausreichend Lebensmittel mitgebracht, die es auf der Insel einfach nicht gab. So war dann auch das Weihnachtsmenü sichergestellt. Zu Weihnachten und zum Jahreswechsel war dann wieder unser Sohn auf Besuch. So ging dann ein ereignisreiches Jahr 2000 zu Ende. Doch immer noch nicht war ein potentieller Käufer für unsere Finca in Sicht und wir mussten weitermachen wie bisher.

Im Januar 2001 besuchten wir das winterliche Ungarn. Uns war danach zumute, einmal richtigen Winter zu erleben. Den bekamen wir dann auch in Ungarn, denn alles war tief verschneit. Zum Glück hatten wir unser Allradfahrzeug dort stehen. Die Zufahrt zu unserem Haus steigt kontinuierlich an und ist im Winter schwer zu befahren. Doch es war herrlich, in der Halle des Thermalbades im warmen Wasser zu sitzen, während draußen die Schneeflocken tanzten. Im Garten unseres Hauses stehen zwei große Birken. Dort hatten wir Meisenknödel und Futterhäuschen aufgehangen. Es dauerte nicht lange, da hatten die Vögel diese Futterquelle entdeckt. Vögel, die wir in Deutschland schon lange nicht mehr gesehen hatten, fanden sich bei uns ein. Die Vogelschar war so vielfältig, dass wir sie auf Anhieb nicht bestimmen konnten und im Vogelbuch nachschauen mussten. Die schönsten und buntesten waren die Stieglitze, die in großer Zahl zum Futtern kamen. Buchfinken, Bergfinken, Zeisige, Kleiber, Buntspechte und Kernbeißer stellten sich ein, da wir in Waldnähe wohnen.

Im Winter sind die Vögel auf den nackten Bäumen besonders gut auszumachen. Die Kernbeißer kamen in so großer Zahl, dass sie in den benachbarten Akazien wie reife Äpfel hingen. Gerade beim Frühstück machte es uns besonderen Spaß, das Vogeltheater direkt durchs Küchenfenster zu genießen. Natürlich war auch Schneeschippen angesagt. Doch herrliche Schneewanderungen im benachbarten Wald entschädigten für die Mühen. Nach zwei Wochen fuhren wir wieder mit dem Zug nach Budapest, um von dort nach Teneriffa zu fliegen. Danach kam wieder einmal meine Schwägerin auf Besuch. Diesmal hatte sie ihre jüngere Enkeltochter mitgebracht, damit sie auch einmal die Schönheiten Teneriffas kennenlernen konnte.

Im Mai ging wieder einmal der Flug nach Deutschland, um von dort aus eine interessante Reise zu machen. Der Flug ging zuerst in die Schweiz und von dort aus mit der Swiss-Air nach Moskau. Von Moskau sollte es dann mit der transsibirischen Eisenbahn bis nach China gehen. Ich war stark angeschlagen und plagte mich wieder einmal mit Rückenschmerzen herum. Doch für die Reise hatte ich mir eine Luftmatratze mitgebracht, um im Eisenbahnwaggon besser schlafen zu können. Das sollte sich noch als sehr wichtig erweisen. Doch zuerst einmal besuchten wir die Sehenswürdigkeiten Moskaus. Ich hatte Mühe, mit meinem angeschlagenen Rücken die Rolltreppen in der Metro zu bewältigen, die sich mit hoher Geschwindigkeit bewegen.

Dann ging die Fahrt durch das Land, bis wir in Irkutsk angekommen waren. Nicht immer schliefen wir in den Waggons. Bei Besichtigungstouren wurde auch in Hotels übernachtet. Wir erreichten den Baikalsee und waren erstaunt über die Ausmaße dieses Sees, auf dem wir auch eine Fahrt mit dem Boot machten. Schließlich erreichten wir dann Ulan Ude in Burjatien. Hier existiert wieder ein intaktes buddhistisches Klosterleben, welches zu Sowjetzeiten zum Erliegen gekommen war. Burjatien und die

Mongolei gehen unmerklich ineinander über und auch die Menschen unterscheiden sich nicht.

An der chinesischen Grenze musste nachts der Zug umgespurt werden, weil die russischen und chinesischen Schienenbreiten unterschiedlich sind. Wir stellten fest, dass die Chinesen viel freundlicher zu uns waren, als die Russen. Herrliche Tempel und hängende Klöster wurden besichtigt. Der Höhepunkt war dann Peking mit seiner verbotenen Stadt und schließlich auch die chinesische Mauer. Nach diesen beeindruckenden Erlebnissen ging dann der Flug von Peking wieder zurück.

Unsere Finca wurde derweil von Familie Abendroth verwaltet. Dort mussten wir ab und wann telefonisch Kontakt aufnehmen und uns nach den Verhältnissen erkunden. Doch da erhielten wir die traurige Nachricht, dass unsere Hündin Ceci mit 11 Jahren an Herzversagen gestorben sei. Wir konnten es gar nicht fassen und waren sehr traurig. Doch um meinen Rücken auszukurieren, hatten wir noch von Düsseldorf einen Flug nach Ungarn geplant.

Tatsächlich ging es mir dann nach einiger Zeit wieder besser. Wir haben dort im Juni noch schöne Sommertage verbracht. Dann wurde es wieder Zeit, nach Deutschland zu fliegen, um von dort mit einem Freiflugticket nach Teneriffa zu gelangen.

Die Finca war während unserer Abwesenheit gut verwaltet worden und für Ceci war auf unserem Grundstück ein schönes Grab angelegt worden. Jetzt erfuhren wir auch die näheren Umstände ihres Todes. Das Herz war einfach stehen geblieben, warum auch immer. Auch der Tierarzt konnte nicht mehr helfen. Wie wir erfuhren, erreichen oft Hunde dieser Größe kein höheres Alter, denn je größer der Hund, je kleiner ist die Lebenserwartung. Da hatte ja unsere kleine Pudelhündin ein längeres Leben zu erwarten, was ja auch letztendlich der Fall war.

Jetzt überkam uns so richtig die Trauer, die wir weit weg von Teneriffa nicht so hatten an uns heranlassen wollen. Ceci, das Hundemädchen wurde von uns immer die Gute genannt, hatte sie doch einen guten Charakter, denn sie war immer bereit, mit der kleinen Kyra zu spielen. Ihr konnte nichts zu lästig sein. Sie wollte immer alles richtig machen und war sehr darauf bedacht, unser Wohlwollen zu erhalten. Von Netti, ihrem Bruder, ließ sie sich oft unterdrücken. Wir mussten sehr aufpassen, dass sie nicht zu kurz kam, denn Netti drängte sich immer in den Vordergrund. Sie war eine gute Jägerin und hielt unser Grundstück von Ungeziefer fern. Daran dachten wir, als wir unsere Hündin betrauerten. Doch wir hatten ja noch Netti und Kyra, die eine Sonderstellung einnahm. Sie schlief im Haus und wurde auch oft auf Reisen mitgenommen.

Während unserer Abwesenheit waren auch Interessenten für unsere Finca vorstellig geworden. Als wir sie dann kontaktierten, war es zu spät, da sie sich schon für ein anderes Objekt entschieden hatten. Im November kam dann wieder meine Schwägerin mit Schwager auf Besuch. Die Zeit musste noch genutzt werden, dann man wusste ja nie, wie lange wir noch dort bleiben würden. Auch unser Sohn nutzte Ende des Jahres wieder die Gelegenheit, seine Ferien bei uns zu verbringen. Unsere Tochter hatte inzwischen andere Interessen und sich mehr und mehr von Teneriffa entfernt.

Im Jahr 2002 merkten wir, dass es Netti gesundheitlich nicht so gut ging. Der Tierarzt stellte fest, dass er zu wenig rote Blutkörperchen besaß, welches Injektionen und eine dauernde Medikamentengabe erforderlich machte. Er war träge geworden und schlief recht viel. Im Frühjahr wollten wir wieder nach Deutschland fliegen und engagierten als bewährte Vertretung die Familie Abendroth. Wir hatten in Bezug auf Netti kein gutes Gefühl und unsere Vertretung befürchtete, dass ihnen vielleicht noch ein Hund sterben könnte. Sie waren sehr tierlieb und normalerweise waren die Hunde bei ihnen in besten Händen.

Die Befürchtungen erwiesen sich als berechtigt, denn als wir in Deutschland weilten, erfuhren wir, dass nun auch unser Netti mit 12 Jahren das Zeitliche gesegnet hatte. Vielleicht hatte ihn die Trauer um seine Schwester oder unsere Abwesenheit dem Tode näher gebracht. Wir hatten ein furchtbar schlechtes Gewissen, als wir es erfuhren. Jetzt stand uns nur noch unsere Hündin Kyra zur Seite. Sie hatten wir mit auf die Reise nach Deutschland genommen. Sie konnte aufgrund ihrer Größe sehr gut in einer Tasche im Flieger mitreisen. Wir hatten einen langen Aufenthalt geplant, der von März bis Anfang Juli dauern sollte.

Im März machten wir mit meiner Schwägerin eine Nilkreuzfahrt, nicht ohne vorher Kyra in gute Hände zu geben. Ägypten war zu dieser Zeit nicht sehr stark von Touristen frequentiert, da vorher einige Attentate stattgefunden hatten. Wir ließen uns aber nicht davon abschrecken. Die Sicherheitsvorkehrungen sind gerade kurz nach solchen Ereignissen besonders hoch. So war es denn auch. In Kairo bei unseren Besichtungstouren war alles unglaublich gut bewacht. Beim Eintritt ins ägyptische Museum waren die Kontrollen genauso gestaltet, wie an den Flughäfen. Eine schöne Einstimmung zur Reise auf dem Nil waren die Eindrücke im Museum und auch die Besichtigung der gewaltigen Pyramiden. Dann ging es mit dem Schiff über den Nil, und gewaltige Tempel säumten das Ufer. Auch das Schiff war nur mit wenigen Passagieren belegt, welches den Nachteil hatte, dass das Angebot an Speisen nicht besonders war. Doch der große Vorteil war, dass wir mit sechs Deutschen einen eigenen Ägyptologen für die Besichtigungstouren hatten. Auch die antiken Denkmäler, die sonst nur so von Touristen wimmeln, waren ziemlich menschenleer. So sind wir denn nach gut einer Woche mit tollen Eindrücken wieder zurückgeflogen.

Danach deponierten wir unsere Hündin wieder bei meiner Schwägerin in Halle, denn wir hatten noch eine interessante Reise geplant. Zuerst ging es mit dem Flieger nach Chile. Wir erkundeten ausgiebig die Stadt Santiago de Chile und waren erstaunt, wie gepflegt die Stadt aussah. Von hier im Norden hatten wir einen Flug zum äußersten Zipfel des Landes im Süden geplant.

Das Ziel war Puntas Arenas in Patagonien. Hier mieteten wir uns ein Auto, um die nähere Umgebung zu erkunden. Wir wollten die Berglandschaft dieser Region kennenlernen. Doch zuerst besichtigten wir die Höhle, in der man die Überreste eines Riesenfaultieres aus Urzeit gefunden hatte. Dann erwartete uns Torres del Paine mit seinen beeindruckenden Bergen und Gletschern. Am 26. März feierten wir inmitten der Gletscherregion in einem kleinen, aber teuren Berghotel den Geburtstag meines Mannes. Hier oben wurden etliche interessante Wanderungen unternommen. Bei der Rückfahrt konnten wir am Strand eine Pinguin-Kolonie bewundern.

Danach ging der Flug von Puntas-Arenas nach Puerto Montt. Von dort war es nicht weit zum Vulkan Osorno, der sich majestätisch hinter einem großen See erhebt. Am Ufer befindet sich die Ortschaft Frutiller, die eindeutig deutschen Charakter hat. Hier waren vor Jahrhunderten Deutsche eingewandert und errichteten die Gebäude in traditioneller deutscher Holzarchitektur. Dieser Ort ist ein beliebtes Ausflugsziel für die Chilenen. Hier findet man beispielsweise ein kleines Hotel mit dem Namen „Frau Holle" oder verschiedene Cafés mit deutschen Spezialitäten vor. Dann ging der Flug wieder weiter nach Arica. Hier mieteten wir uns wieder ein Auto, um in die Anden zu fahren und in den Lauca-Nationalpark zu gelangen. Dort oben bestaunten wir den höchstgelegenen See der Welt, der unterhalb eines Vulkans gelegen ist. Wieder zurück in Arica, ging es mit dem Taxi über die Grenze nach Peru. Ein Mietauto in Peru zu benutzten, ist wegen hoher Kriminalität zu gefährlich. So nahmen wir denn einen öffentlichen Bus, der uns nach Arequipa brachte. Die Stadt mit ihrer spanischen Kolonialarchitektur bot interessante Eindrücke. Da ich immer mit meiner Videokamera um den Hals unterwegs bin, wurde ich von einem Polizisten darauf hingewiesen, dass ich diese doch unter meiner Jacke verbergen solle, damit sie nicht einem Diebstahl zum Opfer fällt. Daran konnte man schon sehen, wie viel Vorsicht man walten lassen musste, um unbestohlen durchs Land zu kommen.

Da wir noch viel von Peru möglichst sicher entdecken wollten, buchten wir vor Ort eine Busrundreise durch das Land. Dabei kamen wir zuerst nach Puno zum Titicacasee. Auf dem See wurde eine Bootsfahrt zu den schwimmenden Schilfinseln unternommen, auf denen dauernd Menschen leben. Im See liegt eine größere bewohnte Insel, auf der gerade Fiesta gefeiert wurde. Hier bekamen wir unvergessliche Eindrücke. Doch die Eindrücke wurden noch gewaltiger, als wir mit dem Bus in Richtung Cusco fuhren. Unterwegs konnten wir schon die ersten Inka-Ruinen besichtigen. Doch der Höhepunkt der ganzen Reise war die Fahrt mit dem Zug, die uns zur antiken Inkasiedlung Macho Pichu führte. Diese Siedlung liegt inmitten schroffer Felsen eng an den Hang gebaut in einer unglaublich romantischen Landschaft. Mir ist es immer noch unklar, wie die Menschen es fertig bringen konnten, die Steine so nahtlos ineinanderzufügen. Gebäude in dieser Bauweise trotzen jedem Erdbeben.

Dann ging es wieder zurück nach Chile, um die letzten Tage in der Atacama-Wüste zuzubringen. Der letzte Ort unseres Interesses war San Pedro de Atacama. Merkwürdigerweise hatten an diesem Ort sich alle Hippies dieser Welt eingefunden. Wir hatten gedacht, diese wären schon längst ausgestorben. Danach ging der Flug wieder zurück nach Deutschland. Dort kamen wir wieder mit vielen interessanten Eindrücken im Gepäck in Frankfurt an. Von dort ging es mit dem Zug nach Halle zu unseren Verwandten mit Hund Kyra.

Eine Reise in die alte Heimat Schlesien wurde zusammen mit meiner Schwägerin samt Hund unternommen. Sie konnte sich noch gut an die alte Heimat erinnern. Es wurde viele Kindheitserinnerungen wach, als die Städte Lüben und Liegnitz besucht wurden. Doch dann wurde es Zeit, wieder in unser Haus in Holland zurückzukehren. Da ich im Juni des Jahres 2002 meinen sechzigsten Geburtstag feierte, sollte die Feier in unserem Haus in Ungarn stattfinden.

Mit unserem Fiat Punto, der permanent in Holland stand, wurde die Fahrt dorthin unternommen. Unterwegs machten wir bei unseren Freunden in Bayern halt. In Ungarn angekommen, wurde zuerst einmal alles zur Geburtstagsfeier organisiert. In unserem Garten sollte am Nachmittag eine ungarische Folkloregruppe spielen. Abends sollte das Fest bei einem guten Essen in einer nahegelegenen Weinstube ausklingen. Es wurden 30 Gäste erwartet.

Doch zuerst war noch eine Reise mit dem Auto nach Slowenien geplant. Die Grenze ist nicht weit entfernt. Herrliche Landschaften boten sich uns in den julischen Alpen. Wir entdeckten verträumte Ortschaften, wie Bischofslack oder Bled an einem herrlichen blautürkisfarbenen See gelegen mit einer Insel, auf der eine Kirche stand. Der Ausblick von der Burg hoch oben auf die Landschaft war schon fast unwirklich. Dann wurde auch noch die Hauptstadt von Slowenien Laibach entdeckt. Schließlich ging es wieder zurück nach Ungarn, denn unser Sohn war schon am nächsten Tag im Anflug auf Balaton-Airport. So trudelten denn unsere Gäste ein, unsere Tochter, meine Schwägerin und etliche gute Freunde aus Deutschland. Die Geburtstagsfeier war ein sehr gelungenes Fest, was besonders der Musikgruppe zu verdanken war. Es war heiß an diesem Tag. Das Thermometer zeigte

40 Grad und alle waren erschöpft von der Hitze. Mit unserem Auto ging dann die Fahrt einen Tag nach meinem Geburtstag samt Kyra und unserem Sohn zurück nach Deutschland.

Dann wurde es wieder Zeit, den Rückflug nach Teneriffa anzutreten. Auch diesmal wieder mit der traurigen Gewissheit, dass abermals ein Hund gestorben war. Unsere Verwalter hatten Netti direkt neben seiner Schwester Ceci beerdigt und den beiden einen schönen Grabstein gestaltet. Wir waren wiederum sehr traurig und konnten es gar nicht fassen, dass wir nun nur noch einen kleinen Hund hatten. Da die Zukunft ungewiss war und wir immer noch auf einen Käufer hofften, wollten wir uns nicht mehr mit einem weiteren Hund belasten.

Im Oktober habe ich noch einmal ein Freiflugticket genutzt und bin nach Deutschland geflogen, da in meinem Heimatort ein Klassentreffen stattfand. Das wollte ich auf keinen Fall versäumen. Da waren dann alle die 60-jährigen versammelt. Ich hatte natürlich den weitesten Weg auf mich genommen.

Im Dezember brach auf Teneriffa ein Unwetter los, das seinesgleichen sucht. Gewitter und heftige Regenfälle sorgten für Überschwemmungen. Der Weg oberhalb unserer Finca war ein reißender Fluss und die Wassermassen ergossen sich auf unser tiefer gelegenes Grundstück. Unser Patio sah aus wie ein See. Es fehlte nicht viel und das Wasser wäre ins Haus gelaufen. Da wir keine Dachrinnen hatten, knallte das Wasser ungebremst auf die vorderen Terrassen. Da wir hanglagig waren, passierte dort nicht viel. Das Wasser floss die Treppen hinunter auf die darunter liegende Poolterrasse. Die Terrassen des

Grundstückes wiederum waren mit großen aufeinander geschichteten Felssteinen gestaltet. Das Wasser suchte sich seinen Weg durch die Natursteinmauern, sodass sich Wasser und Schlamm direkt in den dort befindlichen Pool und das Pumpenhaus ergoss. In der Nacht, als das Unwetter losbrach, hatten wir noch versucht, mit Sandsäcken die Katastrophe aufzuhalten, was aber letztendlich nicht gelang. Nach Beendigung des Unwetters sahen wir dann die Bescherung. Wir mussten uns schnell an die Aufräumarbeiten machen, denn die Feriengäste wollten so schnell als möglich wieder einen funktionsfähigen Pool zur Verfügung haben. Wie schon in einem anderen Kapitel berichtet, weilte zu dieser Zeit ein Fernsehteam vom NDR auf der Insel, das eigentlich die vorweihnachtliche Stimmung einfangen wollte. Stattdessen hatten sie viel über das Unwetter zu berichten und auch über die Schwierigkeiten, deren sich die Vermieter aufgrund behördlicher Repressalien ausgesetzt sahen. Als das Fernsehteam auf unser Grundstück kam, war mein Mann gerade dabei, den Schlamm aus dem Schwimmbecken zu beseitigen. So nahm das Jahr 2002 eigentlich ein unerfreuliches Ende.

Im Jahre 2003 hatten wir schon für Februar einen Flug zusammen mit Hund Kyra nach Deutschland geplant. Mit meiner Schwägerin machten wir eine Reise nach Neapel. Hund Kyra blieb derweil bei unserem Sohn, der das Tier mit zur Arbeit nehmen konnte. Von Neapel aus machten wir viele Ausflüge, unter anderem nach Pompeji oder zum Golf von Sorent mit Amalfi. Dann fuhren wir mit dem Zug nach Pozouli mit seinem gut erhaltenen Amphitheater und von dort mit dem Schiff zur Insel Procida.

Ende Februar hatten mein Mann und ich eine Reise nach Taiwan, Vietnam, Kambodscha und Laos geplant. Doch zuerst musste mein Mann sich in der Diabetikerklinik in Düsseldorf seine Zuckerwerte testen lassen, die in letzter Zeit immer sehr hoch gewesen waren. Dort stellte man fest, dass die Bauchspeicheldrüse nicht mehr ausreichend funktionierte, um dies mit Tabletten ausgleichen zu können. Jetzt sollte er Insulin spritzen und ziemlich schnell in die Klinik eingewiesen werden. Doch mein Mann wollte unbedingt die geplante Reise abwickeln und wischte die Bedenken der Ärzte beiseite. Er wollte sich dann nach unserer Reise in die Klinik begeben.

So flogen wir also am 27. Februar von Paris aus nach Taiwan. Wir stürzten uns in Taipeh in die exotische asiatische Welt, wo zwischen Tradition und Moderne alles zu finden war. Im Museum bestaunten wir die Schätze Chinas, die nach der Kulturrevolution alle nach Taiwan gebracht wurden, um sie vor der Zerstörung zu bewahren. Der Konfuzius Tempel wurde besucht und auch eine Fahrt in die Berge in die herrliche tropische Natur unternommen.

Am 4. März ging der Flug dann weiter nach Phnom Penh in Kambodscha. Die herrlichen Königspaläste wurden besichtigt, aber auch die sogenannten Killing Fields, wo das Grauen des vergangenen Krieges noch deutlich spürbar war. Von Phnom Penh aus ging es mit einem Boot über den Fluss Siem Reap direkt nach Angkor. Diese Tour hatte uns ein Chinese vermittelt.

Das beeindruckenste Erlebnis auf dieser Reise waren die vielen Tempelanlagen von Angkor. Drei Tage brauchten wir, um die ganze Stadt Angkor zu besichtigen, denn sie war im Mittelalter einmal eine Millionenstadt. Erhalten geblieben sind nur die sakralen Steinbauen. Die Wohnungen der Einwohner waren aus Holz und somit vergänglich. Dann ging es wieder zurück nach Phnom Penh und von dort starteten wir per Flugzeug nach Vientiane in Laos.

Das Land hat uns besonders gefallen. Ein gemütlicher Ort ist Luan Prabang mit seiner tropischen Natur direkt am Mekong mit vielen kleinen Tempeln. Von Laos ging es dann nach Saigon in Vietnam und dann weiter nach Hanoi. Dort machten wir eine romantische und interessante Bootsfahrt auf dem Mekong. Besonders hat uns die Fahrt zur Ha Long Bucht begeistert. Mitten im Meer stehen gewaltige Felsformationen, die man dann mit dem Boot umfahren kann. Auch die Städte Saigon und Hanoi haben einen bleibenden Eindruck auf uns gemacht.

Nach vier Wochen Aufenthalt in diesen vier asiatischen Ländern musste dann der Flug wieder zurück nach Paris und dann weiter nach Deutschland gehen. Mein Mann hatte gesundheitlich alles einigermaßen überstanden und war nun bereit, sich in der Klinik behandeln zu lassen. Ich musste derweil allein nach Teneriffa fliegen, um mich dort wieder meinen Pflichten zu widmen.

Doch mein Mann war fürs erste geschockt, dass er jetzt täglich viermal Insulin spritzen musste. Das Schlimmste für ihn war, dass er glaubte, er müsse nun das Reisen aufgeben. Er war erst einmal sehr deprimiert und unsere Kinder in Deutschland mussten ihn erst wieder seelisch aufbauen. Als er dann wieder zurück auf der Insel war, habe ich ihm seelische Unterstützung gegeben. Schließlich machte es ihm nichts mehr aus, sich selbst seine Spritzen zu setzen. Seine Lebensqualität hatte sich nicht verschlechtert, sondern verbessert. Nun hatte er die Zuckerwerte besser im Griff und das noch bis auf den heutigen Tag. Im Juni kam dann wieder meine Schwägerin auf Besuch und im August deren Tochter mit Sohn. Das sollte auch der letzte Besuch unserer Verwandten auf Teneriffa gewesen sein.

21 - Der Abschied

Für den Verkauf unserer Finca hatten wir auch einen englischen Makler beauftragt, der uns desöfteren englische
Interessenten schickte. Nichtsdestotrotz organisierten
wir uns wieder eine Vertretung und flogen im Oktober
2003 nach Deutschland, um von dort aus eine Reise nach
Venedig zu machen. Das Maklerbüro sollte uns im Ernst-
falle über unsere Handynummer erreichen. Wir hatten
gerade einen Abstecher auf die Insel Burano gemacht, da
erreichte uns ein Anruf, dass ein englischer Käufer gefunden worden sei. Jetzt waren wir total erleichtert und
konnten den Aufenthalt in Venedig so richtig genießen.

Voller Erwartung kehrten wir wieder zurück nach Teneriffa. Das englische Ehepaar zeigte in der Tat echtes
Interesse. Wir vereinbarten schon einen Termin, wann
wir ihnen das Anwesen übergeben wollten. Das sollte
Ende 2003 der Fall sein. Doch ohne die Anzahlung ist im
Prinzip nichts in trockenen Tüchern. Doch diese sollte
schnellstens fällig sein. Wir packten schon einmal unsere
Sachen in Kartons, die wir für den alltäglichen Gebrauch
nicht unbedingt benötigten. Dies wurde in unserer großen Garage deponiert. So waren wir denn für einen
schnellen Umzug gerüstet.

Die Idee, dass wir nach Ungarn umziehen wollten,
hatten wir wieder aufgegeben. Das Problem mit den großen Hunden hatte sich ja von selbst erledigt. Eigentlich

wollten wir doch wieder zurück zu unseren Wurzeln, denn es gab doch viele Gründe, den Rest unseres Lebens in Deutschland zu verbringen. Da war vor allem die ärztliche Versorgung, die besonders für meinen Mann als Diabetiker wichtig war.

Der Preis, den der Käufer zahlen wollte, stimmte mit unseren Vorstellungen überein. Doch die Anzahlung, die der Makler vorher vom Käufer übernehmen sollte und dann unter Abzug seiner Provision an uns weiterzuleiten hatte, ließ auf sich warten. Im Internet war unser Objekt schon als „sold" gekennzeichnet. Bei Nachfragen im Maklerbüro wurde uns immer wieder bestätigt, dass unser Objekt als sicher verkauft galt und der Käufer nur noch einige finanzielle Dinge regeln müsse.

Die Zeit verging und auch das Jahr 2003. Erst einige Jahre später, als wir schon längst in Deutschland lebten und wieder auf Teneriffa auf Besuch weilten, erfuhren wir, dass dieser Makler laufend Gelder von Kunden veruntreut hatte. Mit den jeweiligen Anzahlungen auf die Objekte hatte er finanzielle Löcher gestopft, die er vorher gerissen hatte. Den letzten beißen bekanntlich die Hunde und das waren in diesem Fall wieder einmal wir. Doch einen finanziellen Schaden haben wir nicht davongetragen. Das ging auf das Konto des Kaufinteressenten. Als sich dann die Fälle häuften, wurde der Makler von den geprellten Käufern verklagt und musste ins Gefängnis. Als er dann seine Strafe abgesessen hatte, setzte er sich auf eine andere kanarische Insel ab und machte dort weiter.

So saßen wir im Jahre 2004 noch immer auf unseren gepackten Umzugskartons. Aus der Traum von einem schnellen Wohnortwechsel. Wir boten unser Objekt wieder bei den Maklern an. Mein Mann wollte schon die ganzen Kartons wieder auspacken , doch ich weigerte mich vehement. Es konnte doch nicht sein, dass wir einfach keinen Käufer fanden. Wir waren schließlich so entnervt, dass wir unser Objekt weit unter Preis anboten. Doch das Preisgefüge war immer noch so gestaltet, dass wir den Betrag zurückerhielten, den wir seinerzeit aufgewendet hatten. Hierbei war dann unsere Eigenleistung, die Anschaffung von Pflanzen, die Errichtung des Holzhauses, die Einrichtung der Appartements und vieles andere mehr, nicht berücksichtigt.

Das Jahr 2004 sollte dann endgültig unser letztes Jahr sein, doch das wussten wir Anfang des Jahres noch nicht. Wir wünschten uns dringend einen Käufer, denn über uns schwebte immer noch das Damoklesschwert der Tourismusbehörde. Unser neu gegründeter Interessenverein gab uns etwas Sicherheit, was die behördlichen Schikanen anging. Wir haben uns im Verein weiter engagiert, insbesondere, da die Tourismusbehörde uns Einschreibebriefe schickte, die wir ungeöffnet zurückgehen ließen mit dem Vermerk nicht anwesend. Da das Geschäft auf meinen Namen lief, wollten wir den Eindruck erwecken, dass ich schon nicht mehr auf der Finca weilte. Wir wollten nicht wissen, was in den Briefen stand, denn es war gewiss nichts Gutes. Es war immer ein Tanz auf dem Seil. In diesem Fall war es wieder ein Glück, dass die kanarischen Behörden sehr langsam arbeiten. Wir wollten eigentlich nur Zeit gewinnen, bis wir dann endgültig einen Käufer an der Angel hatten. Unser Lebensunterhalt war weiterhin gesichert, denn die Vermietungen liefen gut.

Es sei hier von einer tierischen Geschichte berichtet, die sich im Januar 2004 zugetragen, uns sehr berührt und doch ein gutes Ende gefunden hat. Wir hörten tagelang draußen ein klägliches Hundegejaule. Unsere Hündin Kyra heulte aus Sympathie regelmäßig mit. Wir schauten mit dem Fernglas in den benachbarten Barranco, konnten aber nichts entdecken. Mit dem Auto fuhren wir in die nähere Umgebung, folgten dem Geräusch, konnten aber die Ursache nicht ausmachen. Wir stellten uns vor, irgendwo läge ein verletztes Tier, welches dringend unsere Hilfe brauchen würde. Eines Tages stand ein elender junger schwarzer Hund auf unserem Parkplatz.

Er war ganz abgemagert und übersät mit kleinen Biss- und Kratzwunden. Er war sehr ängstlich und versteckte sich unter den Autos der Gäste. Ich stellte fest, dass er vor Männern besondere Angst hatte. Nachdem ich ihm Wasser und Hundefutter hingestellt hatte, beobachtete ich ihn aus sicherer Entfernung. Wenn die Luft rein war, stürzte er sich auf das Futter, und so ging das jeden Tag. Er hatte sich in der Nähe unseres Wassertanks eine Kuhle gegraben, in der er in der Nacht schlief. Wir hatten ihm schon einen Namen gegeben, nämlich Zorro.

Jeden Tag war ich mit Kyra außerhalb unseres Grundstückes unterwegs, und Zorro folgte uns in sicherer Entfernung. Ich ließ absichtlich das Tor unseres abgezäunten Areals offen, damit er uns nach drinnen folgen konnte, doch das sollte noch etwas dauern. Zuerst habe ich immer wieder versucht, sein Vertrauen zu gewinnen, indem ich mich mit einem besonderen Leckerbissen immer näher an seine Futterstelle begeben habe, während er fraß. Es war schon eine Freude zu erleben, wie die Wunden langsam abheilten, die Rippen nicht mehr zu zählen waren und das Fell immer mehr an Glanz gewann. Irgendwann konnte ich ihm ein Halsband anlegen und er folgte mir zusammen mit Kyra in das Innere unseres Grundstückes. Eine Hundetransportbox, die wir noch besaßen, diente ihm als Schlafplatz auf der Terrasse. Dort war er geschützt vor den Regenfällen, die öfters in den Wintermonaten vorkamen. Durch eine Terrassentür, die mit einem Perlenvorhang versehen war, gelangte man ins Haus. An unsere kleine Hündin hatte er sich schon gut angeschlossen und tollte mit ihr draußen ausgelassen herum.

Ab und zu sah er sie dann durch den Perlenvorhang ins Hausinnere verschwinden. Als wir dann so in der Küche saßen, schaute plötzlich ein schwarzer Hundekopf ganz vorsichtig ins Haus hinein. Er wurde von uns und Kyra freundlich begrüßt, und das ganze Hundevieh erschien in unserer Wohnung. Da war der Bann gebrochen und unser Zorro verlor die Angst vor Menschen. Wir hatten ihn schon sehr ins Herz geschlossen und hätten ihn gerne behalten. Doch da wir ja schon auf gepackten Koffern saßen und im Geiste schon in Deutschland weilten, war es schwierig, einen zweiten Hund aufzunehmen. Mit einem kleinen Hund wie Kyra stellte das kein Problem dar, doch was sollte aus Zorro werden?

Da kam die Lösung in Form von tierlieben Gästen, die in unserem Holzhaus wohnten. Sie wollten Zorro mit nach Deutschland nehmen. Die Transportbox war ja schon vorhanden. Wir wollten uns um die nötigen tierärztlichen Formalitäten kümmern. Zorro hatte zwar ein Halsband um, doch er gebärdete sich total hysterisch, als wir daran eine Leine befestigten, um ihn mit dem Auto zum Tierarzt zu bringen. Aber ich konnte ihn auf den Arm nehmen. Ich hatte eine Menge zu schleppen, da er kein Schoßhund war, sondern so groß wie ein Schäferhund.

Von meinem Mann ließ er sich nicht hochnehmen. Wir befürchteten schon ein großes Dilemma beim Tierarzt. Doch wider Erwarten ließ er sich dort ohne Probleme behandeln. Nun hatte er die erforderlichen Impfungen, einen Erkennungsschip und einen Hundepass.

Als der Tag des Abflugs kam, trennten wir uns sehr schwer von unserem Zorro. Er bekam Beruhigungstabletten, damit er den Flug nach Deutschland ohne Stress überstehen konnte. Zu unserer Freude bekamen wir schon nach kurzer Zeit Post von unseren Gästen, dass Zorro alles gut überstanden habe, sich in Deutschland wohlfühle und im Schnee Purzelbäume schlüge. Auch das Problem mit der Leine hätte sich mit der Zeit von alleine gegeben und er spaziere nun stolz und selbstbewusst durch die deutsche Hundelandschaft. Wir waren froh, wenigstens einem armen kanarischen Hund zu einem guten Leben verholfen zu haben. Doch es gab immer noch so viele arme Kreaturen, denen wir nicht helfen konnten.

Anfang April 2004 sollte die Hochzeit unserer Tochter in Aachen sein. Zum letzten Mal rückte unsere Vertretung schon im Februar an. Wir wollten zuerst einmal nach Ungarn reisen, um dort den Winter und das Baden im Heilwasser zu genießen. Auch unsere Hündin Kyra war wieder mit dabei. Im März hatte unser Sohn die Aufsicht über die Hündin, denn wir reisten in die Toskana. Dort genossen wir in Pisa und Florenz schon das herrliche Frühlingswetter. Danach war eine Städtereise nach Stockholm angesagt. Für uns stand nach wie vor das Reisen als Mittelpunkt in unserem Leben.

Wieder zurück in unserem Haus in Holland, konnten wir dann Anfang April die Hochzeit unserer Tochter im historischen Rathaus in Aachen feiern. Für die beiden änderte sich nicht viel, denn sie hatten schon seit längerer Zeit zusammen eine Wohnung in Aachen. Unser Sohn und auch meine Schwägerin waren gekommen, um mit uns zu feiern. Auch mein Mann und ich feierten am 4.4.2004 unseren 40. Hochzeitstag, welch ein Datum.

Kurz danach flogen wir wieder zurück nach Teneriffa. Dort angekommen, stellte es sich heraus, dass wir erneut einen Kaufinteressenten hatten. Es war ein Deutscher, den wir eigentlich schon kannten, denn er hatte in unserer früheren Siedlung ein Haus und besaß schon zwei Fincas, die er zum Vermieten umgestaltet hatte. Wir hätten nie und nimmer gedacht, dass er sich noch eine dritte Finca ans Bein binden wollte. So waren wir denn nach dem Besichtigungstermin eigentlich nicht sehr hoffnungsvoll.

Doch entgegen aller Erwartungen gefiel ihm der Preis und unser Objekt so gut, dass er ernsthaftes Interesse zeigte. Für die Finanzierung wollte er noch einen Geschäftspartner mit ins Boot nehmen, der eigentlich nur darauf aus war, sein Geld irgendwie irgendwo anzulegen. So wurden dann Nägel mit Köpfen gemacht und der Termin für die Anzahlung rückte näher. Doch einige Tage vor dem vereinbarten Anzahlungstermin meldete sich noch ein englischer Kaufinteressent, dem die Finca so gut gefiel, dass er bereit war, etliches mehr zu zahlen.

Das kam unserer ursprünglichen Preisvorstellung schon erheblich näher.

Wir waren hin und hergerissen, wollten das Schicksal nicht herausfordern. Wir wussten nun nicht, was wir tun sollten. Es war wie verhext, lange Zeit keine Interessenten und nun zwei auf einmal. Wir hätten natürlich unserem deutschen Käufer eine Absage erteilen können und uns auf den Kunden konzentriert, der uns einen höheren Kaufpreis zahlen wollte. Doch in dem Fall hätten wir wieder in der Luft gehangen, bevor auch hier die Anzahlung geleistet war. Was wäre, wenn wir dem ersten Interessenten eine Absage erteilt hätten und der zweite letztendlich doch nicht gekauft hätte. Dieses Risiko wollten wir nicht eingehen nach dem Prinzip „der Spatz in der Hand ist besser als die Taube auf dem Dach". Ob es ein Fehler war oder nicht, lässt sich heute schwer sagen. Wir hielten den Termin zur Übergabe der Anzahlung aufrecht und waren so auf der sicheren Seite. Der Zeitpunkt für den notariellen Vertrag wurde festgelegt. Wir wollten im Juli 2004 nach Deutschland übersiedeln. Bis dahin gab es ja noch so viel zu erledigen.

Als erstes kauften wir uns einen neuen PKW, der dann nach Deutschland mittels Containerschiff transportiert werden sollte, denn Kleinwagen sind auf den Kanaren wesentlich günstiger als in Deutschland. Unser Kombi sollte in Zahlung gegeben werden. Ursprünglich hatten wir vor, uns noch ein kleines Domizil auf Teneriffa zu erhalten. Es sollte ein kleines nicht aufwändiges Haus in einer Dorfgemeinschaft sein. Dabei wäre uns der Standort im grüneren Norden am liebsten gewesen. Es gab etliche Angebote, um die wir uns kümmerten. Doch bedingt durch die Immobilienblase, die damals auf Teneriffa bestand, waren die Preise viel zu hoch. Feuchte Hütten wurden total überteuert angeboten. Doch wir dachten, man kann ja abwarten und auch nach unserem Umzug nach Deutschland bei einem günstigen Angebot zuschlagen.

Mit diesen Gedanken sortierten wir unser Umzugsgut. Einige Dinge, wie Wäsche, Geschirr, Fernseher und Gartenmöbel sollten zu diesem Zweck auf Teneriffa bleiben. Bei einem Bekannten, der eine große Garage besaß, konnten diese Sachen untergestellt werden. Mein Mann war schon dabei, unseren Kombi mit diesen Sachen zu beladen und zu unserem Bekannten in den Süden zu bringen. Zum Süden waren es von uns im Südwesten ca.25 km. Es waren mehrere Fuhren zu bewältigen und mein Mann fuhr hin und her. Bei einer dieser Fahrten, auf der Rückfahrt nach Hause, passierte meinem Mann durch Unachtsamkeit ein schwerer Unfall. Unser noch neuwertiger Fiat Palio, den wir praktisch schon für das neue Auto in Zahlung gegeben hatten, war nur noch Schrott. Mein Mann blieb außer einem Schock und einer Schulterprellung unverletzt.

Doch es stellte sich später heraus, dass der Schock doch Folgen hinterlassen hatte. Es hatte sich im Innenohr ein Herpesvirus festgesetzt, das hohes Fieber verursachte und einen Krankenhausaufenthalt notwendig machte. Das hatte uns zum Schluss gerade noch gefehlt. Da das neue Auto noch nicht geliefert war, mussten wir uns einen Mietwagen nehmen.

Inzwischen war es schon Juni geworden und wir mussten die Vermietung beim Veranstalter aussetzen. Doch unser Käufer wollte vorerst nach Kauf mit der

Vermietung der Ferienwohnungen fortfahren. Da er die Problematik der Vermietung kannte, unterschrieben wir ihm ein Schriftstück, dass evtl. Forderungen der Tourismusbehörde nicht auf den neuen Eigentümer übertragbar seien. Wir waren so froh, einen Käufer zu haben, dass wir alles Mögliche unterschrieben hätten. Es wurde ausgemacht, dass unsere Katzen bleiben konnten und weiterhin gut versorgt würden. Die Finca sollte in Zukunft von einem Verwalter betreut werden, der dann auch dauerhaft dort wohnen sollte. Uns wurde zugestanden, noch länger auf der Finca Batista zu bleiben, doch wir wollten nun so schnell als möglich weg. Als mein Mann wieder aus dem Krankenhaus entlassen war, wurde beim Notar der Kaufvertrag geschlossen und damit ging für uns eine Ära zu Ende.

So schnell wie möglich wurde bei einer deutschen Spedition, die in Sta. Cruz ansässig war, ein Container für unser Umzugsgut und für unser neues Auto geordert. Sehr praktisch war es, dass die Spedition in Deutschland ihren Standort nahe bei Düsseldorf hatte. Doch es waren noch etliche Formalitäten zu erledigen, wie beispielsweise eine Zollliste von sämtlichen Gegenständen, die sich im Container befinden sollten. Für uns sollte es dann mit Hund Kyra per Flug nach Deutschland gehen.

Endlich war der Tag gekommen, als der Containertransporter erschien, der es aber nicht geschafft hatte, ganz zu unserem Grundstück zu gelangen. So mussten denn die Sachen etliche Meter zum Container hingeschleppt werden. Viele Möbel wurden im Haus gelassen. So auch Küche und Schlafzimmer, sodass wir auch nach der Beladung des Containers dort wohnen konnten. Doch schließlich war unsere letzte Nacht auf unserer Finca ge-kommen. Am nächsten Tag sollte der Flug nach Düssel-dorf gehen.

Es war ein komisches Gefühl, dieses Stück Heimat nach 20 Jahren endgültig zu verlassen. Die Finca Ba-tista, die wir in mühevoller Arbeit aufgebaut, um deren Existenz wir gekämpft hatten und letztlich gescheitert waren, mussten wir nun verlassen. Dies taten wir dann mit einem lachenden und einem weinenden Auge. Doch eigentlich waren wir nunmehr befreit von einer großen Last, und das neue Leben in Deutschland konnte begin-nen. Keine Tourismusbehörde konnte uns hier mehr in Angst und Schrecken versetzen. Mit der gleichen Eupho-rie, mit der es uns vor 20 Jahren nach Teneriffa gezogen hatte, zog es uns nun wieder zurück in die alte Heimat Deutschland.

Nun waren wir wieder dort angelangt, wo der Traum vom sonnigen Süden begonnen hatte. Wir waren über das Ende unserer Träume weder enttäuscht noch traurig, eigentlich nur befreit von einer großen Last. Wir hatten unseren Traum nicht nur geträumt, sondern auch Rea-lität werden lassen. Hätten wir diesen Traum ein Leben lang geträumt und nicht in die Tat umgesetzt, wären wir mit unserem Leben unzufrieden, hätten immer das Ge-fühl gehabt, etwas versäumt zu haben und würden auch heute noch nach der Sonne streben. So ist unser Sonnen-akku für den Rest unseres Lebens aufgefüllt.

Nach 20 Jahren Teneriffa wissen wir, wie es sich an-fühlt, das Leben in südlichen Ländern. Wir haben es nicht bereut, dort 20 Jahre verlebt zu haben, denn es war eine wichtige Lebenserfahrung. Wir haben es aber auch nicht bereut, wieder in die alte Heimat zurückzukehren. Bedingt durch die vielen Schwierigkeiten ist es uns nicht gelungen, uns auf der Insel heimisch und willkommen zu fühlen. Doch zeitweise hatten wir das Gefühl, angekommen, angenommen und akzeptiert zu sein. Wir fühlten uns nicht mehr wie Fremde in einem fremden Land, dank des unvoreingenommenen Entgegenkommens der Kanarios.

Doch dieses Gefühl zerplatzte jäh, wenn die Behörden die Bevölkerung öffentlich vor Überfremdung warnte und uns ausländerfeindlich gegenübertrat. Niemand, der auf die Insel kommt und dort Urlaub macht, bekommt davon etwas mit. Hier werden nur die positiven Seiten wahrgenommen. Auch die kanarische Presse, besonders das deutschsprachige „Wochenblatt" will von den Problemen der dort lebenden Residenten nichts wissen, wirft es doch ein schlechtes Licht auf das Image Teneriffas. Ich habe des öfteren versucht, dort durch eine objektive Berichterstattung auf die diesbezüglichen Probleme aufmerksam zu machen. Diese meine Mitteilungen an die Presse wurden immer mit dem Argument abgeschmettert, dass dies nicht in die Philosophie der Zeitung passen würde.

An diese Tatsachen dachten wir, als wir wieder in Deutschland bzw. Holland ankamen. Dort konnten wir dann in unserem kleinen Häuschen wohnen und uns dann in Aachen nach einem größeren Haus umsehen. Auch unsere Hündin Kyra hatte uns von Teneriffa nach Deutschland begleitet. Unser Haus in Holland erwies sich als Glücksfall, denn dort waren wir fürs erste gemeldet und damit in Holland automatisch krankenversichert.

Da wir auf Teneriffa privat krankenversichert waren, hätten wir in Deutschland in keine Pflichtversicherung eintreten können. Doch nach einem Jahr Pflichtversicherung in einem europäischen Land, hatten auch wir die Voraussetzung in Deutschland wieder krankenversichert zu sein. Um diese Voraussetzungen zu erfüllen, behielten wir unser Haus in Holland noch ein Jahr und zogen erst dann in unser inzwischen erworbenes Haus in Aachen um. Nach einiger Zeit wurde die Idee, noch ein kleines Häuschen auf Teneriffa zu erwerben, aufgegeben. Die noch verbliebenen Sachen wurden bei einem nächsten Besuch auf Teneriffa mittels Zuladung in einen Container nach Deutschland gebracht. So hatten wir mit diesem Schritt doch endgültig alle Verbindungen nach Teneriffa gekappt.

Was hatte sich nun verändert in Deutschland während der 20 Jahre, die wir fort gewesen waren? Zum ersten stellten wir fest, dass wir in Bezug auf die Lebensmittelpreise viel billiger lebten, als auf Teneriffa. Inzwischen gab es, aus welchen Gründen auch immer, einen Valentinstag und Halloween. Wer hatte uns das denn aufs Auge gedrückt? Vor 20 Jahren kannten wir diese Begriffe nicht.

Auch war es inzwischen nicht mehr korrekt, den Begriff Neger zu verwenden. Deshalb wurden die Begriffe Negerküsse und Mohrenköpfe in Schaumküsse umgewandelt. Ich verstand die Welt nicht mehr, denn der Begriff Neger stand für mich immer für die Bezeichnung einer Menschenrasse und nicht für ein Schimpfwort. Eigentlich ist es aus dem lateinischen abgeleitet und heißt nichts weiter als Schwarzer. Wer hatte sich denn so etwas ausgedacht? Auch heute noch wird dieser Begriff im spanischen nach wie vor verwendet. Auch das Wort Zigeuner war plötzlich zu einem Schimpfwort mutiert. Er war doch ein Sammelbegriff für eine Volksgruppe, die schon Jahrhunderte als fahrendes Volk durch Europa zog und ursprünglich aus Indien stammte. Heute muss man differenzieren zwischen Sinti und Roma, Wer kennt da schon die Unterschiede? In Ungarn, wo diese Bevölkerungsgruppe häufig anzutreffen ist, werden diese nach wie vor als Zigan bezeichnet.

Eigentlich ist das typisch deutsch, denn im Bemühen um politische Korrektness neigen wir sehr zu Übertreibungen. Besonders auffällig waren die Anglizismen, die sich inzwischen in der deutschen Sprache breit gemacht hatten. Wenn man einem englischsprachigen Begriff keinen deutschen entgegensetzen kann, fand ich das ganz in Ordnung. Wenn aber ein guter deutscher Begriff durch einen englischen ersetzt wird, kann die eigene Sprache verarmen und wird verunstaltet. So etwas kannten wir aus dem spanischen und auch dem ungarischen nicht.

Auch die Werbung tut ein Übriges, um diese Tendenzen fortzusetzen. Wieso sind wir Deutschen so erpicht darauf, unsere eigene Sprache zu verhunzen? Ein älterer Mensch findet sich in diesem Dickicht von fremdsprachigen Begriffen überhaupt nicht mehr zurecht. Uns, die wir lange im Ausland gelebt hatten, fiel diese Tatsache besonders auf. In spanischsprachigen Ländern würde man niemals auf die Idee kommen, eigenständige Begriffe durch englische zu ersetzen. Hier wird die Sprache auch mit der eigenen Identität in Verbindung gebracht. Geht uns Deutschen das Gefühl für die eigene Identität allmählich verloren?, habe ich mich oft gefragt.

Nach unserer Rückkehr hat mich besonders interessiert, wie geht der Deutsche mit den vielen Ausländern um, deren Zahl sich doch im Laufe der 20 Jahre, die wir abwesend waren, sehr vergrößert hatte. Auch bei uns geht die Angst vor Überfremdung um, doch eigentlich nur in den Köpfen der normalen Bevölkerung. Diese Angst wird nicht, wie auf Teneriffa geschehen, noch durch die Behörden geschürt. Ich habe mich auch einmal 20 Jahre lang als unwillkommener Ausländer gefühlt und kann gut nachempfinden, wie die bei uns lebenden Ausländer empfinden. Und doch gibt es hier Unterschiede. Sind die bei uns lebenden Ausländer meistens Wohlstandsflüchtlinge, so handelte es sich bei den Ausländern auf Teneriffa meistens um Sonnenflüchtlinge, die für ihr eigenes Leben finanzielle Mittel mitgebracht hatten und das Sozialnetz nicht belasteten.

Wie dem auch sei, wir fühlten uns wieder wohl in Deutschland, lernten die überschaubare Ordnung wieder schätzen und vermissten die Sonne nicht. Vom Reisefieber waren wir nach wie vor infiziert und setzten das Reisen in ferne Länder fort. Jetzt waren wir endgültig unabhängig und konnten unser Leben so gestalten, wie wir es wollten. Auch, wenn das Wetter manchmal trübe und regnerisch war, so störte uns das wenig. Wir lebten nach dem Motto „unter den Wolken scheint immer die Sonne".

Schlusswort

Mein Mann und ich leben heute in Aachen und reisen nach wie vor viel in der Weltgeschichte umher.

Unser Sohn, der alleinstehend ist, wohnt in Düsseldorf und besucht uns, so oft er kann. Unsere Tochter wohnt mit ihrem Mann und ihren drei Kindern in Berlin und hat nie wieder Teneriffa besucht. Wir hingegen waren schon ein paar Mal dort, sehnen uns aber nicht dorthin zurück.

Unsere ehemalige Finca ist mit viel finanziellem Aufwand zu einer Luxusunterkunft ausgebaut worden. Die Übernachtungen können sich nur gut betuchte Gäste leisten. Deshalb wird sie auch im Internet als VIP-Finca angeboten. Ob die behördlichen Schwierigkeiten in Bezug auf Vermietung auf dem Land noch weiterbestehen, vermag ich nicht zu beurteilen. Auf jeden Fall ist die Interessengemeinschaft, die wir damals gegründet haben, im Internet nicht mehr zu finden.

Unsere Hündin Kyra, das einzige Überbleibsel von Teneriffa, hat uns noch lange begleitet. Doch leider mussten wir sie im September 2013 im Alter von 19 Jahren einschläfern lassen.

Wir sind zufrieden, wieder in Deutschland leben zu können. Nach 20 Jahren Auslandsaufenthalt wissen wir vieles in Deutschland zu schätzen, was für manche Menschen selbstverständlich ist.

Aachen, im Februar 2014
Monika Kühn-Görg